· DSGE经典译丛

[罗] 彼得·卡瑞亚尼 （Petre Caraiani） 著　　许文立　王芝清　古昕 译

量化宏观经济学导论及Julia应用
从基础计算方法到前沿领域

Introduction to Quantitative Macroeconomics Using Julia
From Basic to State of the Art Computational Techniques

东北财经大学出版社
Dongbei University of Finance & Economics Press
大连

辽宁省版权局著作权合同登记号：06-2021-02

Introduction to Quantitative Macroeconomics Using Julia:
From Basic to State-of-the-Art Computational Techniques
Caraiani Petre
ISBN：9780128122198

图书在版编目（CIP）数据

量化宏观经济学导论及 Julia 应用：从基础计算方法到前沿领域 / （罗马尼亚）彼得·卡瑞亚尼著；许文立，王芝清，古昕译. 一大连：东北财经大学出版社，2023.1
（DSGE 经典译丛）
ISBN 978－7－5654－4717－4

Ⅰ．量…　Ⅱ．①彼…　②许…　③王…　④古…　Ⅲ．程序语言-应用-宏观经济学-数值方法　Ⅳ．F015-39

中国版本图书馆 CIP 数据核字〔2022〕第 236144 号

东北财经大学出版社出版发行
　　大连市黑石礁尖山街 217 号　邮政编码　116025
　　网　　　址：http://www. dufep. cn
　　读者信箱：dufep @ dufe. edu. cn
大连天骄彩色印刷有限公司印刷

幅面尺寸：185mm×260mm　字数：371千字　印张：17
2023 年 1 月第 1 版　　　　2023 年 1 月第 1 次印刷
责任编辑：李　季　刘　佳　　责任校对：威　佳
封面设计：张智波　　　　　　版式设计：原　皓
定价：56.00 元

前　言

为什么要写一本新书？

　　读者可能会问，市面上存在如此多的量化宏观经济学的书籍，为什么我还要再写一本呢？大部分读者可能对 Lucas 和 Stokey（2009）、Acemoglu（2009）、Ljungqvist 和 Sargent（2012）以及 Miao（2015）等人的著作非常熟悉，这些书具有很高的理论参考价值。还有一些书则侧重于模拟量化宏观经济模型的解法方面，例如，Heer 和 Maussner（2009）、Miranda 和 Falcker（2002）、Stachurski 和 Judd（2017）等人的著作。面对这些杰出的著作，我发现，从当代宏观经济研究中使用的基本计算方法到前沿方法的导论性书籍仍不多见，因此，我决定写一本新书来填补这一空白。

　　本书将向大家呈现数值方法，尤其是量化宏观经济学中使用的一些数值方法：解确定性和随机性方程组、对数线性化、模拟 DSGE 模型、动态规划，以及包含扰动法、投影法和参数化期望法在内的多个高级数值方法。本书也涵盖了最近的异质性代理人模型中使用的一些工具、方法。

　　本书最大的优势在于理论和实践应用的平衡。虽然，上述一些著作也包含理论的应用，但是本书首次向读者介绍了利用 Julia 的代码来计算数值。Julia 是一种免费、开源的编程语言。通过 Julia，读者可以迅速学习如何解宏观经济模型，并用编程语言来实现定量分析。

关于本书的使用

　　量化宏观经济学导论及 Julia 的应用在教学过程中可以以多种方式呈现。1～2 章的内容可以用于计算经济学课程，并辅以 Judd（1998）或者 Miranda 和 Falcker（2002）的著作作为参考。第 3～5 章可以用于一年级研究生的宏观经济学课程。第 5～6 章可以用于专业化的宏观经济学：课程的高级数值计算方法的教授。

　　由于本书强调应用，量化宏观经济学导论及 Julia 的应用可以帮助那些需要使用量化宏观经济学的人或者想要学习 Julia 数值方法的人。

目录

## 第 1 章

Julia 入门导论

1.1 概要

本章的目的是为接下来的章节提供背景知识，并向读者介绍 Julia。虽然本章涵盖了 Julia 的一些必备知识，但是有兴趣的读者可以参考一些关于编程语言的书籍，以了解更多的信息。本章所提供的背景知识为理解其他章节的内容做了一定铺垫。

Julia 是一门非常新，但前景光明的编程语言，其聚焦于科学计算，它规避了科学计算领域主流编程语言的缺陷。虽然 Julia 问世不久，但它已经引起了广泛的注意。在许多人眼里，它的应用前景一片光明。Julia 于 2009 年出现，2012 年发布第一个版本。Julia 是在 MIT 许可证下开发的一款免费、开源编程语言。

Julia 的主要优势在于结合了 Python、Matlab 这些高级编程语言的句法和 Fortran、C/C++ 这些底层编程语言的速度。它之所以可以如此高效运行，是其利用了即时编译和多线程处理。

对于经济学家来说，Julia 最有吸引力的地方在于其句法命令非常接近 Matlab。Matlab 在经济学家的研究中被广泛使用，从 Matlab 转换到 Julia 非常简单。此外，对于宏观经济学家来说，Fortran 仍然被广泛使用，因为它为高强度计算提供了一种快速的解决方案。但是，Julia 提供了两种解决方案。第一，它能很容易地嵌入 Fortran（C/C++）代码。第二，在保持与 Fortran 或者 C/C++ 的运行速度可比的情况下，它也可以写出完整的代码。

尽管本书没有使用 Julia 1.0 版本，但是市面上已经出版了大量相关主题的书籍。本章的许多内容都来源于这些书籍。本章的第一个引用参考文献为 Julia 手册，其网址为 https：//docs.julialang.org/en/v1/，参见 [7]。其他的一些资源包括 [1]，[2]，[3]，[4]，[5]。唯一的经济学应用资源就是 [6] 中的讲稿。

|1.2| **Julia**

1.2.1 安装Julia

为了安装Julia，我们可以从官网上下载：http：//julialang.org/downloads/。目前，Julia可以在Windows系统、Linux系统和OSX系统上运行。由于在本书完成时，Julia还处于0.6.3版本，而0.7版本还在开发中，但开发者计划让0.7版本与后续的1.0版本连接起来，并在后续的升级版本中增加一些废弃命令的警告。

实际上，有许多方式可以运行Julia。例如，人们可以使用Julia内置的命令行——REPL，即Julia安装的时候就提供的终端界面。虽然这是一种直接运行Julia的编程方式，但是普通用户可能不太适应这种编程方式，而想要一种类似于Matlab的编程环境——既有解释器，也有文本编辑器。这就是集成开发环境——IDE（Integrated Development Environments）。

此刻，用户可以免费使用Juno环境，它可以从junolab.org下载。一个更好的下载渠道是Julia Computing，网站为https：//juliacomputing.com/ 。它是一个综合性IDE，集成了Julia编译器最常用的包和两种IDEs。其中一种就是Juno，另一种是Jupyter notebooks。Jupyter Notebooks是一种编辑和运行Julia代码的简易方式。它们也集成了许多作图功能。Jupyter要么是独立安装（即分别安装Jupyter和Julia），要么当安装Julia Computing时默认安装。Jupyter Notebooks也可以通过JuliaBox（允许在网页上运行Julia）来使用。

1.2.2 Julia包

只要我们下载并安装好了Julia，就可以进入Julia的标准库。类似于其他免费软件——R和Python，Julia允许外部开发者构建、发布第三方库。这些都可以通过Git来发布，见https：//github.com/。当前可用的Julia包列表可以在下列网站（http：//pkg.julialang.org ）找到。基本的Julia包安装来自一个内置包管理器（Pkg）。我们也可以用此来添加可用的Julia包。例如，为了增加统计包，我们仅仅需要输入：

Julia>Pkg.add（"Stats"）

为了使用这个包，我们可以输入：

Julia>using Stats

包也可以使用下列命令升级：

Pkg.update（）.

1.2.3 认识REPL

REPL代表Read/Evaluate/Print/Loop。当我们打开Julia命令提示符时，就会出现一个REPL窗口，这是进入上述操作最直接的方式。

为了使用REPL，我们只需要输入表达式，然后点击"Enter"键，Julia就会执行输入的命令。例如，输入：

Julia> x=0

0

这里，我们将0赋值给变量x。我们进入帮助页面，仅仅输入：

Julia> ?

进入帮助模式后，我们可以搜索函数名称。例如，输入：

help? > sum

我们就得到包含 sum 的完整函数列表。为了查看一个特定的函数，例如 sum!，我们得到：

help? > sum!

sum!（r，A）

Sum elements of A over the singleton dimensions of r，and write results to r.

Examples

===========

Julia> A = ［1 2；3 4］

2×2 Array{Int64，2}:

1 2

3 4

Julia> sum!（［1；1］，A）

2-element Array{Int64，1}:

3

7

Julia> sum!（［1 1］，A）

1×2 Array{Int64，2}:

4 6

输入 ";"，我们就可以切换到 shell 模式，该模式下可以输入特定的命令。输入命令 whos（），我们可以得到关于 Julia 安装和加载的信息。例如：

Julia> whos（）

尽管我们在后文会更深入地介绍变量的类型和运算，但是现在先熟悉一下 Julia 的 REPL 作为科学计算器使用：

Julia> 1+5

6

Julia> x=8

8

Julia> y=x+1

9

1.2.4　变量和运算

从这一节开始，我们将向大家介绍 Julia 语法命令的主要特征。尽管本书使用的是 Julia 0.6 版本，而最新的是 1.2 版本[1]，其中有一些特征已经废弃，但是 Julia 的主要特征

---

① 现在已经更新到 1.7.1 版本（译者注）

仍然保留。

Julia语言的关键特征之一，它是一种类型化语言。这意味着编程者可以选择变量的类型或者一个函数特定要素的类型。

Julia从一个变量被初始化的方式来推断其类型。例如，当我们初始化一个简单变量：

Julia> x=1

1

然后，Julia会将x理解为一个整数。为了在Julia中显示变量的类型，我们可以使用Typeof（）函数：

Julia> Typeof（x）

#Int64

Julia的另一个关键特征是，它是一种动态类型化的语言。换言之，即使一个变量在初始时期具有某种特定类型，我们仍然可以赋予这个变量另一种类型。我们接着利用上述例子来演示该特征，我们可以在Julia中输入：

Julia> x=" Hello"

"Hello"

Julia> Typeof（x）

#String

在下面的内容中，我将讨论人们在编程过程中可以使用的变量类型：整数型、布林类型、浮点数、复数型和字符型。

整数型

人们在Julia中可以使用两种基本的整数类型变量：有符号和无符号类型（对于正整数）。有符号整数可以是Int8、Int32、Int64和Int128。例如，Int8的取值范围为 $[-2^7, 2^7-1]$。无符号整数有 $U_{nit}8$、$U_{nit}32$、$U_{nit}64$ 和 $U_{nit}128$。但是，$U_{nit}8$ 的取值范围为 $[0, 2^8-1]$。当研究过程中需要用到高准确性输出——超出上述整数类型的范围时，我们可以利用Julia的长整型整数。当我们试图储存一个数字，其超出给定类型的范围（例如，Int8的 $[-128, 127]$）时，我们将会得到数据过载。然而，由于Julia并不会自动检查数据过载，因此，当发生数据过载时，我们要格外小心。潜在的解决方式就是使用BigInt类型。

布林类型

对于这种特定的变量，Julia赋予Bool类型。给一个变量赋值为真或假或一个逻辑表达式来赋予Bool类型。例如，输入：

Julia> x=（1>0）；

Julia> Typeof（x）

Bool

我们赋予变量x为Bool类型。

浮点数

像多数编程语言一样，Julia包含两种基础的原始数值类型。除了整数类型（有符号整数和无符号整数）和布林类型外，Julia还包含第二种原始数值类型——浮点数。然而，与其他编程语言相比，Julia也允许编程者创建自定义的原始数值类型。与整数型类似，浮点数也有几种类型：Float16、Float32和Float64。每种类型结尾处的数字表示字节数。例如，Float32有32个字节。Float32是单精度，而Float64则是双精度。对于高精度水平，Julia也有长浮点（BigFloat）类型。

复数型

Julia也通过一种特定类型——复数型——来支持复数。复数型是在上述原始数值类型基础上建立的。在Julia中，我们可以通过两种方式来初始化一个复数型。一种方式是使用im，它表示-1的平方根。因此，我们输入：

```
Julia> c=2+3im
2+3im
Julia> Typeof（x）
Complex{Int64}
```

创建复数的第二种方式是使用complex（）函数。例如，输入：

```
Julia> complex（2，3）；
Julia> Typeof（x）
Complex{Int64}
```

字符型

在Julia中，字符型是以连续的字母或者字母组出现的。在深入介绍字符之前，我们先讨论一下Julia中的字母。对于字母来说，Julia使用一种被称为Char的特殊类型。下面的简单代码显示了Julia如何显示字母：

```
Julia> y='y'
'y'
Julia>typeof（y）
Char
```

基本上，一个Char变量就代表一个字母。对于每一个字母，都关联着一个数值。为了找出一个字母的数值，仅仅需要使用Int（）函数：

```
Julia>Int（'y'）
121
```

标记字母，要么使用双引号，要么使用三引号。我们可以使用初始化任意类型数值变量的方式来初始化字符：

```
Julia>str=" Hello"
"Hello"
```

我们可以在字符后附加一个索引来调用一个字母。尤其是输入：

```
Julia>str［3］
'l'：ASCII/Unicode U+006c（category Ll：Letter，lowercase）
```

需要记住的是，在Julia中索引是从1开始的。任何字符的元素都可以利用从1到n的索引来调用，其中n是字符长度。

运算

算术运算：Julia对算术运算的支持非常标准化。只要我们见过在其他语言中算术运算如何操作，例如，Matlab或者R等，我们就能很容易在Julia中实施。下面的一些例子十分有帮助：

Julia>4+5
9
Julia>5-4
1
Julia>2*3
6
Julia>4/2
2

比较运算：我们可以对所有类型的变量使用常见的比较运算符，例如：等于、不等于、小于、大于。它们的用法非常直观：

Julia>5==5
true
Julia>5==6
false
Julia>5！=7
true

升级运算：我们可以用升级运算符来升级任意变量的值。为了这么做，我们仅仅需要在我们想要使用的运算后面加上"="。例如，输入：

Julia>x=2
2
Julia>x+=4
6

数学函数

假定Julia的目标是作为科学计算的基准编程语言，那么，我们也不用奇怪它具有非常棒的基本数学函数功能。下面，我们会呈现最常用的一些初级函数。为了找到一个数最接近的整数，我们输入：

Julia>round（1.2）
1

计算平方根，或者应用指数和对数：

Julia>sqr（9）
3
Julia>exp（3）
20.08
Julia>log（10）
2.3

Julia也有三角函数、双曲线函数和其他一些特殊函数。如果读者对更多函数感兴趣，可以查阅Julia手册。

1.2.5 向量

在Julia中，一维数组/向量的类型格式为Array{Type，N}（dims），其中，Type代表组成数组的变量类型，N表示向量的长度，它由dims决定。Julia中，可以有多种方式创建向量。首先，我们需要声明向量的元素，然后我们用函数show（）来检验它，例如：

```
Julia>v=Array{Float32，3}
Julia>show（v）
Array{Float32，3}
```

然而，上述操作并不必然得到包含0的向量。为了确保创建0向量，我们应该输入：

```
Julia>v=Float32［］
0-element Array{Float32，1}
```

另一种创建向量的方式在计算工作中经常使用。与Matlab（或R）类似的两个函数：zeros和ones，它们分别创建0向量和单位向量：

```
Julia> v1=zeros（5）
5-element Array{Float64，1}:
0.0
0.0
0.0
0.0
0.0
Julia> v2=ones（2）
2-element Array{Float64，1}:
1.0
1.0
```

我们也可以使用linspace函数，命令格式为linspace（初值，终值，n），这个函数返回n个数的向量，从初值开始到终值，步长相等：

```
Julia> v2=linspace（1，2，5）
1.0：0.25：2.0
```

然后，用collect（）函数将上述数值放入数组中：

```
Julia> v2=collect（v2）
5-element Array{Float64，1}:
1.0
1.25
1.5
1.75
2.0
```

函数 rand（）是用来创建包含随机数的向量：

Julia> v=rand（2）

2-element Array{Float64，1}:

0.351085

0.437856

Julia 还有一些简单有效的函数来帮助我们进行数组/向量运算。我们可以使用 append 函数来合并两个向量。命令格式为 append！（v1，v2）。其中，v1 和 v2 是两个向量。第一个向量 v1 将与第二个向量 v2 合并：

Julia> v1=zeros（2）

Julia> v2=ones（2）

Julia> append！ （v1，v2）

4-element Array{Float64，1}:

0.0

0.0

1.0

1.0

1.2.6　多维数组

相较于其他编程语言，Julia 在处理数组时并没有什么不同。为了加速数组处理，Julia 关注编译器。

因此，在最通用层面，我们可以将数组视为用一个多维栅格储存的目标的集合。尽管 Julia 可以处理包含任意类型目标的数组，但是数组的通用目的意味着使用特殊数值类型（像整数的浮点数）。

Julia 处理多维数组的方式与上节的向量非常类似。为了声明一个向量，我们仅仅需要输入：

Julia> v= ［1，2，3，4，5］;

5-element Array{Int64，1}

但是为了声明一个 1 行 5 列的矩阵，我们就要去掉逗号：

Julia> a= ［1 2 3 4 5］;

1x5Array{Int64，2}

1 2 3 4 5

用类似的方式，我们也可以用分号";"来区分不同的行，以声明多行数组：

Julia> a= ［1 2 3 4 5；6 7 8 9 10］;

2x5Array{Int64，2}

1 2 3 4 5

6 7 8 9 10

正如上节的向量一样，我们可以使用函数 zeros，ones，rand 或者 linspace 来初始化一个数组（后者要求使用 reshape（）函数，下文解释）。正如下面的例子说明：

Julia> a=zeros （2，2）

2x2 Array {Float64，2}

Julia> a=ones（2，2）

2x2 Array {Float64，2}

Julia> A=reshape（linspace（0，1，4），2，2）

0.0 0.666667

0.333333 1.0

Julia> r=randn（2，2）

2x2 Array{Float64，2}:

0.618744 −1.08049

2.07069 −0.107986

　　除了包含0和1的数组，我们也可以创建特定的数组，例如，单位矩阵，即使用eye（）函数来创建。我们可以输入：

Julia> eye（2）

　　我们创建一个2×2单位矩阵，或者使用：

Julia> eye（2，3）

　　来创建一个2×3单位矩阵。

　　Julia中还有许多基础函数可以提高数组处理效率。已经接触过Matlab处理数组方式的编程者可能会快速理解这些函数。为了得到一个数组的维数，我们可以使用ndims（）函数：

Julia> a=zeros（2，2）

2x2 Array {Float64，2}

Julia> ndims（a）

　　为了得到一个数组的维度，我们可以使用size（）：

Julia> size（a）

2，2

　　为了得到列数，我们可以使用：

Julia> size（a，2）

2

　　我们也可以使用eltype（）函数来查看数组中元素的类型：

Julia> eltype（a）

Float64

　　当我们处理数组时，reshape是一个非常有用的函数。我们可以使用reshape（）来改变现存矩阵的维度：

Julia> a=［1 2 3；4 5 6］

Julia> b=reshape（a，3，2）

1 5

4 3

2 6

为了连接数组，我们可以使用 cat（k，A）函数。这个函数可以在维度 k 上连接数组 A。此外，我们可以使用 hcat（a，b）来水平连接两个数组，或者使用 vcat（a，b）来垂直连接两个向量。下面的简单例子说明了如何使用这些函数：

Julia> a =［1 2 3；4 5 6］

Julia> v =［6 7 8；9 10 11］

Julia> hcat（a，v）

1 2 3 6 7 8

4 5 6 9 10 11

当我们需要多次处理数组时，我们可以对调用数组中的某个元素比较感兴趣。为了实现这一目的，我们可以使用可用的索引。在 Julia 中，数组的索引十分直观。如果 A 是一个 n 维数组，我们可以使用下列形式的命令来调用某个元素：

$$X = A［I_1，I_2，...，I_n］$$

当［I_1，I_2，...，I_n］为整数值时，如果我们选择特定的维度、一个整数向量或者一个布林向量，则这个特定维度的范围可以用冒号 ":" 表示。我们来看看 Julia 中的索引：

Julia> a=［1 2 3；4 5 6］

2x3 Array{Float64}

1 2 3

4 5 6

Julia> a［2］

2

Julia> a［1，:］

1 2 3

一旦我们理解了 Julia 中的索引，那么，很容易就可以知道如何给一个数组的元素赋值。其过程与上述调用元素正好相反：

$$A［I_1，I_2，...，I_n］=X$$

其中，［I_1，I_2，...，I_n］可以取前面的数值。

1.2.7　函数

在 Julia 中，函数被视为优先类对象。它们在 Julia 中发挥主要作用，因为 Julia 是由一系列函数构成的。Julia 的函数是基本对象，通过函数，输入值集合可以映射到返回值集合。

定义函数

Julia 中有两种方式定义函数：标准方式和任务方式。定义一个函数的标准方式非常简洁易懂：

Julia> function f（x，y，z）

x+y+z

end

f（generic function with 1 method）

而任务方式则十分紧凑和直接：

Julia> f（x，y，z）=x+y+z

f（generic function with 1 method）

为了调用一个函数，我们仅仅只需要在小括号中输入数值即可调用上述函数：

Julia> f（1，2，3）

6

Return关键词

在一个函数中，return关键词的作用就是返回各自函数值。在Julia中，return关键词将会给出紧随其后的一个表达式的值，而无论return后面是否还有其他表达式。例如，下面的例子：

Julia> function g（x，y，z）

return x*y+z

x+y+z

end

现在，我们可以利用两个函数f和g来比较return关键词的结果：

Julia> f（1，2，3）

6

Julia> g（1，2，3）

5

运算符作为函数

正如前面提及的内容，Julia是构筑在函数基础上的。运算符本身就是函数。这也是为何能用调用函数的方式来使用它们。例如：

Julia> 1*2*3

6

Julia> *（1，2，3）

6

默认和可选参数/对象

目前为止，我们所见到的函数都是必选参数。但是，在Julia中还有一些可选的参数。当定义一个函数的时候，我们可以使用可选参数，这需要具备两个条件：第一，这些可选参数在必选参数之后声明；第二，它们必须有符号值。例如：

Julia> f（x，y，a=1，b=2）=a*x+b*y

Julia> f（1，1）

3

Julia> f（1，1，2）

4

Julia> f（1，1，2，4）

6

第一次调用函数f，f（1，1）是让可选参数a，b取默认值1和2。第二次调用函数f，f（1，1，2）是让可选参数a取值为2。而第三次调用函数f，我们则将可选参数a，b

的值设定为2和4。

匿名函数

给定 Julia 中的函数为优先级对象，它们也可以赋予变量，当作参数，也可以不命名就创建一个函数，即匿名函数。例如，我们可以输入：

Julia> x->x+1

（::#1）（generic function with 1 method）

或者我们可以输入：

Julia> function（x）

x+1

end

（::#1）（generic function with 1 method）

上述两种方式都可以有效创建匿名函数。虽然我们没有给创建的函数命名，但实际上，编译器给它赋名了。总之，这是一个单参数的通用函数。匿名函数最好在标准函数中使用。下面，我们用 map（）标准函数来说明。这个标准函数的作用是将一个函数应用到数组的每个值上，然后返回一个新数组：

Julia> map（x->x+1，[1，2]）

2-element Array{Int64，1}：

2

3

上面这个例子是使用匿名函数的经典例子，即使用标准 Julia 函数 map 来讲匿名函数应用到一个数组的每个值上。

多元返回值

在 Julia 中使用多元返回值的方式是通过返回一个数值元组（tuple）。与此同时，人们也可以在不需要调用这个元组的情况下调用元组内的数值。下面，我们创建一个简单的多元返回值的函数：

Julia> function fun（a，b，c）

a*b*c，a+b+c

end；

使用通常的方法，调用给定数值的函数，我们就会得到数值元组：

Julia> fun（1，2，3）

（6，6）

但是也不用非这样操作，因为我们可以"解构"元组，并调用元组内的数值：

Julia> x，y = fun（1，2，3）

Julia> x

6

Julia> y

6

在 return 关键词的帮助下，会获得同样的结果：

```
Julia> function fun（a，b，c）
return a+b+c，a*b*c
end
```

可变参数函数

可变参数函数（称为"可变参数"（Varargs））有许多优势。如果在 Matlab 中使用过的话，这类函数对于经济学家来说已经很熟悉了。在 Julia 中定义一个可变参数函数非常简单：最后一个参数之后加上省略号即可。例如：

```
Julia> fun（x，y...）=（x，y）
Fun（generic function with 1 method）
```

在这个函数中，x 是第一个参数，y 是 0 或更多传递到函数 fun 的值。调用这个函数 fun 来帮助我们更好地理解可变参数函数：

```
Julia> fun（1）
（1，（））
Julia> fun（1，2）
（1，（2，））
Julia> fun（1，2，3）
（1，（2，3））
```

我们也可以试试将迭代集合输入函数。当调用带有参数集的函数时，需要使用省略号：

```
Julia> x=（1，2）
（1，2）
Julia> fun（1，x...）
（1，（1，2））
```

Julia 中的 Do 模块

我们已经见过函数作为参数的可能性。如果声明函数意味着包含更多代码，那么函数作为参数就会显得很累赘。这就是 Julia 中需要用到 do 模块的地方。do 模块的作用是依靠提供一种写清扫（clean）和清除（clear）代码的方式来简化传递函数作为参数集。

我们再次使用标准函数 map（）来说明用法：

```
Julia> map（x->x+1，［1，2，3，4］）
4-element Array{Int64，1}
2
3
4
5
```

使用 do 模块，我们可以将上述代码写成：

```
Julia> map（［1，2，3，4］）do x
x+1
```

```
end
4-element Array{Int64, 1}:
2
3
4
5
```

虽然这个简单的例子并没有明显地显示出 do 模块的效力和用处，但是我们仍可看出在传递函数为参数集时，do 模块十分有帮助。

1.2.8 控制流

一般来说，编程语言中的控制流是用于指定指令/表达式的评价/执行方向。Julia 也有类似于其他高级编程语言一样的控制流结构。下面将一一呈现这些结构，并举例说明。

复合表达式

正如这个名称的意思一样，复合表达式的作用就是用单一表达式来组合成多个子集表达式，进而简化表达式的声明/评价。在 Julia 中有两种类型的复合表达式：begin 和分号";"链。在两种情形下，复合表达式的值都是最后一个子集表达式的值。下面，我们先看一个分号";"链的例子：

```
Julia> x= （a=5； b=6； a*b）
30
```

下面，我们再用 begin-end 来重写上面的例子：

```
Julia> x= begin
a=5
b=6
a*b
end
30
```

条件评价

条件评价在任何编程语言中都是关键的结构。它的作用就是告诉编译器一段代码的某部分是否需要执行。代码的某个部分是否需要执行取决于真或假的布林表达式。这个命令的格式使用非常经典的 if-elseif-else 关键词，这就使得 Julia 中的条件评价与 Matlab 或 R 非常相似。

为了更加熟悉 Julia 中条件评价控制流的结构，我们看看下面一个简单的例子：

```
Julia> if x>y
x=2
elseif x<y
x=1
else
x=0
```

```
end
```

上述例子的逻辑在于：当表达式 x>y 为真时，代码就给 x 赋值为 2。当 x<y 为真时，Julia 就评价 x=1 这个模块。最后，如果上面两种情形都不成立，也就是说，x=y，那么，代码就给 x 赋值为 0。

这段代码很简单就可以嵌入一个函数，该函数基于 x 和 y 的比较来返回 x 的值：

```
Julia> function ineq（x，y）
if x>y
x=2
elseif x<y
x=1
else
x=0
end
end
ineq（generic function with 1 method）.
```

调用这个函数，我们可以输入：

```
Julia> ineq（1，2）
1
Julia> ineq（1，1）
0
```

需要注意的是，关于子模块 elseif-else 的实际执行，并不必然需要，这个子模块是可选的，因为即使在不使用它们的时候，我们也可以执行条件评价：

```
Julia> if x=y
x=0
end
```

上述代码仅仅只检测 x 和 y 是否相等。与此同时，我们也可以使用多个 elseif 模块：

```
Julia> if x=1
x=1
elseif x=2
x=2
elseif x=3
x=3
end
```

值得注意的是，Julia 的 if-else 控制流相对于其他编程语言来说并不是标准的。这与函数的情形类似——返回关键词 return 紧接着的一个表达式。

```
Julia> x=1
1
Julia> y=1
```

```
1
Julia> if x==y
x=0
end
0
```

相较于其他编程语言，另一个关键差异是Julia的条件表达式除了布林类型外——真或假，不可以为其他类型。例如：

```
Julia> if 2
x=1
end
ERROR：TypeError： non-boolean （Int64） used in Boolean context
```

返回一个类型错误，例如，与所用变量的类型有关的错误提示。默认信息意味着条件评价结构要求使用布林类型的变量。

重复评价：循环

循环是所有编程语言的另一个基础控制流结构。它是由一个次序型表达式组成的，这些表达式会一直重复运行直到某个条件满足为止。Julia中有两种基本的循环表达式：for循环和while循环。

```
Julia> j=3；
Julia> while j>0
println（j^2）
j=j-1
end
9
4
1
```

Julia中while循环的命令和用法与其他编程语言相似：while循环确保循环模块（例如，println（j）；j=j-1）一直持续评价直到条件j>0为止。

for循环也执行类似的操作：for循环是为了保证循环模块的多次重复。然而，该命令没有像while循环一样的评价条件。但是，for循环隐含了循环只执行有限次的条件。例如：

```
Julia> for j=1：3
println（j^2）
end
1
4
9
```

有一点需要特别注意，for循环中使用的变量j是一个局部变量，只在for循环内使用，for循环执行结束后就不使用j变量。Julia也允许其他关键词来声明for循环迭代的范围，这一点与Matlab不同。实践中，我们要么使用in关键词，要么使用∈关键词，这也会使得代码更简洁：

```
Julia> for j in ［1，2，3］
println （j）
end
1
2
3
```

　　在所有的条件范围执行完之前，如果有需要停止while循环或者for循环，我们可以用break命令。例如：

```
Julia> for j=1：30
println （j）
if j>=3
break
end
j=j+1
end
1
2
3
```

　　关于while循环的一个简单例子：

```
Julia> j=1
Julia> while j>0
println （j）
If j>=3
end
j=j+1
end
```

捷径（Short Circuit）评价

　　顾名思义，这是另一种执行条件评价的方式。Julia中有两种类型：&&和‖。使用这些关键词，我们可以评价一系列表达式。然而，对于控制流来说，最好将评价的表达式数量控制在最低。对于&&控制流来说，表达式之间的连接：$f_1 \&\& f_2 \&\& f_3 \&\& ... \&\& f_n$。当子表达式的评价第一次为假时，这个评价控制流就会停止。否则，它会一直运行，评价所有的表达式。相反，对于‖结构来说，命令格式为：$f_1 ‖ f_2 ‖ f_3 ‖ ... ‖ f_n$。如果它第一次评价为真，该控制流评价就停止。如果没有为真的评价，‖评价就会执行所有表达式。

```
Julia> ff1=true
Julia> ff2=false
Julia> ff1 && ff1
```

True

Julia> ff1 && ff2

false

Julia> ff2 && ff1

False

我们可以使用‖评价来使得上述代码更简洁：

Julia> ff1 || ff1

True

Julia> ff1 || ff2

true

Julia> ff2 || ff1

True

Julia> ff2 || ff2

false

正如前面提及的，当有需要使用短代码时，在 if 条件语句中也可以嵌套捷径评价。为了实现这一目的，我们来试试捷径评价的性质，依次迭代评价（子）表达式直到第一次出现评价为假（对于&&），或者直到第一次评价出现真（对于‖）。记住这一点，用&&来代替 if-end 模块：

条件&&意味着如果条件评价为真，指令就会执行，条件‖意味着条件评价为假时，指令会执行。例如：

Julia> function test（x：：Int）

x == 0 && return（"x must be positive"）

x <= 5 || return 0

end

test（generic function with 1 method）

Julia> test（1）

1

true

Julia> test（6）

0

异常处理

Julia 有自己的异常处理系统。函数在处理一个不可预期的条件时常常发生异常/错误。在这种情形下，Julia 会返回一个所谓的异常处理，因为此时，函数不能处理特定的条件。

Julia 包含了许多内置的标准异常，这些异常都是在处理函数预期的条件终值情况时发生的。这些终值情形包括类型错误（函数处理不正确的变量类型时）、域错误（变量的值在域之外）等等。Julia 中内置的异常信息列表可以在手册中查看。我们来看一个简单的异常：

Julia> if 1 x=0 end

Error：TypeError：non-boolean（Int64）used in Boolean context.

当检测条件值时，if-end控制流预期一个布林类型。下面，我们来看另一个例子：

Julia> sqrt（-4）

Error：DomainError：sqrt will only return a complex value

if called with a complex argument.

当对负数使用平方根函数时，就会返回一个域错误，除非特地告诉sqrt（）要处理一个复数。

Julia用函数throw（）来手动处理异常，以使得我们可以创建自己的"异常"处理或者"throw"。对于后者来说，我们可以使用默认函数throw（）。这个函数用起来非常简单：

Julia> f（y）=y>0？y+1：throw（DomainError（））

f（generic function with 1 method）

Julia>f（2）

3

Julia>f（-2）

Error：DomainError in f（∷Int64）at .\REPL［9］：1

错误

函数error（）的作用是提供一种方式来理解程序的正常流，并显示一个错误异常信息。我们可以使用它来停止程序的执行。函数error（）的使用非常简单。此外，它也允许我们输入特定的错误信息来指导编程者。为了显示error函数的用法，我们来看一个例子：

Julia> f（y）=y>0？y+1：error（"y must be positive"）

f（generic function with 1 method）

Julia>f（2）

3

Julia>f（-2）

Error：y must be positive

in f（∷Int64）at .\REPL［12］：1

error（）函数的优势就是无论什么时候我们定义的函数从另一个函数中调用了一个不正确的值，程序都会持续执行，但是它也可以终止程序，并显示我们输入的错误信息。

警告和其他信息

除了异常之外，警告信息和提示信息是非常有用的功能，它们为程序员提供了有关程序执行过程中不可预期情形的信息。我们很容易使用这些功能，如下所示：

Julia> f（x）=x>0？x+1：warn（"x must be positive"）

f（generic function with 1 method）

Julia>f（2）

3

Julia>f（-2）

Warning： y must be positive

类似地，对于函数 info（）（提示信息），我们可以编写下列程序：

Julia> f（x）=x>0？ x+1： info（"x must be positive"）

f（generic function with 1 method）

Julia>f（2）

3

Julia>f（-2）

Information： y must be positive

在讲 Julia 中异常处理方式之前，我们必须提到 try/catch 模块。它是 Julia 中检测异常的一种好方法。在上面的一些例子中，我们使用错误或警告信息来处理函数中不可预期的条件语句。我们再次使用上述的一些基本函数：

Julia> f（x）=x>0？ x+1： throw（Domainerror（））

f（generic function with 1 method）

Julia> g（y） = try

f（y）

catch

y=0

end

g（generic function with 1 method）

上述例子显示了，我们使用 try/catch 来处理错误。

任务（协程）

前五种控制流在所有高级编程语言中都存在。但是任务，也就是熟知的协同程序则是 Julia 特有的控制流结构。任务的主要目的就是允许许多指令根据程序的需要而暂定和继续。为了在 Julia 中实现这一目的，我们将指令集或者函数定义为任务使得我们能理解它们，并转换到不同的任务，随后又回到初始任务。任务并不仅仅是函数调用，因为在 Julia 中，转换任务并不需要占用任何空间，它们可以在任何顺序中发生。相反，函数调用需要占用空间。另外，函数调用必须允许该函数被执行，并在返回调用函数之前就已经完成。

有一个经典例子可以显示任务的用处。这个例子就是生产者-消费者问题。有一个"生产者"，或者能生成价值的命令集，还有一个"消费者"来消费这些价值。与函数调用不同，生产者和消费者可以无限期地运行，即生产者将价值转移给消费者。为了实施和解决这类问题，Julia 使用函数 put!（）和 take!（）。我们来执行一个简单的例子：

Julia> function test（c:: Channel）

put!（c，"begin"）

for x=1： 2

put!（c，x+1）

```
end
put! (c, "end")
end；
```
首先，我们创建一个函数来为价值集使用函数 produce（）。其次，我们使用 Task 使得 Julia 能重复调用函数 test，并使用生成的数值：
```
Julia> chnl=Channel（test）；
Task（runnable）
Julia> take!（chnl）
"begin"
Julia> take!（chnl）
2
Julia> take!（chnl）
3
Julia> take!（chnl）
"end"
```
调用函数和使用 Task 的主要差异在于：在使用 Task 时，我们可以暂停一个函数的执行，随后再返回，而使用函数调用时，我们必须执行完该函数。

1.2.9 随机数

在 Julia 中生成随机数非常简单。正如我们在其他编程语言中熟悉的操作一样，我们用种子来设立随机数生成器。在 Julia 中，我们使用 srand（）来完成该步骤：
```
Julia> srand（1234）
```
要生成随机数，我们可以使用函数 rand（）来从均匀分布（0，1）中随机抽取数字：
```
Julia> rand（）
0.5908
```
与其他高级编程语言没有什么不同，我们可以用随机数来填充向量或数组。
```
Julia> v=rand（5）
5-element Array{Float64，1}
0.76
0.57
0.46
0.79
0.85
```
同理，我们可以创建一个矩阵：
```
Julia> m = rand（2，2）
2x2-element Array{Float64，2}
0.20 0.24
0.29 0.57
```
虽然函数 rand（）被用于从均匀分布（0，1）中生成随机数，但是我们也可以用

randn（）来从均值为0，标准差为1的标准正态分布中生成随机数：

```
Julia> m = randn（2，2）
2x2 Array{Float64，2}
−0.56 0.12
−0.01 1.85
```

1.2.10 数据处理

文本文件

为了处理文本文件，Julia提供了许多函数，例如 read（），open（）和 close（）。这些函数的使用非常简单，如下所示：

```
Julia> f=open（"example.txt"）
```

上述命令创建了一个文件处理过程，f成为连接Julia与电脑硬盘中的"example.txt"文件的桥梁。一旦处理完文件，我们必须关闭它。这时，我们可以使用：

```
Julia> close（f）
```

上述命令并不是Julia读取文件的最佳方式。更好的方式是在 do模块的帮助下来处理文件，如下所示。基本上，我们就是将文件处理嵌入到do模块中：

```
open（"example.txt"）do f
#instructions
end
```

路径名和文件名的处理

Julia提供了一整套函数来处理路径名和文件名。为了检查当前本地路径，我们可以使用：

```
Julia> homedir（）
"C：\\users"
```

函数 pwd（）用于检查活动路径：

```
Julia> pwd（）
"C：\\users"
```

为了更改当前文件夹，我们可以使用函数 cd（）：

```
Julia> cd（"/"）
```

为了读取当前文件夹的内容，我们可以使用readdir（）（我们也可以声明路径来读取一个给定路径里的内容）。

处理数据文件

为了读取数据文件，Julia使用函数 readlm（）。它的命令格式为：

```
Readdlm（source，delim：Char，T：：Type，sol：：Char；opts...）
```

创建 Readlm来处理分隔文件（下文称DLM），一种一般化的CSV文件。虽然CSV文件是数据文件，分隔符是逗号，但主要问题是当什么时候数据包含逗号，因为CSV文件必须增加逗号来处理它们。为了克服这个问题，标准的 DLM（分隔符文件）成了广泛使用的文件。

上述命令格式意味着在使用readlm时，我们从一个源文件中读取数据（源文件可以是一个 txt 文件，或者一个数据文件）。字段用声明的字符来分隔，而 lines 是用声明的 eol（end of line）来分隔。下面我们来看一个例子。我们创建一个包含随机数的向量，然后将随机数写入一个文本文件中。

```
Julia> vector=rand（5）
5-element Array{Float64，1}：
0.235644
0.195471
0.838713
0.0657537
0.220544
Julia> writedlm（"example.txt"，vector）
```

为了读取这个文本文件，我们仅需要使用 readlm，并将这些数值储存在一个新数组中：

```
Julia> vector_read=readdlm（"example.txt"）
5x1 Array{Float64，2}：
0.235644
0.195471
0.838713
0.0657537
0.220544
```

默认地，readlm（）假设使用标准的 eol 分隔符，且每个字段的分隔符是空格。

Julia 也有特殊的函数来处理 CSV 文件。例如，readcsv（）：

```
readcsv（source；header=false，skipstart=0，skipblanks=true，use_mmap，ignore_val-id_chars=false，quotes=true，dims，comments=true，comment_char=' char '）
```

对于 header=true，readcsv（）函数将会把文件第一行作为标题。选项 skipstart 用于忽略预设的行数，而 skipblanks 则告诉 readcsv 是否应该跳过空白行。

Use_mmap（）用于提高文件存取的速度（在 Windows 中是默认选项）。当我们想要提高读取速度时，尤其对于大文件，我们可以告诉 readcsv（）储存数据的维度。

1.2.11 日期处理

Julia 提供函数来处理程序包中的日期和时间。Julia 中提供了两种类型的函数：一种用于处理日期（Date），另一种用于处理时间（DateTime），虽然它们都是时间类型（TimeType）的子类型。第一种处理日度时间，第二种则处理毫秒精度的时间。两者都储存为 Int64 类型的数值。

我们可以容易地创建日期和时间类型，因为可以使用 Period 类型来创建。例如：

```
Julia> DateTime（2016）
2016-01-01T00：00：00
Julia> DateTime（2016，3）
2016-03-01T00：00：00
Julia> DateTime（2016，3，10）
```

2016-03-10T00：00：00

Julia>DateTime（2016，3，10，11）

2016-03-10T11：00：00

同理，处理日期更容易：

Julia> Date（2015）

2015-01-01

Julia> Date（2015，5）

2015-05-01

当需要时，我们还可以修改日期类型的格式，即输入原始字符串：

Julia>date_format = DateFormat（"y-m-d"）

Julia> d = Date（"2016-05-05"，date_format）

2016-05-05

计算持续时间或者比较 Date 以及 DateTime 变量非常容易，只要我们理解了第一类函数，那么第二类函数也就不难理解。

Julia> date_1=Date（2016，1，30）

Julia> date_2=Date（2015，1，30）

Julia> date_1-date_2

365 days

然而，对于 DateTime 变量来说，使用相同的日期，我们会得到毫秒结果：

Julia> date_1=DateTime（2016，1，30）

Julia> date_2=DateTime（2015，1，30）

Julia> date_1-date_2

31536000000 milliseconds

尽管 Julia 对时间和日期的处理更加全面，但是我们可以通过所谓的 accessor 函数来直接进入两类时间的字段。

Julia> time=Date（2015，2，22）

2015-02-22

Julia> Dates.year（time）

2015

Julia> Dates.month（time）

当用大写字母来调用字段时，我们得到 Period 类型：

Julia>Dates.Year（time）

2014 years

Julia>Dates.Month（time）

2 months

最后，我们可以同时获得多个字段：

Julia> Dates.yearmonth（time）

（2015，2）

Julia> Dates.yearmonthday（time）

（2015，2，22）

1.2.12 数据框架

现实生活中的数据集有一个常见的特征，那就是它们可以用表来表示，也可以用来表示缺失数据。像 R 一样的统计编程语言可以很容易地处理这些特征。为了处理表类型的数据，Julia 有一个特殊的程序包——DataFrames。根据参考文献［5］，本书将呈现一些主要特征。该包并不是 Julia 的基础库，因此，需要安装再使用：

Julia> Pkg.add（"DataFrames"）

Julia>using DataFrames

DataFrames 用 NA 来表示缺失值。它也有两种类型：DataArray 和 DataFrame。第一种类型允许将缺失值储存在一个数组中，因此，为 Julia 中的数组类型提供了一个有用的备选方案。而第二种可以储存包含缺失值的表。这两种类型都是 DataFrames 的一部分，因此，在进入这些类型之前，我们必须输入 "using DataFrames"。为了创建一个数据组，我们使用@data：

Julia> vector=@data（［1，2，3，4，NA］）

5-element DataArrays.DataArray{Int64，1}

正如所见，我们创建一个包含 4 个观测值和一个 Int64 类型的缺失值的数据组。为了应用不同的统计计算，我们要用函数 dropna（）去掉 NA：

Julia> mean（dropna（vector））

2.5

我们也可以用某个数值替换缺失值。例如：

Julia> new_vector=convert（Array，dropna（vector））

4-element Array{Int64，1}:

1

2

3

4

虽然，DataArray 类型在处理带有缺失值数组时很有效，但在许多情形下，数据储存在表中。对于表类型的数据，Julia 提供了第二种类型 DataFrames 来处理。正如前面提到的，DataFrames 可以处理缺失值。然而，表的列数必须等于 sizes。

从一个文件中读取数据可以创建 DataFrames。另外，我们也可以使用随机数生成器来创建一个 DataFrames。在下例中，DataFrame 包含两列：一列包含 0~1 之间的 10 个数值，另一列包含随机数：

Julia> data=DataFrame（x=linspace（0，1，10），y=randn（10））

102 DataFrames.DataFrame

Row x y

1 0.0 −0.26101

2 0.111111 1.20691

```
3 0.222222  −0.556195
4 0.333333  −0.696848
5 0.444444  −0.650466
6 0.555556  0.636074
7 0.666667  −1.04917
8 0.777778  0.982242
9 0.888889  0.239035
10 1.0      0.343151
```

为了进入一列，我们要么使用列数，要么使用列名：

Julia> data［1，：］

Julia> data［：x］

我们可以使用 readtable（）来读取一个数据文件中的数据，并用函数 writetable（）将这些数据写入一个数据文件中。后者的命令格式为：

Writetable（filename，data；opts...）

我们可以将统计函数应用于上述数据表。Julia 提供了函数 describe（）来呈现一些重要的统计量，包括均值和平均数：

Julia> describe（data）

```
x
Summary Stats：
Mean：  0.500000
Minimum：  0.000000
1st Quartile：  0.250000
Median：  0.500000
3rd Quartile：  0.750000
Maximum：  1.000000
Length：  10
Type：  Float64
Number Missing：  0
% Missing：  0.000000
```

1.2.13　Julia 的作图功能

Julia 的一个缺点是其基本库中并不包含图形命令。虽然从技术的角度来说这是事实，但是 Julia 可以借助许多程序包来实现作图功能。根据［4］，我们将 Julia 的作图命令划分成三类：

- 基本的作图功能；
- 图形引擎；
- 网页作图功能。

基本作图功能

有许多 Julia 程序包可以实现基本的作图功能，例如，TextPlots，Cairo 或 Winston。

Text Plotting

正如名称所示，文本作图指的是可以实现基本作图功能的独立程序包。它的主要优势在于 Julia 中作图最快速的方式之一。

Winston

Winston 是一种更先进的程序包，它与 Matlab 中的二维作图功能十分相似。Winston 也是一个独立的图形程序包。然而，我们并没有打算进一步介绍 TextPlots 和 Winston，因为它们都不会被用于后面的作图。

图形引擎

目前，开发者已经开发了一些先进的图形程序包，它们几乎可以实现程序员想要的任何图形。下文主要关注两个程序包——Pyplot 和 Gadfly。当然，我们还会介绍一下 Plots，这个包实际上是一个综合功能程序包。

Pyplot：Pyplot 实际上是利用 Python 的图形功能，它使用 PyCall 包来从 Julia 中调用 Python（和它的图形包 Matplotlib）。安装 Pyplot，需要提前在系统中安装 Python。否则，Julia 将在系统中安装一个基本的 Python 版本——Conda 来实现 Julia 中的一些功能。为了安装和使用 Pyplot，仅仅需要输入：

```
Julia> Pkg.add（"PyPlot"）
Julia> using PyPlot
```

上述命令也会安装 PyCall 使得 Julia 可以调用 Python，以及 Python 中的其他程序包，例如 Conda。我们能用 Pyplot 来作图（如图 1-1 所示）：

```
Julia> x=linspace（0，1，100）
Julia> y=randn（100）
Julia> plot（x，y，color="blue"）
Julia> title（"Basic Graphic in PyPlot"）
```

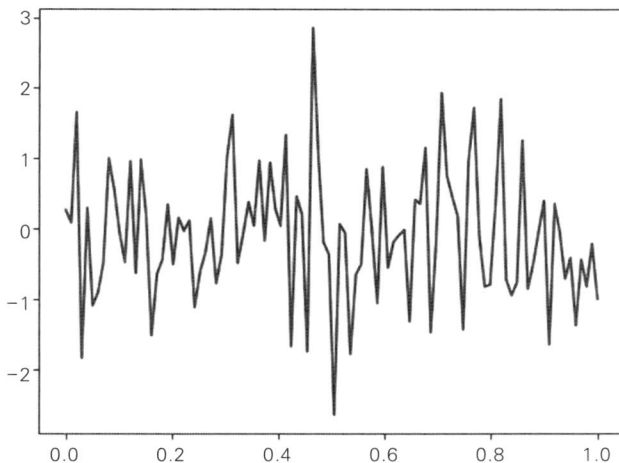

图 1-1　用 Pyplot 作的图形

我们也可以利用函数 plot（）的选项来改变线条的粗细和类型：

Julia>plot（x，y，color="black"，linewidth=1.5，linestyles= "－－"）

我们也可以用函数 bar3D，contour3D，surface，scatter3D 等来创建三维图形（如图 1-2 所示）。这时，我们需要三个变量：

Julia> x=linspace（0，pi，100）

Julia> y=sin（x）

Julia> z=cos（x）

Julia>surf（x，y，z）

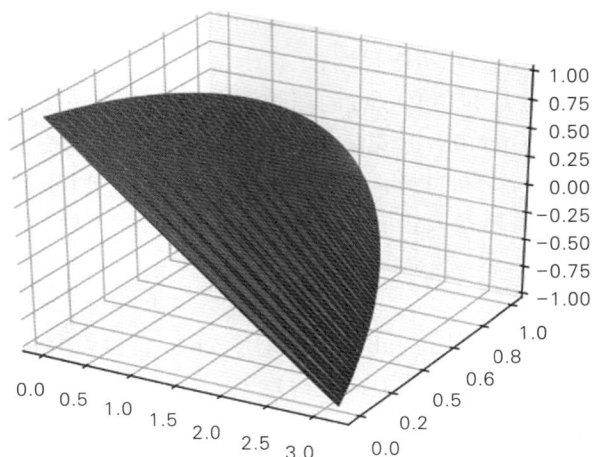

图 1-2　Pyplot 作的 3D 图形

Gadfly：虽然 Pyplot 可以通过 matplotlib 来使用 Python 中的作图功能，但是 Gadfly 具有同样功能的一个图形引擎，它来源于 R 语言的 ggplot2 程序包。给定 Gadfly 源于 R 语言的程序包，那么它就有能力处理任何统计数据的图形，包括 dataframes。安装和运行 Gadfly：

Julia> Pkg.add（"Gadfly"）

Julia> using Gadfly

我们已经知道了 Gadfly 可以处理 Dataframes，那么，我们就用扩展的 plot（）函数来说明。因此，plot（）函数可以处理数组，函数和 Dataframes。Gadfly 应用于向量也非常的直观：

Julia> x= linspace（0，1，100）

Julia> y=randn（100）

Julia> plot（x=x，y=y，Geom.line）

为了画出函数，Gadfly 使用下列命令：

Julia> plot（sin，0，25）

这意味着我们要在 ［0，0.25］ 区间内模拟函数 sin（x）。与此同时，我们可以使用

plot（）函数来画出多个函数的图形：

Julia>plot（[sin，cos]，0，25）

Plots：Plots 并不是一个程序包，而是一个嵌入不同作图功能的综合程序包，但是具有这些作图功能具有统一的接口（API）。为了安装和使用 Plots，输入：

Pkg.add（"Plots"）

using Plots

我们可以基于不同的作图程序包来画图。例如，为了创建一个简单的图形，我们可以输入：

x = 1：50；y = 2x+1

plot（x，y）

结果显示在图 1-3 中。

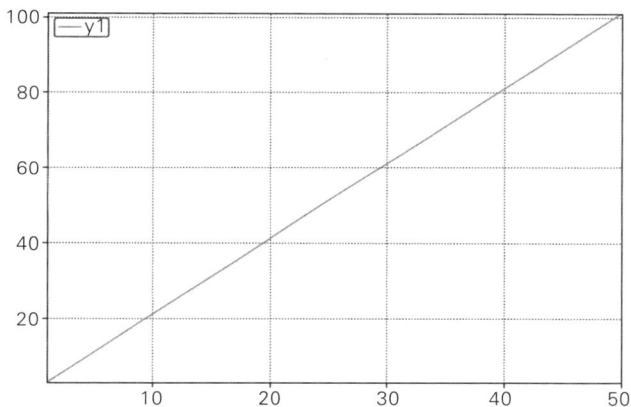

图 1-3　简单图形

|1.3| 高级特点

在这个部分，我们讨论一些 Julia 特有的功能以便更好地理解 Julia 并编写有效程序。

1.3.1　Julia 的类型体系

根据 Julia 的类型体系，编程语言可以划分为两类：静态编程语言与动态编程语言。对于静态编程语言，在程序或代码运行前，每一个变量和表达式都有明确的类型。对于动态编程语言，一个值的类型仅仅在运行程序的时候才能知晓。当然，这种分类只是作为参考，因为在实践中，一个编程语言可以混合使用这两种编程类型。

Julia 具有动态编程类型的系统。然而，它也包括静态编程类型。例如，程序员可以指定一个值为某种类型。这会提高代码的运行效率。Julia 类型体系的另一个特征就是允许程序员忽略类型，这使得一个值可以为任何类型。与此同时，Julia 也允许类型注释，即向编译器提供信息指示一个值为某种类型。为在 Julia 中输入注释，我们可以使用：：运算符。例如：

Julia>（2+2）：：Int

返回 4，输入了一个不可预期的类型，可能会得到错误信息：

Julia> （2+2）:: Float64

ERROR：TypeError：typeassert：expected Float64, got Int64

值得注意的是，在 Julia 中，值有类型，变量却没有类型。同理，由于在代码执行过程中，一个值只具有它声明的类型，因此没有"编译时间类型"。

Julia 的类型体系很重要，因为它也允许多线程处理。

1.3.2 多线程

正如函数一节（见 1.2.7）所讨论的，Julia 中的函数很简洁——一些输入值放进载体中就可以转换成一个返回值。尽管这个定义很清晰，但是 Julia 是如何处理相似函数的仍然不明确。例如，实数乘法不同于自然数乘法，尽管这两类运算都属于一般的乘法类别。

一种方法是为特定参数的函数行为下定义。Julia 有助于处理包含多个方法的函数。在一个函数中选择特定方法来执行被称为线程。为了选择一种方法，Julia 允许用函数的所有参数，因此，我们说 Julia 允许多线程。

我们定义一个基本函数用 :: 来约束参数（见前面）。因此，我们可以输入：

Julia> f （x:: Float64，y:: Int）=x+y−1

f （generic function with 1 method）

只有当 x 为 Float64 ，y 为 Int 时，这个函数才执行命令，否则可能会有错误信息。我们还可以通过其他方法，例如把 x 和 y 限制为数字来重新定义这个函数。

Julia> f （x:: Number，y:: Number）=x+y−2

f （generic function with 2 methods）

只要有任何一个参数不是数值型的，就仍然可能会有错误信息。为了查核与函数 f 相关的方法，我们可以输入：

Julia> methods （f）

f （x:: Float64，y:: Int） in Main at none：1

f （x:: Number，y:: Number） in Main at none：1

也就是说，在第一种类型下，函数返回值为 "x+y−1"，否则返回值为 "x+y−2"。有时，当多种函数方法可用时，返回值就变得模糊不清。在这种情形下，Julia 并不是随意选择一种函数方法，而是显示错误信息。

1.3.3 向量化

从版本 0.6 开始，Julia 提供向量化方法。该方法具有特别的优势：

（1）多运算可以在一个简单循环中执行；

（2）不需要额外的辅助数组；

（3）虽然其他编程语言提供有限操作的向量化方法，但 Julia 允许用户用自定义的函数和类型来执行向量化。

下面的简单例子可以清晰地说明 Julia 中向量化的使用。假设定义一个函数为：

Julia> f （x）=x^2−2

为了将上述函数应用于整个数组 Y，我们可以用两种方式在 Julia 中编程。我们创建一个简单的数组 Y：

X=［1，2，3，4，5］

　　然后，我们要么输入：

Julia> @. X=f（X）

5-element Array{Int64，1}：

-1

2

7

14

23

　　要么输入：

Julia> X.=f.（X）

5-element Array{Int64，1}：

-1

2

7

14

23

参考文献

[1]   I. Balbaert, Getting Started with Julia, 1st ed., Packt, Birmingham, UK, 2015.

[2]   I. Balbaert, A. Sengupta, M. Sherrington, Julia: High Performance Programming, 1st ed., Packt, Birmingham, UK, 2016.

[3]   A. Sengupta, Julia High Performance, 1st ed., Packt, Birmingham, UK, 2016.

[4]   M. Sherrington, Mastering Julia, 1st ed., Packt, Birmingham, UK, 2015.

[5]   Introducing Julia, https://upload.wikimedia.org/wikipedia/commons/2/2e/Julia.pdf, Wiki Books, 2015.

[6]   T. Sargent, J. Stachurski, Quantitative economics with Julia, https://lectures. quantecon. org/, 2017.

[7]   Julia documentation, https://docs.Julialang.org/en/stable/, The Julia Language, 2017.

基础数值计算方法

2.1 概述

本章会向读者介绍经济学中常用的数值分析方法。本章有两个目的：第一个目的是让读者熟悉计算经济学中的主要方法，第二个目的是向读者展示 Julia 如何实现这些方法。虽然本章讨论的重点内容并不是数值分析方法理论，但本章为读者更好地理解数值分析的主要方法提供了充分的背景知识，从而使得读者能在 Julia 中应用它们。本章主要参考了参考文献［1］和参考文献［2］。参考文献［1］强调了理论，弥补了算法程序的空白。参考文献［2］更加强调这些数值分析方法在 Matlab 中的实际应用。此外，参考文献［3］强调了这些数值分析方法在宏观经济学方面的应用。还有一些非常好的参考资料，如参考文献［4］为使用 Python 的读者提供了综合性的数值分析方法，而参考文献［5］则为读者提供了非常详尽的 C++代码。

2.2 线性方程

首先，本章向读者介绍了经济学和数值分析领域都非常基础性的知识模块——线性方程。经济学中随处可见线性方程，它们存在于经济学的不同领域，从计量经济学到宏观经济学。它们也属于计算经济学的一个模块，因为它们直接或间接地出现在复杂的数值问题中。例如，在解非线性模型时，要将非线性模型分解成许多更小规模的线性模型。

下面，我们定义一个线性方程。n 个未知数 x_i 和 n 个常数 a_i，$i = 1, \cdots, n$ 组成的线性方程形式如下：

$$a_1 x_1 + a_2 x_2 + \cdots + a_n x_n = b \tag{2-1}$$

其中，b 也是一个常数。所有的变量都是 1 次方，没有非线性函数（例如，指数函数）。

多元一次联立方程式由许多线性方程组构成，形式如下：

$$a_{11} x_1 + a_{12} x_2 + \cdots + a_{1n} x_n = b_1 \tag{2-2}$$

$$a_{21}x_1 + a_{22}x_2 + \cdots + a_{2n}x_n = b_2 \tag{2-3}$$

$$\cdots \tag{2-4}$$

$$a_{n1}x_1 + a_{n2}x_2 + \cdots + a_{nn}x_n = b_n \tag{2-5}$$

上述线性方程组可以用一种更加紧凑的方式来表达：

$$Ax = b \tag{2-6}$$

其中，A 是一个 $n \times n$ 矩阵，元素为系数 $a_{i,j}$，b 是 n 维向量，x 也是一个 n 维向量。

线性方程组在数值分析中非常重要，因此，有许多方法可以解它们。这些方法可以分成两类：

（1）直接法：由运用基本运算来解方程组的一些算法组成。

（2）迭代法：从理论上来讲，这些算法可以无限迭代，但在实际中，迭代有限次，从而使得迭代解作为真实解的一种近似值。

2.2.1 直接法

向后/向前替换法

对原始方程 $Ax = b$ 进行运算之后，直接法会给出方程组的精确解，当然直接法的解也需要解释四舍五入的误差。最基础的直接法是替换法。如果系数矩阵是下三角矩阵，那么可以向前替换，如果系数矩阵是上三角矩阵，那么可以向后替换。

我们来看一个 3×3 的上三角矩阵：

$$A = \begin{bmatrix} a_{11} & a_{12} & a_{13} \\ 0 & a_{22} & a_{23} \\ 0 & 0 & a_{33} \end{bmatrix}$$

我们直接使用向后替换法来解这个方程组：

$$x_3 = b_3 / a_{33} \tag{2-7}$$

$$x_2 = (b_2 - a_{23}x_3) / a_{22} \tag{2-8}$$

$$x_1 = (b_1 - a_{12}x_2 - a_{13}x_3) / a_{11} \tag{2-9}$$

LU 因式分解法

尽管上述例子可以清晰地说明直接法的基本原理，但是这种方法的缺陷在于，实践中几乎没有三角矩阵的情形。为了克服这个问题，实践中最广泛使用的方法是 LU 算法。方程（2-6）中的系数矩阵 A 可以分解为一个下三角矩阵 L 和一个上三角矩阵 U 的乘积。

LU 算法由两个阶段组成。在第一阶段，我们使用高斯消元法（由行运算和列运算组成）来将初始矩阵 A 因子转化为上对角矩阵 U 和下对角矩阵 L，从而得到 $A = LU$

在第二阶段，我们使用上面得到的矩阵 L 和 U 来推导方程组的解。初始方程组为：

$$Ax = (LU)x = L(Ux) = b \tag{2-10}$$

定义 $Ux = y$，然后代入上式，得到：

$$Ly = b \tag{2-11}$$

然后解出：

$$Ux = y \tag{2-12}$$

LU 因式分解法是最广泛使用的线性方程组解法。与 Matlab 命令类似，Julia 使用下列命令：

\（A，B）.

上述命令隐含使用了 *LU* 因式分解法来解方程（2-6）（假设矩阵 *A* 是非三角矩阵）。如果矩阵 *A* 是一个特殊的矩阵，那么 Julia 要么使用一种特殊的因式分解法（后面会有介绍），要么使用向后/向前替换法。

LU 因式分解法使用高斯消元法。这种方法由两个基本运算来实现，即将 *L* 转换成下三角矩阵，将 *U* 转换成上三角矩阵，然后得到 *A = LU*。两个基本运算步骤——两行互换和一行乘以另一行的常数——并不会改变最后的结果。

为了进一步解释这种方法，我们来看一个简单例子。系数矩阵 *A* 为：

$$A = \begin{bmatrix} 1 & 2 & 3 \\ 0 & 3 & 1 \\ 1 & 4 & 2 \end{bmatrix}$$

为向量 *b* 为：

$$b = \begin{bmatrix} 3 \\ 4 \\ 5 \end{bmatrix}$$

在 Julia 中，*LU* 因式分解法可以利用基本函数库中可用的函数来执行——线性代数模块：lufact（A），其中 *A* 是分解成 *L* 和 *U* 的矩阵。

```
Julia> A=［1 2 3；0 3 1；1 4 2］
3x3 Array{Int64}
1 2 3
0 3 1
1 4 2
Julia> f=lufact（A）
LU{Float64，Array{Float64，2}}
L factor：
3×3 Array{Float64，2}：
 1.0 0.0      0.0
 0.0 1.0      0.0
 1.0 0.666667 1.0
U factor：
3×3 Array{Float64，2}：
 1.0 2.0  3.0
 0.0 3.0  1.0
 0.0 0.0  −1.66667
```

我们可以通过索引来查看 *L* 和 *U*：

```
Julia> L=f［：L］
Julia> U=f［：U］
```

只要获得矩阵 *L* 和 *U*，我们就可以首先利用向前替换法解 *Ly = b*，然后利用向后替换

法解 $Ux = y$。实际上，方程组的解可以使用下列命令直接获得：

Julia>\（A，b）

3x1 Array{Float64，2}：

−0.6

1.2

0.4

在使用 LU 因式分解法时，我们需要注意两个问题。第一个问题是速度，第二个问题是舍入误差。关于速度，当我们解一个 $Ax = b$ 类型的方程组时，LU 因式分解法在大多数情况下是解线性方程组最好的方法。然而，在实践中，尤其是当我们面对重复运算时（例如矩阵 A 保持不变，而向量 b 不同），一种更直接的方法则更有效，即计算 A 的逆矩阵，然后用逆矩阵乘以向量 b。

关于舍入误差问题，只要计算机的精度不足以区分两个接近的数，就会导致最终结果出错。这个问题通常使用转置运算来解决。假设存在四舍五入的误差，任何软件中 LU 因式分解法的实际应用都包括一些转置运算。

因式分解的默认方法是 LU 因式分解法。然而，当矩阵具有特殊结构时，我们可以改进 LU 分解法。下面我们将介绍其他的分解方法。

QR 分解法

如果 $A^T A$ 是一个对角矩阵，那么 A 就称为正交矩阵。对于这个特例，我们可以使用 QR 分解法，即：

$$A = QR \tag{2-13}$$

其中，Q 为正交矩阵，R 为上三角矩阵。

我们可以使用下列事实来解初始方程组 $Ax = b$：

$$Q^T Ax = Q^T b \tag{2-14}$$

上式等价于：

$$Q^T QRx = Q^T b \tag{2-15}$$

进一步等价于：

$$DRx = Q^T b \tag{2-16}$$

其中，$D = Q^T Q$ 是一个对角矩阵，因为 R 是一个上三角矩阵，因此，DR 也是一个上三角矩阵。那么，只要我们获得矩阵 Q 和 R，这个方程就很容易使用前后替换法来解。

在 Julia 中，QR 分解法通过基本库中的线性代数模块来实施，使用的函数为 qrfact（）

为了查看矩阵 Q 和 R，我们可以输入：

Julia> F= qrfact（A）

Julia> F［：Q］

Julia> F［：R］

Cholesky 分解法

对于对称正定矩阵，我们可以使用 Cholesky 分解法。Cholesky 分解法最常用的情形是对称正定矩阵的优化问题。

我们可以将 Cholesky 分解法写成：

$$A = LL^T \qquad (2\text{--}17)$$

其中，矩阵 L 为下三角矩阵。只要实施 Cholesky 分解法，我们就可以像 LU 因式分解法那样解出初始方程组。Cholesky 分解法比高斯消元法快，因此，在正定矩阵情形下，我们应该优先使用 Cholesky 分解法。

在 Julia 中，我们可以使用函数 cholesky（）来实施 Cholesky 分解法。

克莱默法

克莱默法是一种非常直接的解法，它依赖于使用矩阵 A 和向量 b 的元素组成的数学公式。不幸的是，克莱默法非常慢，只有存在封闭式解时才可优先使用它。

2.2.2 迭代法

直接法为方程组 $Ax = b$ 提供了精确解。相反，迭代法则为方程组提供一个近似解。且随着迭代次数的增加，近似解更接近真实解。迭代法通常用于大规模线性方程组，且当矩阵 A 为稀疏矩阵（即包含许多 0 元素）时，使用迭代法非常有效率。两种最常用的迭代法是高斯-雅可比迭代法和高斯-赛德尔迭代法。

为了使用迭代法，我们将初始线性方程组写成：

$$Qx = b + (Q - A)x \qquad (2\text{--}18)$$

Q 是一个可逆矩阵。然后，进一步转换上述方程组：

$$x = Q^{-1}b + (I - Q^{-1}A)x \qquad (2\text{--}19)$$

利用上式，我们构建一个关于 x 的差分方程：

$$x_{k+1} = Q^{-1}b + (I - Q^{-1}A)x_k \qquad (2\text{--}20)$$

这两种迭代法有一些共同之处。第一，它们都基于矩阵 A 来设立矩阵 Q。对于高斯-雅可比迭代法，Q 是包含 A 的对角元素的对角矩阵。对于高斯-赛德尔迭代法，Q 是从 A 矩阵的上三角矩阵得到的，因此，它是一个上三角矩阵。第二，这两种方法都是从解的初值开始的（实际上，这是迭代法的共同点）。初值要么是向量 b，要么是向量 0。

如果 A 为对角优势矩阵，例如，对角元素的值大于其余元素的值，那么，上述两种方法都会收敛。对角优势矩阵的条件为：

$$|A_{ii}| > \sum_{i=1, i \neq j}^{n} |A_{ij}| \qquad (2\text{--}21)$$

我们执行下列 Julia 代码来解线性方程组。我们用 Julia 线性代数函数 Diagonal（）来创建矩阵 A 的对角矩阵，注意该函数对大小写很敏感。然后，我们来执行高斯-雅可比迭代法：

```
A= [4.0 1.0 -1.0；2.0 7.0 1.0；1.0 -3.0 12.0]；
d=Diagonal（A）；
x= [1.0；1.0；1.0]；
b= [3.0；19.0；31.0]；
maxit=1000；
dx= [0.0；0.0；0.0]
```

```
d=zeros（size（A，1））
diag=Diagonal（A）
for iii=1：size（A，1）
d［iii］=diag［iii，iii］
end
for i=1：maxit
dx=（b−A*x）./d
x=x+dx
if norm（dx）<0.00001
break
end
end
x
3−element Array{Float64，1}：
1.0
2.0
3.0
```

Julia 中的高斯–雅可比迭代法比参考文献［2］中的 Matlab 算法更加复杂。主要是因为 Julia 中没有与 Matlab 中的 diag（）函数等价的函数，因为 Julia 中的 Diagonal（）函数只是创建一个保留原始矩阵对角元素的矩阵。

同理，我们可以写一个代码来执行高斯–雅可比迭代法。代码的第一部分是我们熟知的，例如，设立矩阵 A，向量 b 和初值。在 Julia 中并不使用对角矩阵 d，而是从原始矩阵 A 中创建一个上三角矩阵 U。在 Julia 中，为了创建一个下三角矩阵，我们可以使用函数 tril（）。基于此，实施高斯–雅可比选代法的代码就很简单：

```
Q=tril（A）；
for i=1：maxit
dx=\（Q，b−A*x）
x=x+dx
if norm（dx）<0.00001
break
end
end
x
3−element Array{Float64，1}：
1.0
2.0
3.0
```

高斯–赛德尔算法也包含一个所谓的超松弛参数 λ，它通常可以提高算法的速度，以使得下次迭代使用 $x = x + \lambda * dx$。λ（1，2）值可以提高算法的速度。

2.2.3 特征值和特征向量

动态系统中自然会出现特征值和特征向量，且在检查动态系统的稳定性时也会遇到它们。当我们作奇异值分解时也会遇到它们。不要低估它们的重要性，因此，展示 Julia 如何计算它们就很必要。而且，特征值和特征向量对的动态宏观经济模型也非常有用。

给定一个方阵 A，非零的特征向量 v 可以使得下列等式成立：

$$Av = \lambda v \tag{2-22}$$

其中，λ 为矩阵 A 的特征值。Julia 内置了计算矩阵特征值和特征向量的函数。我们定义一个 3×3 方阵：

Julia> A=［2 −1 7；2 5 3；1 1 1］;

为了计算特征值，我们使用函数 eigval（）：

Julia> eigvals（A）
3−element Array{Float64，1}:
6.0
3.0
−1.0

上述命令返回了包含三个值的特征值向量。为了提取特征向量，我们使用：

Julia>eigvecs（A）
3x3 Array{Float64，2}:
−0.14825　−0.707107　− 0.909137
−0.963624　0.707107　　0.101015
−0.222375　2.41041e−17　0.404061

用函数 eigfact（）也可以得到同样的结果，即返回特征值和特征向量。这个函数会返回一个目标 F，其中包含特征值 F［：values］和特征向量 F［：vectors］。

Julia> F=eigfact（A）;
Julia> F［：values］
3−element Array{Float64，1}:
6.0
3.0
−1.0

Julia> F［：vectors］
3x3 Array{Float64，2}:
−0.14825 −0.707107 −0.909137
−0.963624 0.707107 0.101015
−0.222375 2.41041e−17 0.404061

在 Julia 中，我们可以使用 eigmin 和 eigmax 函数来直接计算最小和最大特征值。

```
Julia>eigmin（A）
−1.00
Julia>eigmax（A）
6.00
```

|2.3| 插值法和曲线拟合法

数量经济学的书很少专门讲解插值法本身，但它经常在函数近似法中出现。在这个部分，我们关注于更基本的问题，会讲到插值法。我们还会讨论曲线拟合法，即从另一个角度去看待近似问题：基于许多观测值，得到一条非常接近实际数据的近似曲线。

在一般情况下，我们利用插值法来找到一个函数通过给定的点。因此，给定观测值 (x_i, y_i)，利用插值法，我们构建一个函数来穿过所有这些观察点。

本章所讨论的理论基础来源于参考文献 [4] 和参考文献 [5]。

2.3.1 多项式插值法

多项式插值法是最基本的插值法。给定 $n+1$ 个不同的点，我们可以构建唯一的 n 阶多项式来穿过所有 $n+1$ 个点。其中，最基本的两种方法是拉格朗日插值法和牛顿法。

拉格朗日插值法

给定两个点 (x_0, y_0) 和 (x_1, y_1)，最基本的插值法可以推导出穿过两点的一条直线。我们可以任意画一条直线：

$$y = cx + d \tag{2-23}$$

c 表示直线的斜率，d 表示截距。这两个参数等于：$c = \frac{y_1 - y_0}{x_1 - x_0}$ 和 $d = y_0 - cx_0$。

将参数代入上述直线函数，我们可以写出第一个方程：

$$y = \frac{y_1 - y_0}{x_1 - x_0}x + \frac{x_1 y_0 - x_0 y_1}{x_1 - x_0} \tag{2-24}$$

拉格朗日插值法的基本思想是将上述方程转化成包含两个给定点的式子。线性方程可以写成如下形式：

$$P_1(x) = a_0(x - x_1) + a_1(x - x_0) \tag{2-25}$$

其中，a_0、a_1 为常数。将给定的点 (x_0, y_0)、(x_1, y_1) 代入上述方程，我们可以重写该式得到：

$$P_1(x) = y_0\frac{x - x_1}{x_0 - x_1} + y_1\frac{x - x_0}{x_1 - x_0} \tag{2-26}$$

为了使用拉格朗日插值法得到任意点集和 n 阶多项式，我们可以根据拉格朗日公式得到：

$$P_n(x) = \sum_{i=0}^{n} y_i l_i(x) \tag{2-27}$$

其中，P_n 表示多项式，y_i 表示数据点，n 表示多项式的阶数，函数 $l_i(x)$ 为：

$$l_i(x) = \frac{x-x_0}{x_i-x_0}\frac{x-x_1}{x_i-x_1}\cdots\frac{x-x_n}{x_i-x_n} = \prod_{j=0,j\neq i}^{n}\frac{x-x_j}{x_i-x_j} \qquad (2-28)$$

其中，$i\neq j, i=1\cdots n$，对于 $i=2$，多项式变为：

$$P_1(x) = y_0 l_0(x) + y_1 l_1(x) + y_2 l_2(x) \qquad (2-29)$$

在这种情况下，$l_i(x)$ 由如下方程给定：

$$l_0 = \frac{(x-x_1)(x-x_2)}{(x_0-x_1)(x_0-x_2)}, l_1 = \frac{(x-x_0)(x-x_2)}{(x_1-x_0)(x_1-x_2)}, l_2 = \frac{(x-x_0)(x-x_1)}{(x_2-x_0)(x_2-x_1)} \qquad (2-30)$$

因此，每一个函数 $l_i(x)$ 都是一个 n 次多项式函数并且具有下列性质：

$$l_i(x_j) = \begin{cases} 0, i\neq j \\ 1, i=j \end{cases}$$

使用该函数和拉格朗日多项式定义，我们可以很容易检查插值多项式是否经过定点。

牛顿法

第二种方法命名为牛顿法，被认为是计算效率更高的方法。拉格朗日插值法在给定点的数量非常庞大时意味着大量的计算。牛顿法的基础是 n 次多项式写成如下形式：

$$P_n(x) = a_0 + a_1(x-x_0) + a_2(x-x_0)(x-x_1) + \cdots + a_n(x-x_0)(x-x_1)\cdots(x-x_{n-1}) \qquad (2-31)$$

计算这一多项式是非常直接的。考虑到 3 个数据点的情形，则应用到二次多项式，我们将 $P_2(x)$ 写成：

$$P_2(x) = a_0 + a_1(x-x_0) + a_2(x-x_0)(x-x_1) \qquad (2-32)$$

该方程可以进一步写成如下形式：

$$P_2(x) = a_0 + (x-x_0)(a_1 + a_2(x-x_1)) \qquad (2-33)$$

通过向后迭代计算，我们很容易得到：

$$P_0 = a_2 \qquad (2-34)$$

$$P_1(x) = a_1 + (x-x_1)P_0 \qquad (2-35)$$

$$P_2(x) = a_0 + (x-x_0)P_1 \qquad (2-36)$$

计算牛顿多项式的方法有很多种，如均差法（divided difference）、前向差分法和后向差分法（forward and backward-difference）以及中心差分法（central difference）。下面是均差法的例子。

根据定义，均差 $d_{k,i}$ 是在 x_i 处函数 $f(x)$ 的第 i 个均差，由如下等式给出：

$$d_{k,i} = \frac{d_{k-1,i+1} - d_{k-1,i}}{x_k - x_i} \qquad (2-37)$$

$d_{0,i}$ 的初始值通过 $d_{0,i} = y_i$ 给定，其中 $i=0,1,\cdots,n$，$k=1,2,\cdots,n-1$。使用均差常数，上述的二次牛顿多项式可以写成：

$$P_2(x) = d_{0,0} + (x-x_0)d_{1,0} + (x-x_0)(x-x_1)d_{2,0} \qquad (2-38)$$

尽管多项式插值法在处理小样本数据时有用，但对于较大的数据集，最好使用其他方法进行插值。其主要原因是经过所有数据点的多项式趋于过度波动。

2.3.2　样条插值法

样条曲线因为非常平滑，所以其成为插值的好方法。根据定义，样条曲线是一条经过一组给定数据点的相同次数的分段连续多项式连接而成的曲线。尽管样条曲线是连续函数的集合，但它们的平滑性不仅因为在各点连续，还因为导数也连续。

使用 n 次多项式形成 n 次样条插值。例如，二次样条插值由二次多项式组成。三次样条插值的实际意义很大。正式地，三次样条插值写成：

$$s_k(x) = a_k + b_k x + c_k x^2 + d_k x^3 \tag{2-39}$$

其中，系数 a_k，b_k，c_k，d_k 是表示每个多项式 k 的常数，$k = 1, \cdots, n$。系数随着每一个多项式而不同。

n 次样条被用来插值 $n+1$ 个数据点 (x_i, y_i)。在下面的段落，我们将展示计算分段多项式系数的诸多方法之一。由于每个插值点 k_i 中隐含二阶导数的连续性，我们得到以下方程式：

$$f_{i-1,i}''(x_i) = f_{i,i+1}''(x_i) = k_i \tag{2-40}$$

除了端点 k_0 和 k_0 等于 0 以外，该点处的系数 k_i 是未知的。为了计算系数，我们从每一个插值点的二阶导数是线性的这一事实开始。如果使用拉格朗日插值法在两点之间插值，我们可以写出：

$$f_{i,i+1}''(x_i) = k_i l_i(x) + k_{i+1} l_{i+1}(x) \tag{2-41}$$

此处的函数 l_i 由我们从拉格朗日插值法已知的式子来定义：$l_i = \dfrac{x - x_{i+1}}{x_i - x_{i+1}}$，$l_{i+1} = \dfrac{x - x_i}{x_{i+1} - x_i}$。因此，我们可以将二阶导数写成：

$$f_{i,i+1}''(x_i) = \frac{k_i(x - x_{i+1}) - k_{i+1}(x - x_i)}{x_i - x_{i+1}} \tag{2-42}$$

对方程两次积分可以得到 $f_{i,i+1}(x+i)$：

$$f_{i,i+1}(x_i) = \frac{k_i(x - x_{i+1})^3 - k_{i+1}(x - x_i)^3}{6(x_i - x_{i+1})} + A(x - x_{i+1}) - B(x - x_i) \tag{2-43}$$

为了计算系数 A 和 B，我们使用上述条件 $f_{i,i+1}(x_i) = y_i$ 得到：

$$\frac{k_i(x_i - x_{i+1})^3}{6(x_i - x_{i+1})} + A(x_i - x_{i+1}) = y_i \tag{2-44}$$

并且从这里我们可以决定 A：$A = \dfrac{y_i}{x_i - x_{i+1}} - \dfrac{k_i}{6}(x_i - x_{i+1})$。

从 $f_{i,i+1}(x_i) = y_{i+1}$ 我们得到：

$$y_{i+1} = \frac{-k_{i+1}(x_{i+1} - x_i)^3}{6(x_i - x_{i+1})} - B(x_{i+1} - x_i) \tag{2-45}$$

我们也可以推导出系数 B：$B = \dfrac{y_{i+1}}{x_i - x_{i+1}} - \dfrac{k_{i+1}}{6}(x_i - x_{i+1})$，我们得到了如下关系式：

$$f_{i,i+1}(x) = \frac{k_i}{6}\left[\frac{(x-x_{i+1})^3}{x_i-x_{i+1}} - (x-x_{i+1})(x_i-x_{i+1})\right] -$$

$$\frac{k_{i+1}}{6}\left[\frac{(x-x_i)^3}{x_i-x_{i+1}} - (x-x_i)(x_i-x_{i+1})\right] + \frac{y_i(x-x_{i+1}) - y_{i+1}(x-x_i)}{x_i-x_{i+1}} \qquad (2\text{-}46)$$

其中，$i = 1, 2, \cdots, n-1$。

为了求解未知的二阶导数 k_i，我们使用每个节点的一阶导数均连续的条件，即 $f_{i-1,i}'(x_i) = f_{i,i+1}'(x_i) = k_i$。这就推导出如下的 $n-1$ 个方程：

$$k_{i-1}(x_{i-1}-x_i) + 2k_i(x_{i-1}-x_{i+1}) + k_{i+1}(x_i-x_{i+1}) = 6\left(\frac{y_{i-1}-y_i}{x_{i-1}-x_i} - \frac{y_i-y_{i+1}}{x_i-x_{i+1}}\right) \qquad (2\text{-}47)$$

其中，$i = 1, 2, \cdots, n-1$。为了应用三次样条插值法，给定事实 $k_0 = k_n = 0$，我们需要求解未知的 k_i，在第二步，我们可以决定三次样条插值的系数。

2.3.3　B样条曲线法

B样条曲线法是另一种性能很好的样条曲线法，由于其特性而广泛用于实证分析中。顾名思义，B样条曲线法来自基线样条法，它们是为代表样条曲线的基线而被构造的。由于样条曲线可以视为节点 x_i 的集合，并且对于 $i = 0, \cdots, n$，每个样条曲线具有特定的系数，即 a_i，b_i 等，因此我们可以在给定栅格上的节点从样条曲线的空间创建向量空间。

假定节点的栅格 $x_k < \cdots < x_{-1} < x_0 < \cdots < x_{n+k}$，一阶样条曲线基本上是由阶跃函数组成的。0阶函数 B_0 是这样的样条函数的基础，它们被写成：

$$B_i^0(x) = \begin{cases} 0, & x < x_i \\ 1, & x_i \leqslant x \leqslant x_{i+1} \\ 0, & x \geqslant x_{i+1} \end{cases}$$

其中，$i = -k, \cdots, n$

二阶样条曲线由线性函数（一阶多项式）组成，基线由 B_1 给定，后者写成：

$$B_i^1(x) = \begin{cases} 0, & x \leqslant x_i \text{ 或 } x \geqslant x_{i+2} \\ \dfrac{x-x_i}{x_{i+1}-x_i}, & x_i \leqslant x \leqslant x_{i+1} \\ \dfrac{x_{i+2}-x}{x_{i+2}-x_{i+1}}, & x_{i+1} \leqslant x \leqslant x_{i+2} \end{cases}$$

为了建立高阶B样条曲线，我们使用 k 阶样条曲线和 $k-1$ 阶样条曲线的关系式得到：

$$B_i^k(x) = \frac{x-x_i}{x_{i+k}-x_i}B_i^{k-1}(x) + \frac{x_{i+k+1}-x}{x_{i+k+1}-x_{i+1}}B_{i+1}^{k-1}(x) \qquad (2\text{-}48)$$

我们可以运用这一关系式创建各种类型的样条曲线。

2.3.4　插值法

处理插值法的主要程序包之一是 Interpolations，该程序包已经取代了早期版本所使用的 Grid。Interpolations 处理的基础变量类型是 AbstractArray。AbstractArray 是任何 Array 变量的父变量。AbstractArray 具有索引和迭代功能。

让我们考虑以下问题，我们已经有了一个 AbstractArray 类型的对象。Interpolations 使用的函数将构建一个所谓的插值对象遵从如下语法格式：

Itp=interpolate（A，options...）

此处的 A 是插值对象，使用 options 则可以控制我们要应用的插值类型。插值完成后，我们可以使用以下命令找出任意给定两点求插值函数的值。

Itp=［x，y，...］

Interpolations 涵盖了两种方法：B 样条法和栅格插值法。B 样条法有如下选项：次数（degree）、栅格表示法（grid representation）和边界条件（boundary conditions）。对于 B 样条法，Interpolations 允许的阶数范围是 0 到 3。就栅格表示法而言，对于离散表示法，任何数据点都和所谓的单元格相联系。我们可以认为给定的数据点位于这些单元格的边界上，因此我们选择 onGrid。如果它们位于单元格边界的半区间，那么选择 on-Cell。对于二次以上的 B 样条法，我们也会识别所谓的边界条件。为了求解方程组，这是有必要的。我们可以选择如下边界条件：flat、line、free、period、reflect。

Interpolations 程序包处理均匀的空间数据和非均匀的空间数据的方式是不同的。对于均匀的空间数据，可以使用 B 样条法，但是应当告诉函数 interpolate 关于栅格的信息，如果数据的形式为 $f(x)$ 对于 A 的 x，那么 A 是一个均匀的空间向量。

创建一些数据

```
A_x = 1.：4.：50
A = ［2x for x in A_x］
#导入 Interpolations
using Interpolations
itp = interpolate（A，BSpline（Cubic（Line（））），OnGrid（））
sitp = scale（itp，A_x）
sitp［3.］
5.999999999999998
```

对于非均匀的空间数据，我们可以使用和 B 样条法相似的栅格插值法，但我们没有选择栅格表示法，因为它们都是"OnGrid"，并且我们还必须指定定义节点的坐标。

```
A = rand（20）
A_x = collect（1.0：2.0：40.0）
knots = （A_x，）
itp = interpolate（knots，A，Gridded（Linear（）））
itp［2.0］
```

插值法的第二个程序包是 Dierckx。该程序包实际上由用 Fortran 编写的代码组成，打包在 Julia 中。它与插值法的部分功能相同，但是提供了多样化的选择。除了 B 样条法（在 Interpolations 已很好介绍）之外，Dierckx 还涵盖了从一阶到五阶的样条曲线，一维和二维插值以及不规则或非结构化栅格上的插值。在以下各段中，我们将主要介绍 Dierckx 处理样条曲线的能力。

考虑两个数据向量x和y，我们可以使用函数Spline1D（x，y）拟合一维样条曲线。通用语法为：

Spline1D（x，y；w=ones（length（x）），k=3，bc="nearest"，s=0.0）

其中，x和y是输入向量，k表示所应用样条曲线的次数。我们可以将1用于线性，2用于平方，3用于立方，依此类推。默认次数为3。参数bc的值表示如何在其支持范围之外估算样条曲线。它可以取值："nearest"、"zero"、"extrapolate"或"error"。

一旦创建了一个内插对象，例如sp，我们就可以使用评估函数在指定点估算样条曲线：

evaluate（sp，[x_1，y_1，...]）

其中，sp是插值对象，而x1、y1是新点。对于二维插值，方法相似。我们使用spline2D函数，其语法如下：

Spline2D（x，y，z；w=ones（length（x）），kx，ky，s=0.0）

其中，x和y必须是相同维度的一维向量。变量z可以是一维的，隐含假定是非结构化数据；或者它可以是二维的，隐含假定是栅格数据。最后，kx表示一维的样条阶数，而ky表示二维的样条阶数。

通常，基准测试表明Dierckx中的线程比Interpolations中的相应线程快得多。因此，在使用Julia进行插值时，Dierckx最终可能更快。

Julia中还有其他处理插值的软件包。然而，尽管它们也值得介绍，但它们的关注点更偏重技术，而较少考虑经济学家的使用需求。程序包GridInterpolations处理直线栅格上的多元插值。ApproXD处理维数X的函数逼近。当我们处理函数逼近时，将对此进行更多的讨论。

2.3.5 曲线拟合法

插值法是一种通过一组给定点查找函数的方法，而曲线拟合法则是寻找能够很好地逼近给定点的函数。最小二乘法是经济学中最常用的方法之一，旨在最小化平方误差的总和（即给定数据点与函数所隐含的估计点之间的距离）。

实际上，如果仅考虑低阶多项式函数，那么函数可以写成：

$$f(x) = f(x; a_0, a_1, a\cdots, a_m) \tag{2-49}$$

然后，我们使用由$m+1$个变量组成的函数（其中$m < n$）来近似$n+1$个数据点(x_i, y_i)。最小二乘法试图找到函数$f(x)$的最小化残差平方和，公式如下：

$$SSE = \sum_{i=1}^{n} \left[y_i - f(x_i) \right]^2 \tag{2-50}$$

实际上，我们通常使用低阶多项式，例如线性函数：

$$f(x) = a_0 + a_1(x) \tag{2-51}$$

二次多项式：

$$f(x) = a_0 + a_1 x + a_2 x^2 \tag{2-52}$$

三次函数：

$$f(x) = a_0 + a_1 x + a_2 x^2 + a_3 x^3 \tag{2-53}$$

考虑到线性回归在经济学中的普遍应用，我们简洁地介绍了它。我们关注单变量线性回归的最一般情况。在指定函数方面，我们可以这样写：$f(x) = a_0 + a_1(x)$。

拟合该曲线等于最小化残差平方和，即实际观测值 y_i 和拟合值 $f(x_i)$ 之间的差异，其最小化如下：

$$SSE = \sum_{i=1}^{n} \left[y_i - f(x_i) \right]^2 = \sum_{i=0}^{n} \left[y_i - a_0 - a_1 x_i \right]^2 \qquad (2-54)$$

由于这是一个最优化问题，即寻找 a_0 和 a_1 的最优值，一阶导数为零：

$$\frac{\partial SSE}{a_0} = \sum_{i=0}^{n} -2(y_i - a_0 - a_1 x_i) = 2 \left[a_0(n+1) + a_1 \sum_{i=0}^{n} x_i - \sum_{i=0}^{n} y_i \right] = 0 \qquad (2-55)$$

$$\frac{\partial SSE}{a_0} = \sum_{i=0}^{n} -2(y_i - a_0 - a_1 x_i) x_i = 2 \left[a_0 \sum_{i=0}^{n} x_i + a_1 \sum_{i=0}^{n} x_i^2 - \sum_{i=0}^{n} x_i y_i \right] = 0 \qquad (2-56)$$

我们可以定义 $\bar{y}$ 为 y 的均值，即 $\bar{y} = \frac{1}{n+1} \sum_{i=0}^{n} y_i$，$\bar{x}$ 为 x 的均值，$\bar{x} = \frac{1}{n+1} \sum_{i=0}^{n} x_i$。随后，上述两个代数式都除以 $2(n+1)$，可以得到：

$$\bar{y} = a_0 + a_1 \bar{x} \qquad (2-57)$$

以及：

$$a_0 \bar{x} + \left(\frac{1}{n+1} \sum_{i=0}^{n} x_i^2 \right) a_1 = \frac{1}{n+1} \sum_{i=0}^{n} x_i y_i \qquad (2-58)$$

我们可以求解 a_0 和 a_1：

$$a_0 = \frac{\bar{y} \sum x_i^2 - \bar{x} \sum x_i y_i}{\sum x_i^2 - n\bar{x}^2} \qquad (2-59)$$

对于 a_1 可以求解：

$$a_1 = \frac{\sum x_i y_i - \bar{x} \sum y_i}{\sum x_i^2 - n\bar{x}^2} \qquad (2-60)$$

尽管简单回归是曲线拟合法中使用最广泛的方法之一，但还有很多其他常用的方法。在操作曲线拟合法之前，我们会先简单描述一下其过程。

广义简单线性回归是多个函数的线性组合，其结果如下：

$$f(x) = a_0 f_0(x) + a_1 f_1(x) + \cdots + a_m f_m(x) = \sum_{j=0}^{m} a_j f_j(x) \qquad (2-61)$$

此处的 $f_j(x)$ 是前定的基函数。使用最小二乘法可以轻松解决这类线性形式。线性形式的一个特殊情况是多项式。在这种特定情况下，基函数指定为：

$$f_j(x) = x^j \qquad (2-62)$$

每一个 j 满足 $j = 0, 1, \cdots, m$。

在特定情况下，一些数据的权重可能是必要的。在这种情况下，我们对残差进行加权处理，公式写成：

$$W_i(y_i - f(x_i)) \qquad (2-63)$$

目标函数，误差的平方和，变成：

$$SSE = \sum_{i=1}^{n} W_i^2 \left[y_i - f(x_i) \right]^2 \qquad (2\text{-}64)$$

2.3.6 Julia 的曲线拟合法

Julia 有两个程序覆盖了曲线拟合法。一个是 LsqFit，覆盖最小二乘法拟合；第二个是 CurveFit，覆盖各种曲线拟合法。尽管它们没有全部覆盖，但仍能满足曲线拟合法和最小二乘法估计方面的最基本需求。

程序包 LsqFit 提供了一种非线性的曲线拟合法。目前，它使用 Levenberg-Marquardt 算法。LsqFit 中的两个基本函数是 curve_fit（）、estimate_errors（）和 estimate_covar（）。函数 curve_fit 具有以下通用语法：

fit=curve_fit（model，x，y，w，p0；kwargs...）

其中，fit 是一个复合类型对象，它将存储自由度（fit.dof）、最佳拟合参数（fit.param）、残差（fit.resid）和雅可比矩阵（fit.jacobian）。变量 x 是自变量而 y 是因变量。在 w 中我们可以存储一个权值的向量或矩阵，p0 是初始值，而使用 kwargs 我们设置了特定于 LsqFit，Levenberg-Marquardt 算法的参数。

函数 estimate_errors 用于提供与每个拟合参数相关的误差。该函数的一般语法为：

sigma = estimate_errors（fit，alpha=0.95）

此处的 fit 是使用函数 curve_fit（）拟合的复合对象。参数 alpha 提供了误差的置信度限制。最后，函数 estimate_covar（）也应用于相同的拟合对象。使用的语法为：

covar = estimate_covar（fit）

应用此函数的结果可以最好地拟合评估的协方差矩阵。

Julia 中专门用于曲线拟合法的第二个程序包是 CurveFit。该程序包基于最小二乘法，具有扩展的功能。与 LsqFit 相比，它为最小二乘法曲线拟合提供了线性和非线性的方法。

对于线性最小二乘法，CurveFit 可以满足其大多数的基本需求，并提供多种函数。例如，对于简单的线性拟合，我们可以使用：

linear_fit（x，y）

它将估算作为自变量的 y_t 和作为自变量的 x_t 之间的线性回归系数。

同样，为了估计指数方程式，我们使用：

exp_fit（x，y）

这将拟合指数模型。

CurveFit 也涵盖了更通用的方案，例如多项式。为了拟合多项式回归，我们使用以下函数：

poly_fit（x，y，n）

它使用 n 次多项式来估计一个模型，该模型以数据 y 为从属序列，以 x 为解释序列。

当函数相对于系数是非线性时，CurveFit 提供了一种非线性最小二乘法。与使用 Levenberg-Marquardt 的 LsqFit 相比，CurveFit 为用户提供了牛顿法。基于非线性最小二乘法的函数的一般语法为：

nonlinear_fit（x，fun，a0，eps=1e-7，maxiter=200）

其中，x 是数据点、fun 是所使用的函数/回归的规格、a0 是初始条件、eps 是公差阈值，并且能最大化允许的迭代最大次数。

为了简化使用，CurveFit 程序包提供了用于曲线拟合的通用功能，该功能涵盖线性和非线性最小二乘法以及可能使用的每个特定方案。通用语法为：

fit = curve_fit（::Type{T}，x，y...）

它将适合用户使用类型为 T 的变量以及因变量为 y 和解释变量为 x 所指定的回归。

一个简单的例子可以很好地说明其用法。假设通过 using Pkg.add（"CurveFit"）安装了 CurveFit，我们首先加载它，然后使用 Pyplot 得到如下结果（第 1 章介绍了 Py-Plot）：

```
using CurveFit
using PyPlot
x = linspace（0，1，50）;
y0 = 1 .+ 2* x .+ x.*x .+ randn（50）/20
fit = curve_fit（Poly，x，y）
y0b = fit（x）
plot（x，y0，"o"，x，y0b，"r-"，linewidth=3）
```

代码很简单。首先创建一个值在 0 到 1 之间的等距向量 x，然后创建向量 y 作为因变量，而 x 是自变量。我们使用多项式对该数据进行回归拟合，结果存储在拟合对象中。我使用程序包 PyPlot 在图 2-1 中进一步绘制了初始序列 y0 和拟合序列 y0b。

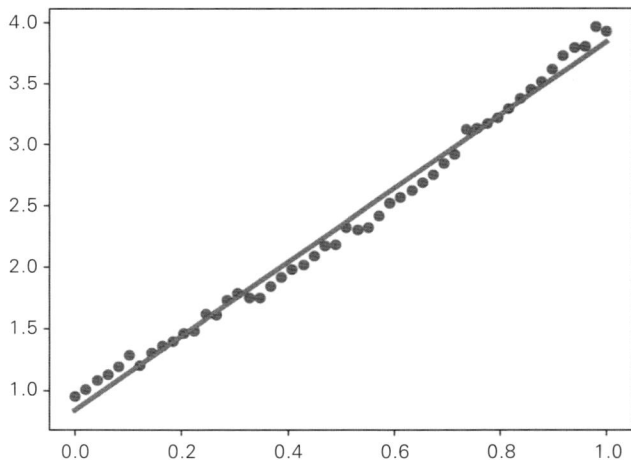

图 2-1　曲线拟合

|2.4| 函数逼近法

如参考文献 [1] 所述，我们可以从几种意义上理解计算问题的近似值。现在，我们使用插值法来寻找一个通过一组给定点的行为良好的函数。

一个不同的问题是局部逼近。这种近似的目的是在给定函数 f 及其在点 x_0 的导数的情况下，找到函数 f 在点 x_0 附近的近似。

L_p 近似是另一种类型的近似，旨在找到在给定间隔内足够接近给定函数的函数 g，并使用 L_p 范数作为接近性的标准。但是，我们应该记住，计算 L_p 逼近在某种程度上是不现实的，因为它实际上需要有关函数的完整信息。

最后，我们还要处理回归问题。这种近似技术的主要特征是使用 m 个观测值来估计 n 个参数，其中 m 的值必须大于 n 的值。

该部分展示主要来自参考文献 ［1］ 和参考文献 ［3］。

2.4.1 局部逼近法

宏观经济学家使用了很多方法来描述宏观经济模型的方程组的局部逼近。使用线性模型有许多优点，而宏观经济模型通常使用非线性方程组。局部逼近法主要有两种方法，泰勒展开式和有理逼近。在宏观经济学中，我们通常与前者打交道，这是本节的重点。

泰勒展开式的思想基于著名的泰勒定理，该定理表明，我们可以使用多项式近似点 x_0 附近 n 次微分的函数。我们可以写出 n 次多项式，如下所示：

$$f(x) = f(x_0) + (x - x_0)f'(x_0) + \frac{(x - x_0)^2}{2}f''(x_0) + \cdots + \frac{(x - x_0)^n}{n!}f^{(n)}(x_0) \qquad (2\text{-}65)$$

通过使用无限级数，我们还可以将泰勒展开式理解为函数的近似值。当我们查看指数函数 $exp(x)$ 时，我们可以更好地理解。其正式的写法是：

$$exp(x) = \sum_{i=0}^{\infty} \frac{x^k}{k!} \qquad (2\text{-}66)$$

这说明了无穷级数可以很好地逼近给定函数的想法。

泰勒展开式在宏观经济实践中常用于线性化处理一般的宏观经济模型的非线性方程组。线性化经济方程组有两种基本方法：线性化和对数线性化。我们将在解决模拟动态随机一般均衡模型的章节（第3章）中对它们进行处理。

2.4.2 回归近似法

我们已经在插值的背景下处理了曲线拟合：与插值法旨在找到一个贯穿所有考虑点函数的方法相反，回归近似找法到一个很好地逼近多个给定点的函数，在这里，我们宁愿将其视为逼近函数的方法，而较少考虑曲线拟合的问题。因此，尽管这种区分似乎是多余的，但我们将看到，在数值分析的背景下，它暗示了一种相当特殊的理解。

在一般意义上，我们使用回归作为平均值，通过使用外生变量的简单函数 g 来近似感兴趣的函数 $f(x)$。给定观察到的数据点 y_i，其中 $i = 1, \cdots, n$，我们尝试借助多个外生变量 x_i（$i = 1, \cdots, m$）对其进行解释。使用普通最小二乘法，我们旨在找到最小化残差平方和的参数 $a_1, \cdots, a_m$ 的集合：

$$min_{a_1, a_2, \cdots, a_m} = \sum_{i=1}^{n} \left(a_1 x_1^i + a_2 x_2^i + \cdots + a_m x_m^i - y_i \right)^2 \qquad (2\text{-}67)$$

尽管眼前的问题似乎只是一个典型的计量经济学问题，但在数值分析中，人们不得不对数据点的数量、函数形式等做出一些明智的选择。

与计量经济学相比,数值分析不必像计量经济学那样具有一组给定的点,而是可以选择在哪一组点上进行估算。此外,数值分析也放宽了具有比参数数量多的观测值约束,并且实际上我们可以仅使用 n 个观察值来拟合 n 个参数。在数值逼近中,我们还控制着估算的空间,并重点关注函数以更复杂的方式运行的点(例如,通过显示扭结)。

在函数形式方面,选择适当的函数形式是很好地近似临近函数的关键。通常的方法意味着选择次数递增的单项式,即选择以下形式的集合:$1, x_1, x_2, \cdots, x_m$。在实践中,我们应该根据当前的问题调整选择。为了解决这个问题,可以使用正交多项式、神经网络等方法。

2.4.3 正交多项式法

这种方法是其他数值逼近方法的基础。正如参考文献 [3] 所指出的,它有助于解决我们在进行最小二乘法回归时可能遇到的共线性问题,还加快了其他逼近算法的实现。

正交多项式法背后的主要思想是,如果我们想为向量空间建立底数,以便生成良好的近似函数,那么我们也需要使这些多项式被正交。

让我们先定义权函数。

定义 2.1 正函数 $w(x)$ 在区间 $[a,b]$ 连续且具有有限积分,则该函数为区间 $[a,b]$ 上的权函数。

使用权函数,我们可以在相同区间 $[a,b]$ 上定义两个函数 $f(x)$ 和 $g(x)$ 的内积。

定义 2.2 两个函数 $f(x)$ 和 $g(x)$ 在区间 $[a,b]$ 上有定义,并且给定定义 2.1 的权函数,则函数 $f(x)$ 和 $g(x)$ 的内积为:

$$<f,g> = \int_a^b f(x)g(x)w(x)dx \qquad (2-68)$$

依据这些定义,我们可以定义正交多项式。

定义 2.3 多项式族 $f_n(x)$ 相对于 $w(x)$ 是正交的,当且仅当满足如下条件:

$$<f_i,f_j> = 0 \qquad (2-69)$$

其中 $i \neq j$。

同样地,我们可以定义标准正交多项式:

定义 2.4 多项式族 $f_n(x)$ 相对于 $w(x)$ 是标准正交的,当且仅当它们是正交的并满足如下条件:

$$<f_i,f_i> = 1 \qquad (2-70)$$

表 2-1 和表 2-2 列出了用于计算经济学的正交多项式族。同时,我们还介绍了它们的定义和递归公式。

但是,在实践中,我们可能会发现直接应用上述公式并不是那么简单。一种更有效的方法可能包括应用更直观、更快捷的递归公式。表 2-2 显示了上面定义的正交多项式族的递归公式。表 2-2 首先显示了 0 和 1 中的多项式族的值,然后根据这些值,使用递归公式,可以得出任何点的多项式的值。

2.4.4 最小二乘法正交多项式近似

我们可以将讨论的正交多项式法与最小二乘法近似的思想直接联系起来。在给定的

表 2-1 正交多项式族

族	权函数	区间	定义
勒让德多项式	1	$[-1, 1]$	$P_n(x) = \dfrac{(-1)^n}{2^n n!} \dfrac{d^n}{dx^n}\left[\left(1-x^2\right)^n\right]$
切比雪夫多项式	$\left(1-x^2\right)^{-1/2}$	$[-1, 1]$	$T_n = cos\left(n\,cos^{-1}x\right)$
拉盖尔多项式	e^{-x}	$[0, \infty)$	$L_n = \dfrac{e^x}{n!}\dfrac{d^n}{dx^n}\left(x^n e^{-x}\right)$
埃尔米特多项式	e^{-x^2}	$(-\infty, \infty)$	$H_n(x) = (-1)^n\left(e^{x^2}\right)\dfrac{d^n}{dx^n}\left(e^{-x^2}\right)$

资料来源：参见参考文献［1］和参考文献［3］。

表 2-2 正交多项式族的递归公式

族	P_0	P_1	递归公式
勒让德多项式	$P_0(x) = 1$	$P_1(x) = x$	$P_{n+1}(x) = \dfrac{2n+1}{n+1}xP_n(x) - \dfrac{n}{n+1}P_{n-1}(x)$
切比雪夫多项式	$T_0(x) = 1$	$T_1(x) = x$	$T_{n+1} = 2xT_n(x) - T_{n-1}(x)$
拉盖尔多项式	$L_0(x) = 1$	$L_1(x) = 1-x$	$L_{n+1}(x) = \dfrac{2n+1-x}{n+1}L_n(x) - \dfrac{n}{n+1}L_{n-1}(x)$
埃尔米特多项式	$H_0(x) = 1$	$H_1(x) = 2x$	$H_{n+1} = 2xH_n(x) - 2nH_{n-1}(x)$

资料来源：参见参考文献［1］和参考文献［3］。

区间 $[a,b]$ 上再次考虑函数 $f(x)$。关于权函数 $w(x)$ 的最小二乘法正交多项式近似 f 是可解的级数多项式：

$$min_{deg(p)\le n}\int_a^b \left(f(x) - g(x)\right)^2 w(x)dx \tag{2-71}$$

权重的作用是主观上重视近似误差。我们还可以视所有的近似误差具有同等权重位，即设置 $w(x)$ 等于 1。

显然，最小二乘法和最小二乘法多项式近似似乎并没有紧密地联系在一起，但是在求解系数时，我们得到的解决方案与最小二乘法答案相似。使用正交多项式，可得多项式 $g(x)$：

$$g(x) = \sum_{i=0}^n c_i p_i(x) \tag{2-72}$$

其中，$p_i(x)_{i=0}^n$ 是一系列正交多项式。通过求解最优解的系数，我们得到：

$$c_i = \frac{<f, p_i>}{<p_i, p_i>} \tag{2-73}$$

现在，我们可以计算$g(x)$：

$$g(x) = \sum_{i=0}^{n} \frac{<f, p_i>}{<p_i, p_i>} p_i(x) \tag{2-74}$$

这与在函数$f(x)$和正交多项式$p_i(x)$给出的$n+1$个正交回归元之间进行回归所得的解非常相似。

最小二乘法近似不是唯一可行的方法。由于它依赖于L^2范数，所以主要限制是L^2中的收敛对任何单个点的逼近均没有限制。替代方法包括：

一致逼近法

在最小二乘法中，我们专注于最小化残差平方和，而在一致逼近法中，我们宁愿尝试使近似值在每个点上都接近原函数f。为了实现这一点，我们的目标是找到一个等式序列，使每个x都满足以下方程：

$$\lim_{n \to \infty} \max_{x \in [a,b]} \left| f(x) - p_n(x) \right| = 0$$

极值逼近法

在一致逼近法中，我们的目标是找到每个点x的原函数的近似值，在极值逼近法中，我们的目标是以一致的方式找到与原函数最佳近似的函数。为此，我们使用：

$$\rho_n(f) = \inf_{deg(q) \le n} \| f - g \|_\infty$$

其中，f是原函数，g是我们寻找的近似值，$\rho_n(f)$是近似误差的最小值。虽然理论上确实存在这种近似，请参见参考文献[1]，但是由于计算复杂，在实践中很难找到。

切比雪夫节约化法

考虑到函数$f(x)$是m次多项式，我们可以将其写为切比雪夫多项式的和，如下所示：

$$f(x) = \sum_{k=0}^{m} a_k T_k(x)$$

根据此公式，假定$n < m$，我们可以推导原函数$f(x)$的n次最小二乘法近似值：

$$p_n(x) = \sum_{k=0}^{n} a_k T_k(x)$$

这样，我们可以通过低阶多项式$p_n(x)$近似原函数$f(x)$，多项式$p_n(x)$是函数f的n次切比雪夫约化。

2.4.5 切比雪夫近似法

可以使用切比雪夫多项式通过回归进行逼近。该方法嵌入了切比雪夫节约化的方法：要近似次数为m的多项式，我们仅使用前n项，而将$n+1$项降为$m-1$会导致函数更平滑（因为我们只删除了高阶项）。切比雪夫近似法所依赖的第二个元素是使用第n次切比雪夫多项式的零点来计算节点。

下面，我们提供了一种基本算法，用于计算区间$[a, b]$上给定函数（f）的切比雪夫近似或回归。

我们从计算区间 $[-1,1]$ 的 m 个切比雪夫插值节点开始，假定 $m \geq n+1$。我们使用 m 次的切比雪夫多项式的求根公式来计算它们：

$$p_k = -cos\left(\frac{2k-1}{2m}\right) \tag{2-75}$$

其中，$k = 1, \cdots, m$。

由于我们感兴趣的区间是 $[a,b]$，因此我们使用以下公式重新计算了该区间的节点：

$$x_k = (p_k + 1)\frac{b-a}{2} + a \tag{2-76}$$

其中，$k = 1, \cdots, m$

基于此我们可以在以下评估点 $y_k = f(x_k)$ 评估函数 f。现在可以使用以下公式计算切比雪夫系数：

$$a_i = \frac{\sum\limits_{k=1}^{m} y_k T_i(p_k)}{\sum\limits_{k=1}^{m} T_i(p_k)^2} \tag{2-77}$$

我们最终可以在给定区间 $[a,b]$ 上评估函数 f 的近似点：

$$\hat{f}(x) = \sum_{i=0}^{n} a_i T_i\left(2\frac{x-a}{b-a} - 1\right) \tag{2-78}$$

2.4.6　保形近似法

尽管到目前为止我们提出的用于逼近的方法已经足够接近原函数 f（我们可能会使用的范数），但它们可能会导致逼近无法保留原函数的属性。例如，使用极值法得出的近似值，尽管就使用的范式而言与原函数很接近，但是仍然具有原函数中可能找不到的波动，只要我们有兴趣保留要近似的函数形状的某些原始属性，就可以使用保形近似法。

分段线性插值法

这是应用保形近似法的最直接和基本的方法。尽管具有某些吸引人的属性（例如，保留给定函数的凹凸性），但由于其分段线性特征而无法区分。

二次插值法

该方法保留了要近似的函数形状的一些基本特征，但是由于具有平滑性，因此也是可微分的。有两种基本方法可以实现此目的。一种是 Hermit 插值法，另一种是从 Lagrange 的方法派生的插值法。这两种方法都可以参见参考文献 [6]。

埃尔米特插值法

这种方法的基本假设意味着我们知道将要近似的函数的水平值和斜率。近似是在区间 $[x_1, x_2]$ 完成的，它的目的是构造一个既是分段二次函数又给出给定点 y_1，y_2 和 z_1，z_2 的函数 g，验证 $g(x_i) = y_i$ 和 $g'(x_i) = z_i$，其中 $i = 1,2$。为了找到这样的函数，根据参考文献 [6]，我们可以从以下引理开始：

引理 2.1　如果以下条件满足，例如：

$$\frac{z_1 + z_2}{2} = \frac{y_2 - y_1}{x_2 - x_1} \tag{2-79}$$

二次形式：

$$S(x) = y_1 + z_1(x - x_1) + \frac{z_2 - z_1}{2(x_2 - x_1)}(x - x_1)^2 \tag{2-80}$$

将会满足上述条件，即：$S(x_i) = y_i$ 和 $S^{'(x_i)} = z_i$，其中 $i = 1, 2$。

尽管这个引理非常吸引人，并且似乎找到了一种通过具有所需属性的多项式来逼近给定函数的方法，但实际上，条件过于严格，在现实中很少能满足这些条件。为了克服这个问题，Schumaker提出了第二个引理，该引理使用补充点或节点 x^*。

引理 2.2 考虑一个点或节点 $x^* \in (x_1, x_2)$。然后存在一个满足以下条件的唯一二次样条 $S(x)$：$S(x_i) = y_i$ 和 $S^{'(x_i)} = z_i$，其中 $i = 1, 2$，满足以下公式：

$$S(x) = \begin{cases} \alpha_{01} + \alpha_{11}(x - x_1) + \alpha_{21}(x - x_1)^2 & x \in [x_1; x^*] \\ \alpha_{02} + \alpha_{12}(x - x^*) + \alpha_{22}(x - x^*)^2 & x \in [x_1; x^*] \end{cases} \tag{2-81}$$

样条系数按照如下方式决定：$\alpha_{01} = y_1$，$\alpha_{11} = z_1$，$\alpha_{21} = \frac{\bar{z} - z_1}{z(x^* - x_1)}$，$\alpha_{02} = y_1 + \frac{\bar{z} + z_1}{2}(x^* - x_1)$，

$\alpha_{12} = \bar{z}$，$\alpha_{22} = \frac{z_2 - \bar{z}}{2(x_2 - x^*)}$。此处，$\bar{z} = \frac{2(y_2 - y_1) - (z_1(x^* - x_1) + z_2(x_2 - x^*))}{x_2 - x_1}$。

尽管这个引理似乎为找到合适的二次样条 $S(x)$ 的问题提供了明确的答案，但仍存在一些与选择点 x^* 有关的不确定性。实际上，选择点 x^* 使得二次样条在形状方面将具有所需的属性。

修改拉格朗日插值法

执行保形近似的第二种方法是修改拉格朗日插值法。当基本假设是函数的真实斜率未知时，应用此法。该法假设我们仅知道实际数据点 (x_i, y_i)，其中 $i = 0, 1, \cdots, n$。这与通过了解以下信息获得关于斜率的 Hermite 插值法形成对比：$g^{'(x_i)} = z_i$，其中 $i = 1, 2$。

在这里，我们需要一种计算 z_i 值的新方法。为了找到它们，Schumaker建议从如下方程开始：

$$L_i = \left[(x_{i+1} - x_i)^2 + (y_{i+1} - y_i)^2 \right]^{1/2} \tag{2-82}$$

$$\Delta_i = \frac{y_{i+1} - y_i}{x_{i+1} - x_i} \tag{2-83}$$

其中，$i = 1, \cdots, n - 1$

运用这两个表达式就可以计算 z_i：

$$z_i = \begin{cases} \dfrac{L_{i-1}\Delta_{i-1} + L_i\Delta_i}{L_{i-1} + L_i} & \Delta_{i-1}\Delta_i > 0 \\ 0 & \Delta_{i-1}\Delta_i \leqslant 0 \end{cases} \tag{2-84}$$

其中，$i = 1, \cdots, n - 1$

要计算区间一端的 z_i 值，我们可以使用：$z_1 = \frac{3\Delta_1 - z_2}{2}$ 和 $z_n = \frac{3\Delta_{n-1} - z_{n-1}}{2}$。

一旦计算出 z_i 的值，我们就可以再次应用为保留 Hermite 形状而开发的算法。

2.4.7 多维近似法

截至目前本书一直研究处理单变量函数特殊情况的方法。但是，在经济学中进行数值分析时，我们很可能遇到多元函数。尽管将算法从单变量函数扩展到多元函数似乎很简单，但实际上，处理多维逼近会导致潜在难以解决的复杂问题。

我们可以从参考文献［1］的示例开始来修正这些想法。例如，当我们得到多个数据点时，比如说 R^2 中的 $\{P_1, P_2, P_3, P_4\}$，并且我们感兴趣的近似函数 $f(\ )$ 满足：$f(P_i) = z_i$。如果我们想通过如下线性组合来做到这一点：$G(x, y) = a + bx + cy + dxy$ 使得 $G(x, y)$ 是原函数 F 的近似值，即 $G(x_i, y_i) = z_i$。这将导致我们无法找到线性系统，因为矩阵不满秩。一般来说，将单变量方法推广为多变量方法，存在两个基本问题：

1.由于多维情况，我们可能会处理叉积，这意味着要对可能使用的多项式基进行艰难的选择；

2.同样重要的是如何选用近似的节点网格。

张量积法

执行多维近似的最简单方法是使用张量积法。在这种情况下，该算法依赖于单变量函数的张量积的使用。

在这种方法中，我们通过使用作为张量积的函数（或单项式）的组合来近似给定函数。在一般情况下，我们可以为 R_n 中的函数定义 n 个张量积，其中 n 变量为 $x_1, x_2, \cdots, x_n$。

定义 2.5 对于单变量 x_i 的 n 个函数，张量积 $P_i = \{ p^k(x_i) \}_{k=0}^{\kappa_i}$ 通过如下方程给出：

$$B = \prod_{k_1=0}^{\kappa_1=0} \cdots \prod_{k_n=0}^{\kappa_n=0} p_1^{k_1}(x_1) \cdots p_n^{k_n}(x_n) \tag{2-85}$$

显然，与该算法的应用相关的基本问题是，项数随着使用项数呈指数增长。如果存在一个 m 维空间，并且我们使用最多 n 阶的多项式，则得到 $(n+1)^m$ 个项。然而，该算法对于低阶多项式（例如，直至 2 阶）相当有效。

完整多项式法

尽管简单明了，但张量积法仍存在一个主要缺点，即随着维数的增加，计算变得越来越困难。相反，使用完整多项式法会导致计算复杂度随函数近似维度的增加而呈比例增加。

为了与张量积情况下的定义相匹配，对于 n 维问题的 κ 阶完整多项式，我们可以将近似的基础写为：

定义 2.6 给定 $\kappa \in \mathbb{N}$ 和 n 个自变量，多项式基础由如下方程给出：

$$P_k^n = \{ x_1^{k_1} \times \cdots \times x_n^{k_n} : k_1, \cdots, k_n < 0, \sum_{i=1}^{n} k_i \leq \kappa \} \tag{2-86}$$

实际上，这套完整多项式用于多维情况的泰勒定理。对于 n 个变量问题的 k 阶泰勒级数展开，我们可以这样写：

$$f(x) = f(x^0) + \sum_{i=1}^{n} \frac{\partial f}{\partial x_i}(x^0)(x_{i_1} - x_{i_1}^0) + \cdots + \frac{1}{k!}\sum_{i_1=1}^{n}\cdots\sum_{i_k=1}^{n} \frac{\partial^k f}{\partial x_{i_1}\cdots\partial x_{i_k}}(x^0)(x_{i_1} - x_{i_1}^0)\cdots(x_{i_k} - x_{i_k}^0)$$

$$(2-87)$$

例如，对于 n 个维度中的问题，$k = 1$ 阶的泰勒展开式将使用由 $P_k^n = \{1, x_1, \cdots, x_n\}$ 给出的多项式的完整集合中的项。

这两种方法所使用的基础在复杂性方面的差异非常明显。考虑一个 n 维问题和不超过 $k = 2$ 阶的多项式，张量积将产生 3^n 个项，而多项式的完整集合将意味着使用：$1 + n + \dfrac{n(n+1)}{2}$ 个项。

双线性近似法

根据参考文献 [1] 的示例，我们假定二维函数 $f(x, y)$ 的值为 $(x, y) = (\pm 1, \pm 1)$。

双线性近似法的基本思想是在两个坐标方向上插值数据。为实现给定函数，我们可以使用以下四个函数生成区间 $[-1, 1]^2$ 的势：

$$\phi_1(x, y) = \frac{1}{4}(1-x)(1-y) \tag{2-88}$$

$$\phi_2(x, y) = \frac{1}{4}(1+x)(1-y) \tag{2-89}$$

$$\phi_3(x, y) = \frac{1}{4}(1+x)(1+y) \tag{2-90}$$

$$\phi_4(x, y) = \frac{1}{4}(1-x)(1+y) \tag{2-91}$$

有限元逼近的原始元素在这里起作用：除了 1 个点之外，基础的四个函数中的每一个都有零项。在此基础上，我们可以使用以下公式在区间 $[-1, 1]^2$ 上近似原函数：

$$f(-1, -1)\phi_1(x, y) + f(1, -1)\phi_2(x, y) + f(1, 1)\phi_3(x, y) + f(-1, 1)\phi_4(x, y) \tag{2-92}$$

简单二维线性近似法

这是双线性近似法的一种替代方法，由于使用了简单的三角形元素，简单二维线性近似法成为许多人的首选。让我们从特定于二维情况的 $x - y$ 平面重新开始。根据参考文献 [1]，可以通过设置三个点来实现在该平面中的三角剖分，将其定义为：$P_1 = (0, 0)$，$P_2 = (0, 1)$ 和 $P_3 = (1, 0)$。

为了形成基数插值基础，我们需要定义满足以下关系的函数 ϕ：对于 $i \neq j$，$\phi_i(P_i) = 1$ 且 $\phi_i(P_j) = 0$。

我们可以使用以下函数，这些函数实际上构成了基数插值的基础（可以轻松地验证）：

$$\phi_1(x, y) = 1 - x - y \tag{2-93}$$

$$\phi_2(x, y) = y \tag{2-94}$$

$$\phi_3(x, y) = x \tag{2-95}$$

添加新点 $P_4 = (1, 1)$，我们可以为点 P_2、P_3 和 P_4 形成一个新的基数插值的势：

$$\phi_4(x, y) = 1 - x \tag{2-96}$$

$$\phi_5(x,y) = 1 - y \tag{2-97}$$

$$\phi_6(x,y) = x + y - 1 \tag{2-98}$$

因此，为了近似由点 P_1，P_2，P_4，P_3 形成的正方形上的函数，我们使用以下函数：

$$\hat{f}(x) = \begin{cases} f(0,0)(1-x-y) + f(0,1)y + f(1,0)x & x+y \leq 1 \\ f(0,1)(1-x) + f(1,0)(1-y) + f(1,1)(x+y-1) & x+y \geq 1 \end{cases} \tag{2-99}$$

其中，$i = 1, \cdots, n-1$

2.4.8 在Julia中实现函数逼近（函数近似）

在 Julia 中，有很多程序包可以实现函数逼近。考虑到插值法和函数逼近之间的紧密关系，其中一些程序包可能同时实现这两种方法。

如果要在 Julia 中进行函数逼近，一个很好的起点是程序包 ChebyshevApprox。它由经济学家 Richard Dennis 编写，具有经济学家所期望的关键功能的优势，同时使用受过基本的数值方法训练的经济学家相当熟悉的语言。

顾名思义，该程序包可以使用切比雪夫多项式逼近连续函数。该程序包可以处理单变量和多变量函数逼近。对于单变量情况，仅需要了解一些功能。

对于单变量和多变量函数逼近而言，共同的出发点是创建切比雪夫节点。用于创建 Chebyshev 节点的函数具有以下常规语法：

Chebyshev_nodes（n, range）

其中，n 是节点数，range 是创建节点的区间。当我们不提供范围时，该函数将在区间［-1.0，1.0］创建节点。

对于单变量情况，依赖于已经计算出的 Chebyshev 节点，还有两个函数用于进行近似。首先，计算与这些节点关联的权重，通用语法为：

chebyshev_weights（y, nodes, order, range）

此处的 y 表示节点处的函数评估。变量节点包含已经使用该函数创建的节点：

chebyshev_nodes

变量阶数给出多项式的阶数。此函数还有一个替代版本，如下所示：

chebyshev_evaluate（w, ［x］, order, range）

这里，w 是上面计算出的切比雪夫权重，x 是函数的近似点，而阶数和范围具有如上所述的含义和值。这里还有一个替代函数 clenshaw_evaluate，它使用相同的选项和变量，但它是基于 Clenshaw 的递归。

为了近似多元函数，该方法相当便捷。首先，创建 Chebyshev 节点的步骤与单变量函数的情况相同。在以下步骤中，逼近多元函数需要使用专门处理这种情况的函数。其次，我们可以将多项式设置为张量积或完整多项式。要计算两个变量的函数的 Chebyshev 权重，我们可以使用：

chebyshev_weights（y, nodes_1, nodes_2, order, range）

chebyshev_weights（y, nodes, order, range）

或者

chebyshev_weights（y, poly, order, range）

因此，我们可以像第一种情况一样声明每个维度的节点，也可以将节点声明为数组。我们使用相同的函数和相似的语法评估函数：

chebyshev_evaluate（w，x，order，range）

clenshaw_evaluate（w，x，order，range）

我们使用这一程序包展示一个单变量情况的函数逼近简单示例。该示例是从程序包中提取的。我们首先设置要创建的点的范围和数量。之后，我使用上述函数创建切比雪夫节点：

using ChebyshevApprox

n = 20

range = ［-2.0，2.0］

nodes = chebyshev_nodes（n，range）

在下一步中，我们将 y 初始化为零向量，并在节点处用函数 $f(x) = (x+2)^{1/2}$ 的值填充此向量：

y = zeros（n）

for i = 1：n

y［i］ = （nodes［i］+2.0）^（1/2）

end

接下来，我们通过使用张量积和完整多项式（在将近似阶数设置为5之后）使用切比雪夫回归来计算切比雪夫权重：

order = 5

w_tensor = chebyshev_weights（y，nodes，［order］，range）

w_complete = chebyshev_weights（y，nodes，order，range）

最后一步，我们将使用在结尾作对比的替代方法来计算给定点处的函数逼近：

point = ［1.2］

y_chebyshev_tensor = chebyshev_evaluate（w_tensor，point，［order］，range）

y_chebyshev_complete = chebyshev_evaluate（w_complete，point，order，range）

y_clenshaw_tensor = clenshaw_evaluate（w_tensor，point，［order］，range）

y_clenshaw_complete = clenshaw_evaluate（w_complete，point，order，range）

y_actual = （point+2.0）.^（1/2）

println（［y_actual y_chebyshev_tensor y_chebyshev_complete y_clenshaw_tensor y_clenshaw_complete］）

［1.78885 1.79396 1.79396 1.79396 1.79396］

还有一些其他程序包用于处理函数逼近。一个不错的开发包是 ApproxFun。使用 Gauss Quadrature 快速处理节点和权重的程序包是 FastGaussQuadrature。ApproxFun 使用起来非常容易，并且该程序包还具有计算根、微分的功能。

|2.5| 数值微分法

计算雅可比矩阵和/或海塞矩阵是我们在经济学中经常遇到的问题。本节介绍用于计算函数导数的数值方法。

出乎意料的是,与数值积分法(在经济学中更多使用)形成对比,数值微分法在经济学的经典书籍中并未得到很好的覆盖,例如参考文献[1]或参考文献[2]。这里的材料主要来自参考文献[4]和参考文献[3]。

数值微分法的问题在于,给定一个函数 $f(x)$ 和一个点 x_k,我们感兴趣的是找到在点 x_k 上该函数的 n 阶导数:

$$\frac{\partial^n f}{\partial x_k^n} \tag{2-100}$$

当我们意识到在数值上计算点 x_k 中的函数 f 的导数等于通过多项式的方法局部逼近函数并微分该多项式时,导数与插值的联系就变得清晰起来。同样,我们也可以使用泰勒展开式来达到相同的结果。

2.5.1 有限微分法

这种方法源于导数的定义。我们已经知道,一阶导数可以用以下方法计算:

$$f'^{(x)} = \lim_{h \to 0} \frac{f(x+h) - f(x)}{h} \tag{2-101}$$

我们可以使用此公式来近似导数,而有限差分法基于此基本思想。用泰勒展开式进行有限差分近似,最基本的形式请参见参考文献[2],我们可以写成:

$$f(x+h) = f(x) + f'^{(x)}h + O(h^2) \tag{2-102}$$

其中,$O(h^2)$ 包含高阶项。比较上面的公式与导数的定义,我们可以注意到,使用泰勒展开式近似的误差为:$\frac{O(h^2)}{h} = O(h)$,其中 $O(h)$ 是导数中的误差。因此,我们可以这样写:

$$f'^{(x)} = \frac{f(x+h) - f(x)}{h} + O(h) \tag{2-103}$$

有更精确的数值计算导数方法,但是要实现这一点,我们首先必须计算由下式给出的向前和向后展开式:

$$f(x+h) = f(x) + hf'(x) + \frac{h^2}{2!}f''(x) + \frac{h^3}{3!}f'''(x) + \cdots \tag{2-104}$$

$$f(x-h) = f(x) - hf'(x) + \frac{h^2}{2!}f''(x) - \frac{h^3}{3!}f'''(x) + \cdots \tag{2-105}$$

我们也可以使用 $\pm 2h$ 计算向前和向后展开式:

$$f(x+2h) = f(x) + 2hf'(x) + \frac{(2h)^2}{2!}f''(x) + \frac{(2h)^3}{3!}f'''(x) + \cdots \tag{2-106}$$

$$f(x-2h) = f(x) - 2hf'(x) + \frac{(2h)^2}{2!}f''(x) - \frac{(2h)^3}{3!}f'''(x) + \cdots \tag{2-107}$$

对于第一类展开式,我们也可以加减这些序列,得到:

$$f(x+h)+f(x-h)=2f(x)+h^2 f''(x)+\cdots \tag{2-108}$$

$$f(x+h)-f(x-h)=2hf'(x)+\frac{h^3}{3}f''(x)+\cdots \tag{2-109}$$

这和第二类展开式相似。

使用这些表达式，我们可以应用几种不同的方法对数值进行导数计算。第一个广泛使用的方法是一阶非中心有限差分近似。

一阶中心有限差分近似

我们可以使用 $f(x+h)$ 和 $f(x-h)$ 之间的上述差异来计算一阶导数，如下所示：

$$f'(x)=\frac{f(x+h)-f(x-h)}{2h}-\frac{h^2}{6}f'''(x) \tag{2-110}$$

也可以写成：

$$f'(x)=\frac{f(x+h)-f(x-h)}{2h}+O(h^2) \tag{2-111}$$

这基本上是一阶导数 $f'(x)$ 的一阶中心微分近似的公式，其中最后一项 $O(h^2)$ 是随 h^2 变化的误差项。以类似的方式，我们还可以导出二阶导数的一阶中心近似值，即 $f''(x)$：

$$f''(x)=\frac{f(x+h)-2f(x)+f(x-h)}{h^2}-\frac{h^2}{12}f^{(4)}(x) \tag{2-112}$$

也可以写成：

$$f''(x)=\frac{f(x+h)-2f(x)+f(x-h)}{h^2}-O(h^2) \tag{2-113}$$

这样可以将其表示为取决于误差项的函数，也就是 h^2 的函数。

一阶非中心有限差分近似

一阶中心有限差分近似的替代方案是非中心有限差分近似。它的优势源于以下事实：在某些情况下，我们可能无法应用中心有限差分近似。标准的例子是在我们的配置中仅具有离散点 $\{x_1,x_2,\cdots,x_n\}$，标准的一阶中心有限差分近似公式不适用，因为我们必须在坐标的两侧使用端点 x_1, x_n。相比之下，非中心有限差分近似则依赖于对点 x 一侧求值。

从泰勒标准公式，我们可以仅用向前差分近似来导出一阶导数，如下所示：

$$f'(x)=\frac{f(x+h)-f(x)}{h}-\frac{h}{2!}f''(x)-\frac{h^2}{3!}f'''(x)-\cdots \tag{2-114}$$

因此很明显，仅用右侧的项，我们就可以得到不依赖于给定点 x 两侧点的 $f'(x)$ 近似值。通过使用标准记号法（包括误差项），可以使上述公式更紧凑：

$$f'(x)=\frac{f(x+h)-f(x)}{h}+O(h) \tag{2-115}$$

也可以通过使用一阶向后差分近似来计算非中心有限差分近似。这将推导出与上述公式类似的公式，即：

$$f'(x)=\frac{f(x)-f(x-h)}{h}+O(h) \tag{2-116}$$

二阶非中心有限差分近似

一阶中心和非中心有限差分近似依赖于 $O(h)$ 误差项。但是，另一类有限差分近似

（二阶非中心近似）则依赖于 $O(h^2)$ 误差项。二阶非中心有限差分近似可以向前也可以向后。它的名字源于这样的事实，与一阶有限差分近似相反，我们也使用二阶导数。

为实现向前的情况，我们可以从使用 h 和 $2h$ 的泰勒展开式开始：

$$f(x+h) = f(x) + hf'(x) + \frac{h^2}{2!}f''(x) + \frac{h^3}{3!}f'''(x) + \cdots \qquad (2-117)$$

$$f(x+2h) = f(x) + 2hf'(x) + 2(h^2)f''(x) + \frac{4(h)^3}{3}f'''(x) + \cdots \qquad (2-118)$$

不像一阶有限差分近似中那样简单地使用 $f(x+h)$ 或 $f(x+2h)$，这里我们通过消除 $f''(x)$ 来合并两者。为此，我们可以将第一个方程乘以4，然后从第二个方程中减去它，得到：

$$f(x+2h) - 4f(x+h) = -3f(x) - 2hf'(x) + \frac{h^4}{2}f^{(4)}(x) + \cdots \qquad (2-119)$$

基于此，我们可以使用如下表达式近似一阶导数：

$$f'(x) = \frac{-f(x+2h) + 4f(x+h) - 3f(x)}{2h} + \frac{h^2}{4}f^{(4)}(x) + \cdots \qquad (2-120)$$

也可以将依赖误差项 $O(h^2)$ 的标准形式重新写成：

$$f'(x) = \frac{-f(x+2h) + 4f(x+h) - 3f(x)}{2h} + O(h^2) \qquad (2-121)$$

2.5.2 理查森外推法

我们已经认识到任何近似值都按比例取决于一个或多个参数的想法。让我们考虑一下，从参数 h 开始，为感兴趣的数 A（可以是函数，一阶导数等）计算近似值 $A(h)$。在最一般的层次上，参考文献［3］建议编写原函数，如下所示：

$$A = A(h) + \Phi h^k + \Phi' h^{k+1} + \Phi'' h^{k+2} + \cdots \qquad (2-122)$$

k 阶误差项，一个参数已知，而 Φ，Φ'，Φ'' 是未知参数。使用基于误差项的熟悉符号，我们可以这样写：

$$A = A(h) + \Phi h^k + O(h^{k+1}) \qquad (2-123)$$

此处的近似值取决于误差项 $O(h^{k+1})$，如符号所示，误差项是等于和高于 h^{k+1} 的阶项之和。如果我们消除误差项，我们得到的将是未知数 A 和 Φ 的差分方程，结果表明，对于每个 h 值，我们都会得到一个差分方程。因此，我们可以类似地把 $h/2$ 写成：

$$A = A(h/2) + \Phi(h/2)^k + O(h^{k+1}) \qquad (2-124)$$

两边同时乘以 2^k 然后减去方程（2-123），得到：

$$(2^k - 1)A = 2^k A(h/2) - A(h) + O(h^{k+1}) \qquad (2-125)$$

据此可以导出：

$$A = \frac{2^k A(h/2) - A(h)}{2^k - 1} + O(h^{k+1}) \qquad (2-126)$$

设方程（2-126）右侧第一项为 $B(h)$，我们得到：

$$A = B(h) + O(h^{k+1}) \qquad (2-127)$$

因此，通过使用这种方法，我们能够通过 $k+1$ 阶近似 $B(h)$ 来改善 k 阶的原近似

$A(h)$。这是理查森外推法的基本思想。

这一基本思想可以直接应用于在点x处近似一阶导数，请参见参考文献［3］。一阶导数等于：

$$D_0^0(F) = \frac{F(x+h_0) - F(x-h_0)}{2h_0} \tag{2-128}$$

我们将h_0的值更改为$h_1 = h_0/2$，这样一阶导数现在为：

$$D_0^1(F) = \frac{F(x+h_1) - F(x-h_1)}{2h_1} \tag{2-129}$$

使用方程（2-126），我们可以写出F更好的近似值（数值微分的情况下$k=2$）：

$$D_0^1(F) = \frac{4D_0^1(F) - D_0^0(F)}{3} \tag{2-130}$$

进一步写成递归形式：

$$D_0^1(F) = D_0^1(F) + \frac{D_0^1(F) - D_0^0(F)}{3} \tag{2-131}$$

这样可以形成一个可以迭代的递归关系，通过使用上面的公式来完成：

$$D_j^l(F) = D_{j+1}^{l-1}(F) + \frac{D_{j+1}^{l-1}(F) - D_j^{l-1}(F)}{4^k - 1} \tag{2-132}$$

此处的$D_j^l(F)$是$F'(x)$的近似值，其误差为$h_j^{2(l+1)}$。我们迭代此值，直到改进值小于给定的阈值ϵ：$\left| D^m - D_0^{m-1} \right| < \epsilon$。

2.5.3 使用插值近似导数法

我们使用了不同的插值法来近似由离散点组成的函数$f(x)$。以类似的方式，我们可以使用基于插值的近似来估计相同函数$f(x)$的导数。我们可以通过内插法找到近似值。例如，对于使用多项式进行插值，我们可以通过以下形式的多项式来逼近$n+1$个数据点的函数$f(x)$：$P_n(x) = a_0 + a_1 x + a_2 x^2 + \cdots + a_n x^n$。

为了在数值上近似点（x^*）的导数，我们可以计算在给定点x^*处的多项式$P_n(x)$的导数。

我们也可以通过三次样条插值法来进行数值微分。通过三次样条插值法进行数值微分的优点如下：首先，正如我们之前讨论的那样，三次样条插值法是执行插值的最佳方法之一。其次，区分三次样条曲线非常简单。

2.5.4 Julia的数值微分法

数值计算函数导数的最基本方法是使用有限差分法，该方法基本上只是一阶导数的公式。实际上，我们可以将其应用于任何函数和预定义的扰动常数h。下面的代码首先定义了执行有限向前差分的函数，然后将其应用于给定扰动值的指定函数：

```
Julia> firstdiff (f, x, h)  =  (f (x+h) −f (x) ) /h;
f (x)  = x^2;
x = 0.0;
h = 10^ (−8.);
Julia> firstdiff (f, x, h)
```

1.0e-8

该值大约等于一阶导数0的精确值。尽管该算法允许我们以一种简单的方式来计算一阶导数，但是该算法效率不高（考虑对梯度进行数字计算的情况），并且也是近似值，其精度严格取决于扰动常数h。

虽然这种方法满足了最基本的需求，但是Julia中有一些相当全面的程序包。最好的程序包之一是Calculus。该程序包提供了基于有限差分法处理导数逼近的方法，同时还使用微分来计算较简单函数的导数的精确解。

| 2.6 | 数值积分法

计算在 $\mathbb{R}^n$ 上定义的给定函数 f 的积分是经济研究中经常遇到的任务。其一般形式见参考文献［2］，我们面临的问题是为给定的权重函数计算积分，即：

$$\int_I f(x)w(x)dx \tag{2-133}$$

其中，I 是 $\mathbb{R}^n$ 上给定的区间。权重函数 $w(x)$ 的定义取决于当前的问题。例如，如果我们有兴趣计算连续随机变量的期望值，则权重函数 $w(x)$ 将由随机变量的概率密度函数给出。

数值计算定积分的典型方法是使用函数值的加权和，即写成：

$$\int_I f(x)w(x)dx \approx \sum_{i=0}^{n} w_i f(x_i) \tag{2-134}$$

基本上，该通用公式涵盖了最常用的数值积分方法。这些方法之间的区别在于它们定义权重函数 $w(x)$ 或点 x_i 的方式。接下来的部分详细介绍了三种最常用的数值积分方法，它们的区别在于定义权重的方式不同：牛顿-柯特斯公式、高斯求积法和蒙特卡洛积分法。该部分主要基于参考文献［1］和参考文献［3］。

2.6.1　牛顿-柯特斯公式

有几种有方法都是牛顿-柯特斯公式的一部分，例如：中点法则、梯形法则和辛普森法则。在本节，我们学习单变量牛顿-柯特斯公式。本质上，它们在区间 $[a,b]$ 上给定数量的点上评估函数 f，并基于这些点构造通常为线性的插值，最后进行积分。

中点法则

这是处理积分近似最简单的方法。在基本形式中，该方法包括在它们所形成的矩形的四个顶点，即：$P_0=(a,0)$、$P_1=(b,0)$、$P_3=(a,f(\xi))$、$P_4=(b,f(\xi))$。

在这里，我们将 ξ 定义为给定区间 $[a,b]$ 的中点值，从而使 $\xi = \dfrac{a+b}{2}$。

在这种情况下，积分的近似值可以写为：

$$\int_a^b f(x)dx = (b-a)f\left(\frac{a+b}{2}\right) + \frac{(b-a)^3}{4!}f''(\xi) \tag{2-135}$$

其中选定 $\xi \in [a,b]$ 的目的是将积分的近似值写成：

$$\hat{I} = (b-a)f\left(\frac{a+b}{2}\right) \tag{2-136}$$

考虑到该方法使用很少的点来提供积分的近似值，因此提供的近似值通常不是很准确。为了提高准确性，通常的解决方案是将初始区间$[a,b]$分成多个较小的区间。

假设我们使用n个这样的区间，每个区间的长度$h=(b-a)/n$。在这种情况下，我们最终使用$n+1$个数据点，结果如下：

$$x_i = a + (i-1/2)h \tag{2-137}$$

在这一特定情况下，积分的近似值写成：

$$\hat{I} = h\sum_{i=1}^{n} f(x_i) + \frac{h^2(b-a)}{12} f''(\xi) \tag{2-138}$$

下面，我们为给定函数$f(x)=2x$和积分域$[0,1]$编码了中点法则。该算法遵循参考文献[3]。区间分为11个子区间。当然，对于更复杂的函数，细分的数量应该更多。

```
#define the interval [a, b]
a=0.0;
b=1.0;
#define the number of divisions
n=10.0;
h=（b-a）/n;
v=linspace（1，n，10）';
x=a+（v-1/2）*h;
f（x）=2x;
y=map（f，x）
mid_point_int=h*sum（y）
```

该代码返回以下整数近似值：1.0000000000000002。

我们可能会观察到，函数应用于向量可以通过函数$map(f,A)$实现，A是一个数组。

梯形法则

这是近似积分的最基本的封闭方法，因为它基于区间端点处函数的值，即$f(a)$和$f(b)$。它的方法基于相同的插值思想，即现在使用函数的线性近似，该函数的积分在两个端点之间近似。使用这些点，我们可以通过点$(a,0)$、$(a,f(a))$、$(b,f(b))$、$(b,0)$定义梯形。我们可以使用以下规则近似积分：

$$\int_a^b f(x)dx = (b-a)[f(a)+f(b)] - \frac{(b-a)^3}{12} f''(\xi) \tag{2-139}$$

其中，$\xi \in [a,b]$。

由于此方法依赖于使用数量非常有限的点进行插值，因此建议与中点法则类似地分割初始区间$[a,b]$。如果我们再次考虑$n+1$个这样的点，每个点由$h=\frac{b-a}{n}$定义，我们得到n个间隔，并且可以使用以下公式产生更好的积分近似值：

$$\hat{I} = \frac{h}{2}\big[f(x_0) + 2f(x_1) + \cdots + 2f(x_{n-1}) + f(x_n) \big] - \frac{h^2(b-a)}{12} f''(\xi) \tag{2-140}$$

其中，$x_i = a + ih$并且ξ属于区间$[a,b]$。

下面，我们给出一个代码，使用梯形法计算在区间 $[0,1]$ 上一个简单函数 $f(x)=2x$ 的积分，根据参考文献［3］如下：

```
#Trapezoid rule
#define the interval ［a，b］
a=0.0；
b=1.0；
# define the number of divions
n=10.0；
h=（b-a）/n；
v=linspace（0，n，11）'；
x=a+v*h；
f（x）=2x；
y=map（f，x）
trapezoid_int=0.5*h*（2*sum（y［2：length（y）-1］）+y［1］+y［length（y）］）
```

该算法返回：1.000000000000002。

结果和中点法则类似。但是，对于更复杂的函数，这两种方法的结果准确性可能会有很大差异。

2.6.2 辛普森法则

鉴于使用梯形法则近似积分仅依赖于端点这一事实，改进此方法可以使用一个附加点。辛普森法则通过考虑函数 f 在点 a，b 以及中点 $(b+a)/2$ 的值来改进梯形法则。与梯形法则则相反，辛普森法则还考虑了积分的二次逼近值。计算积分近似值的方法则如下所示：

$$\int_a^b f(x)dx = \frac{(b-a)}{6}\left[f(a)+4f\left(\frac{a+b}{2}\right)+f(b)\right] - \frac{(b-a)^5}{2\,880}f^{(4)}(\xi) \qquad （2-141）$$

ξ 是区间 $[a,b]$ 的一个点。

至于牛顿-柯特斯族中的其他方法，我们可以通过将原区间分成 n 个区间，每个区间具有相同的长度，来提高积分近似值的准确性：$h=b-a/n$，得到 $n+1$ 个数据点 x_i。将每个这样的点定义为：$x_i=a+ih$。

i的取值从 0 到 n，使用 $n+1$ 个点形成一个合成规则，以近似积分表示为：

$$\hat{I} = \frac{h}{3}\left[f(x_0)+4f(x_1)+2f(x_2)+4f(x_3)+\cdots+f(x_n)\right] - \frac{h^4(b-a)}{180}f^{(4)}(\xi) \qquad （2-142）$$

同样，ξ 是区间 $[a,b]$ 的一个点。

相对于梯形法则的表现，辛普森法则是否真的提高了准确性？比较每种情况下的误差，我们发现梯形法则的误差量级为 h^2，而辛普森法则的误差量级为 h^4，这表明使用辛普森法则时有显著改善。

我们根据辛普森法则编写了在相同区间 $[0,1]$ 上积分基本函数 $f(x)=2x$ 的同一示例。编码方法基于参考文献［3］。除最后一行外，大多数代码都相似：

```
#Simpson's rule
#define the interval [a, b]
a=0.0;
b=1.0;
# define the number of divisions
n=10.0;
h= (b-a) /n;
v=linspace (0, n, 11) ';
x=a+v*h;
f (x) =2x;
y=map (f, x)
simpson_int=h/3* (2.0*dot ( (1+rem. (1: length (y) -2, 2) ), (y [2: (length
(y) -1) ] ) ' ) +y [1] +y [length (y) ] )
```

应用该算法可以得到更精确的积分近似值，该值等于1，对应于积分的精确值。

2.6.3 无穷积分

到目前为止，讨论的是在一定区间$[a,b]$上的近似积分，即近似以下积分：

$$\int_a^b f(x)dx \tag{2-143}$$

但是，在某些情况下，我们需要在无限域上近似积分。为此，我们只需要使用换元公式将上述近似规则应用于无穷域即可。

在应用任何换元公式之前，我们要确保无限域上的积分存在（也称为反常积分）。为了定义区间$[0,\infty)$上的这种反常积分，我们可以这样写：

$$\int_a^\infty f(x)dx = \lim_{b\to\infty}\int_a^b f(x)dx \tag{2-144}$$

我们说，如果存在极限，那么这个反常积分就存在。在处理双重无穷积分时，我们可以使用极限函数重写a和b，如下所示：

$$\int_a^\infty f(x)dx = \lim_{\substack{b\to\infty \\ a\to\infty}}\int_a^b f(x)dx \tag{2-145}$$

如果极限存在，函数将再次被定义。

构成近似反常积分基础的关键是下面换元公式定理的变形式。

定理 2.1 换元公式定理考虑一个函数f，其中$f:\mathbb{R}\to\mathbb{R}$，$f$连续可微且在区间$[a,b]$上单调递增。对于区间$[a,b]$上的任何可积分函数$h(x)$，以下关系成立：

$$\int_a^b h(x)dx = \int_{f^{(-1)}(a)}^{f^{(-1)}(b)} h\big(f(y)\big)f'(y)dy \tag{2-146}$$

换句话说，该定理只要确保函数f满足某些条件，我们就可以近似关于x的函数h的积分和相对于y的等效积分，其中x和y的函数如下：$x=f(y)$。

有多种方法可以将复杂的积分转换为可以使用牛顿-柯特斯公式的近似积分。一般是通过换元产生可以使用积分方法的近似积分。

换元应满足以下条件：$x(0) = 0$，$x(1) = \infty$。然后，通过换元公式定理，我们得到以下新积分：

$$\int_0^\infty f(x) dx = \int_0^1 f(x(z)) x'(z) dz \qquad (2-147)$$

通过牛顿-柯特斯公式可以达到近似。满足这些条件的换元示例是函数：$x(z) = \dfrac{z}{1-z}$。该函数具有以下一阶导数：$x'(z) = \dfrac{1}{(1-z)^2}$，导出以下积分：

$$\int_0^\infty f(x) dx = \int_0^1 f\left(\frac{z}{1-z}\right)(1-z)^{-2} dz \qquad (2-148)$$

如果选择 f 使得 $f(x(z)) x'(z)$ 为有界导数，则 $x(z)$ 即使在处理复杂函数时也是近似积分的较好选择。如果导数无界，则与近似积分相关的误差边界将不会收敛。

要查看使用此变量更改的示例，先考虑要近似的积分：

$$\int_0^\infty e^{-t} t^2 dt \qquad (2-149)$$

通过转换：$t = \dfrac{z}{1-z}$。

由于换元，我们得到以下积分：

$$\int_0^1 e^{z/(1-z)} \left(\frac{z}{1-z}\right)^2 (1-z)^2 dz \qquad (2-150)$$

2.6.4 高斯求积法

牛顿-柯特斯公式依赖于相同的基本公式来近似给定函数 $f(x)$ 的积分：

$$\int_a^b w(x) f(x) dx = \sum^n \omega_i f(x_i) \qquad (2-151)$$

此处的 x_i 是求积节点，区间为 $[a, b]$，而 ω_i 是求积权重。

牛顿-柯特斯公式的主要特征是在区间上使用低阶多项式，以确定分段多项式并进一步积分 f 的近似值。在设置权重的同时，为了确保 f 为低次多项式的精确近似值，可以任意方式取点 x_i（实际上，如我们所见，它们通常在给定区间 $[a, b]$ 上均匀划分）。

另一种方法是高斯方法，实际上是通过适当设置节点和权重来确保近似值对于低阶多项式函数 f 而言是精确的。作为一般法则，我们可以使用高斯方法，通过以下公式来写积分的近似值：

$$\int_a^b f(x) w(x) dx = \sum_{i=1}^n \omega_i f(x_i) + \frac{f^{(2n)}(\xi)}{q_n^2 (2n)!} \qquad (2-152)$$

其中，x_i 是来自相同区间 $[a, b]$ 的节点，ω_i 是权重。高斯方法的主要优势在于，如果 f 是 $2n-1$ 的多项式，则可以证明其所提供的近似值是精确的。以下基于参考文献 [7] 的定理支持该论断的关键结论。

定理 2.2 假设在区间 $[a, b]$ 上定义的函数 $w(x)$，以及针对该函数 $w(x)$ 定义的标准正交多项式族，用 $\{\phi_k(x)\}_{k=0}^\infty = 0$ 表示。定义 q_k，使得对于每个多项式，$\phi_k(x) = q_k x^k + \cdots$。如果 x_i 是多项式 $\phi_n(x)$ 的零点，则 $a < x_1 < \cdots < x_n < b$。给定这些假设，

对于在 $C^{(2n)}$ 区间 $[a,b]$ 上定义的函数 f，可以验证以下方程式：

$$\int_a^b w(x)f(x)dx = \sum_{i=1}^n \omega_i f(x_i) + \frac{f^{(2n)}(\xi)}{q_n^2(2n)!} \tag{2-153}$$

其中，ξ 属于区间 $[a,b]$，权重 ω_i 定义为：

$$\omega_i = -\frac{q_{n+1}/q_n}{\phi'_n(x_i)\phi_{n+1}(x_i)} > 0 \tag{2-154}$$

该定理确保了两个关键特性。一方面，通过使用正交多项式的零点，这意味着 x_i 在区间 $[a,b]$。另一方面，根据上述公式，权重始终为正。这避免了使用牛顿–柯特斯公式的高阶公式。

但是，实践中并不是直接使用此公式，而是依靠标准的高斯公式，该公式为节点和权重提供了精准的解决方案。我们下面要讨论一些这样的公式。

高斯–切比雪夫求积

其适用于以下情况：

$$\int_{-1}^1 f(x)(1-x^2)^{-1/2}dx \tag{2-155}$$

在此特定情况下，权重由以下公式给出：$(1-x^2)^{-1/2}$，其对应切比雪夫多项式中的权重。

对于这种类型的积分，我们可以使用以下公式求近似值：

$$\int_{-1}^1 f(x)(1-x^2)^{-1/2}dx = \frac{\pi}{n}\sum_{i=1}^n f(x_i) + \frac{\pi}{2^{2n-1}}\frac{f^{(2n)}(\xi)}{(2n)!} \tag{2-156}$$

此处，ξ 是区间 $[-1,1]$ 中的值，而节点定义为：$x_i = \cos\left(\frac{2i-1}{2n}\pi\right)$，其中 $i = 1,\cdots,m$。

使用高斯–切比雪夫公式有两个基本优点：权重在节点上是恒定的（因为它们等于 π/n），并且该公式可以毫不费力地应用。

高斯–勒让德求积

对于相同的区间 $[-1,1]$，我们可以选择使用标准加权函数，其中 $w(x) = 1$。这导出高斯–勒让德求积，如下所示：

$$\int_{-1}^1 f(x)dx = \sum_{i=1}^n \omega_i f(x_i) + \frac{2^{2n+1}(n!)^4}{(2n+1)!(2n)!}\frac{f^{(2n)}(\xi)}{(2n)!} \tag{2-157}$$

和前面一样，ξ 是区间 $[-1,1]$ 上的点。

高斯–埃尔米特求积

该求积非常适用于计算正态随机变量期望值的情况。高斯–埃尔米特求积通过 n 个点应用于如下表达式：

$$\int_{-\infty}^\infty f(x)e^{-x^2}dx \tag{2-158}$$

高斯–埃尔米特求积依赖如下公式：

$$\int_{-\infty}^\infty f(x)e^{-x^2}dx = \sum_{i=1}^n \omega_i f(x_i) + \frac{n!\sqrt{\pi}}{2^n}\frac{f^{(2n)}(\xi)}{(2n!)} \tag{2-159}$$

此处的 ξ 属于区间 $[-\infty, \infty]$。

在正态随机变量的情况下，假设变量 y 遵循正态分布 $N(\mu, \sigma^2)$，其中 μ 是均值，而 σ 是标准差，则可以近似估计变量 y 的期望值，如下所示：

$$E\{f(y)\} = (2\pi\sigma^2)^{-1/2} \int_{-\infty}^{\infty} f(y) e^{-(y-\mu)^2/2\sigma^2} dy \tag{2-160}$$

在实际应用高斯-埃尔米特求积之前，我们需要使用如下所示的换元公式：$x = (y-\mu)/\sqrt{2}\sigma$。正态变量的期望值写为：

$$E\{f(y)\} = (2\pi\sigma^2)^{-1/2} \int_{-\infty}^{\infty} f(y) e^{-(y-\mu)^2/2\sigma^2} dy = \pi^{-1/2} \sum_{i=1}^{n} \omega_i f(\sqrt{2}\sigma x_i + \mu) \tag{2-161}$$

我们还考虑了一致性：

$$\int_{-\infty}^{\infty} f(y) e^{-(y-\mu)^2/2\sigma^2} dy = \int_{-\infty}^{\infty} f(\sqrt{2}\sigma x + \mu) e^{-x^2} \sqrt{2}\sigma dx \tag{2-162}$$

高斯-拉盖尔求积

高斯-埃尔米特求积自然适用于正态随机变量的情况，而高斯-拉盖尔求积非常适合指数贴现加和的情况（这在宏观经济学中经常遇到）。该求积适用于具有以下特征的积分：

$$\int_{0}^{\infty} f(x) e^{-x} dx \tag{2-163}$$

在这种特定情况下，加权函数由下式给出：$w(x) = e^{-x}$。使用该近似求积的公式具有以下形式：

$$\int_{0}^{\infty} f(x) e^{-x} dx = \sum_{i=1}^{n} \omega_i f(x_i) + (n!) \frac{f^{(2n)}(\xi)}{2n!} \tag{2-164}$$

点 ξ 来自区间 $[0, \infty)$。在宏观经济学中，1 经常近似为以下形式的积分：

$$\int_{a}^{\infty} f(y) e^{-ry} dy \tag{2-165}$$

要应用高斯-拉盖尔求积，我们必须使用换元公式，其中 $x = r(y-a)$，这样初始积分的近似值变为：

$$\int_{a}^{\infty} f(y) e^{-ry} dy \doteq \frac{e^{-ra}}{r} \sum_{i=1}^{n} \omega_i f\left(\frac{x_i}{r} + a\right) \tag{2-166}$$

2.6.5 多元积分

由于存在随机冲击，因此在宏观经济模型中自然会产生多变量积分。下面，我们讨论两种非蒙特卡洛积分法，即乘积法则和单项式方法。

乘积法则

一个多元函数 $f: \mathbb{R}^s \to \mathbb{R}$，并且给定权函数 w_k，有如下一般形式：

$$\int_{a_1}^{b_1} \cdots \int_{a_s}^{b_s} f(x_1, x_2, \cdots, x_s) w_1(x_1) \cdots w_s(x_s) dx_1 \cdots dx_s \tag{2-167}$$

乘积法则是单变量积分技术的直接扩展。假设我们通过前述方法获得了节点 x_i^k 和权重 w_i^k，这些方法将基于牛顿-柯特斯公式或高斯求积。

乘积法则的近似值是由多重和给出的，多重和通过使用多个和来生成各个近似值，如下所示：

$$\sum_{i_1=1}^{n_1} \cdots \sum_{i_s=1}^{n_s} \omega_{i_1}^1 \cdots \omega_{i_s}^s f\left(x_{x_{i_1}}^1, \cdots, x_{x_{i_s}}^s\right) \tag{2-168}$$

尽管简单且好用，但该算法仍存在一个主要缺陷：即随着维数的增加，计算成本呈指数增长。这被称为"维度诅咒"，通常指的是随着维数的增加，复杂度呈指数增长。

下面，在参考文献［3］之后，我们将描述这种方法的典型用法。假设我们想积分一个二维函数 $f(x_1, x_2)$，其中 x_1 和 x_2 呈正态分布。正式地，我们这样写：

$$\begin{pmatrix} x_1 \\ x_2 \end{pmatrix} \sim N\left[\begin{pmatrix} \mu_1 \\ \mu_2 \end{pmatrix}, \begin{pmatrix} \sigma_{11} & \sigma_{12} \\ \sigma_{12} & \sigma_{22} \end{pmatrix} \right]$$

我们将近似的积分写为：

$$\left| \sum \right|^{-1/2} (2\pi)^{-1} \int_{-\infty}^{\infty} \int_{-\infty}^{\infty} f(x_1, x_2) exp\left((-1/2)(x-\mu)' \sum\nolimits^{-1} (x-\mu) \right) dx_1 dx_2 \tag{2-169}$$

以下是方程使用的符号：$x = (x_1, x_2)'$，$\mu = (\mu_1, \mu_2)'$，

$$\sum = \begin{pmatrix} \sigma_{11} & \sigma_{12} \\ \sigma_{12} & \sigma_{22} \end{pmatrix}$$

如果我们定义 Φ 为 $\sum$ 的 Cholesky 分解，即 $\sum = \Phi\Phi'$，并且使用换元方程 $y = \Phi^{-1}(x-\mu)/\sqrt{2}$，也可以等价写成 x 的变量：$x = \sqrt{2}\Phi y + \mu$。那么我们代入原积分得到如下形式：

$$\pi^{-1} \int_{-\infty}^{\infty} \int_{-\infty}^{\infty} f\left(\sqrt{2}\Phi y + \mu\right) exp\left(-\sum_{i=1}^{s} y_i^2\right) dy_1 dy_2 \tag{2-170}$$

借助于高斯-埃尔米特公式的乘积法则，该积分几乎可以直接近似为：

$$\frac{1}{\pi} \sum_{i_1=1}^{n_1} \sum_{i_2=1}^{n_2} \omega_{i_1}^1 \omega_{i_2}^2 f\left(\sqrt{2}\phi_{11}y_1 + \mu_1, \sqrt{2}(\phi_{21}y_1 + \phi_{22}y_2) + \mu_2\right) \tag{2-171}$$

单项式方法

由于乘积公式使用特定方法：基数张量的精确积分导致维度诅咒。正如我们已经看到的，在进行多元逼近的情况下，与张量积相比，完整多项式既是可靠的选择，又不受维度诅咒的困扰。

单项式规则结合了高斯方法，将积分多项式与完整多项式的思想相结合，从而为乘积规则提供了一个完全可行的替代方案。对于集合 $D \subset \mathbb{R}^d$ 上 l 次的一般单项式，我们可以借助 N 个点 x_i 及其在同一集合 D 上的相关权重 ω_i 来近似 l 次的每个多项式 $p(x)$，我们可以这样写：

$$\sum_{i=1}^{N} \omega_i p(x_i) = \int_D p(x) dx \tag{2-172}$$

我们说这个公式对于 1 次是完备的。更具体地说，当 $l = 2$ 时，方程组由以下多项式组成：每个多项式的 0、1 和 2 次多项式的单项式之和：

$$\sum_{i=1}^{N} \omega_i = \int_D 1 dx \tag{2-173}$$

其中，$i = 1, \cdots, d$。

$$\sum_{i=1}^{N} \omega_j x_j^i = \int_D x_j dx \tag{2-174}$$

其中，$j = 1, \cdots, d$。

$$\sum_{i=1}^{N} \omega_i x_j^i x_k^i = \int_D x_j x_k dx \tag{2-175}$$

这些单项式系统将由 $1 + d + 1/2d(d+1)$ 个方程组成，具有 $(d+1)N$ 个未知数，其中包括 N 个权重 ω_i 以及 N 个节点 x_i，但是每个节点都有 d 个分量。正如参考文献 [1] 解释的那样，当方程数超过未知数时，该系统在理论上是可解的，尽管可能有许多解，但是由于系统的非线性特性，随着维数的增加，求解变得越来越复杂。

根据参考文献 [8]，尽管应用此方法很复杂，但我们仍然可以以相当高的效率使用它。第一个条件是将焦点限制在对称域上，并施加某种形式的对称限制。首先，我们应该选择一组遵循对称性的正交节点。其次，选择权重，以便我们可以对重要的函数类别进行精确积分。

2.6.6 蒙特卡洛积分法

蒙特卡洛积分法的基本原理是概率论中的大数定律。由于此方法是基于概率的方法，因此其近似值包含遵循特定分布的随机变量。但是，还有一个重要的优势，那就是通过增加样本量来提高近似值的准确性。

让我们假设一个随机变量 x 和该变量的独立采样。对于连续函数 f，给定区间 $[a, b]$，期望值为：

$$\int_a^b f(x) dx = (b-a) E f(x) \tag{2-176}$$

根据蒙特卡洛积分法，我们可以使用以下公式对上述积分进行近似：

$$\int_a^b f(x) dx = \frac{b-a}{n} \sum_{i=1}^{n} f(x_i) \tag{2-177}$$

为了产生积分的近似值，蒙特卡洛积分法依赖于大数定律。

定理 2.3　大数定律　假定 x_i 是随机变量的集合并且独立同分布同一密度函数 $\mu(x)$，那么我们可以写出如下方程：

$$\lim_{n \to \infty} \frac{1}{N} \sum_{i=1}^{N} x_i = \int x \mu(x) dx \tag{2-178}$$

蒙特卡洛近似的主要困难在于它是基于计算机生成的随机数。但是，计算机生成的随机数不是真正意义上的随机数，实际上是伪随机数。而计算机生成随机数的算法实际上是确定性算法，该算法会产生看似随机的数。

可以通过几种方法对近似积分的算法进行改进。我们提出了几种提高蒙特卡洛积分法准确性的方法：

（1）对偶变量。这种方法适用于单调递增 f 函数的情况，这意味着 $f(x)$ 与 $f(1-x)$ 之间呈负相关关系。改进的积分近似将由以下公式给出：

$$\frac{1}{2N}\sum_{i=1}^{N}\big(f(x_i)+f(1-x_i)\big) \tag{2-179}$$

这个新的近似值不仅是无偏的，而且还为该近似值提供了较低的方差。

（2）分层抽样。这种方法利用了这样的思想，即$[0,1]$内子区间的方差小于整个区间$[0,1]$的方差。基本上，此方法包括将$[0,1]$区间分成较小的区间，并在近似积分时遍历每一个区间。

该算法非常简单：我们在区间$[0,1]$内选取一个值ϵ。我们在区间$[0,\epsilon]$和$[\epsilon,1]$上描点。从第一个区间开始，我们画出$N_a=\epsilon N$个点，而从第二个区间开始，我们画出$N_b=(1-\epsilon)N$个点。

新的积分近似值将由下式给出：

$$\frac{1}{N_a}\sum_{i=1}^{N_a}f(x_i^a)+\frac{1}{N_b}\sum_{i=1}^{N_b}f(x_i^b) \tag{2-180}$$

从区间$[0,\epsilon]$绘制点x_i^a，而从区间$[\epsilon,1]$绘制点x_i^b。

（3）控制变量。在这种方法中，我们尝试使用具有两种特别属性的函数：它既是我们要计算该函数积分的良好近似值，也易于积分。用$\phi(x)$表示该函数。然后，我们可以将问题重述为：

$$\int f(x)dx = \int\big(f(x)-\phi(x)\big)dx + \int\phi(x)dx \tag{2-181}$$

这样，由于$\phi(x)$的积分易于计算，因此现在需要近似积分最初的问题：

$$\int\big(f(x)-\phi(x)\big)dx \tag{2-182}$$

（4）重要性采样。在原始方法中，蒙特卡洛积分法包括从区间$[0,1]$的等分布中提取数字。但是，与该方法相关的一个基本问题是：尽管我们希望在区间$[0,1]$均匀地描点，但在许多情况下，这种解决方案不是最佳的。

重要性采样揭示了蒙特卡洛积分法的不足，并提出了以下问题。假设我们要在给定集合M上积分原函数：

$$\int_M f(x)dx \tag{2-183}$$

我们还假设存在一个函数g，使得$h=f/g$在区间M内几乎是常量。原问题将重新陈述为：

$$\int_M \frac{f(x)}{g(x)}g(x)dx = \int_M h(x)g(x)dx \tag{2-184}$$

为了产生原积分的近似值，我们在非均匀密度函数$g(x)dx$上采集h样本。新的近似值将由下式给出：

$$\frac{1}{N}\sum_{i=1}^{N}\frac{f(x_i)}{g(x_i)} \tag{2-185}$$

2.6.7 拟蒙特卡洛积分法

我们可能会认为拟蒙特卡洛积分法是蒙特卡洛积分法的一般概念。但是，这两种方法依赖于不同的原理。蒙特卡洛积分法依赖于概率论，尤其是大数定律，而拟蒙特卡洛积分法则基于数论。

拟蒙特卡洛积分法基于等分布序列。假设 $\mathbb{R}$ 中包含一个序列 $\{x_i\}_{i=1}^{\infty}$。我们说，如果给定一个在黎曼意义上的可积函数，则认为该序列是等分布序列：

$$\lim_{N \to \infty} \frac{b-a}{N} \sum_{i=1}^{N} f(x_i) = \int_a^b f(x) dx \qquad (2\text{-}186)$$

一维等分布序列可以概括为 $\mathbb{R}^n$ 序列中的如下情形：

我们说，如果满足以下条件，则包含在 $D \subset \mathbb{R}^d$ 中的序列 $\{x_i\}_{i=1}^{\infty}$ 将等分布在集合 D 上：

$$\lim_{N \to \infty} \frac{\mu(D)}{N} \sum_{i=1}^{N} f(x_i) = \int_D f(x) dx \qquad (2\text{-}187)$$

其中，$\mu(D)$ 是集合 D 的勒贝格测度，而函数 f 仍然是黎曼可积的。这种方法实际上提供了等分布的近似值，考虑到等分布点的属性，该近似值非常有效。由于拟蒙特卡洛积分法基于数论，因此我们可以选择点的分布方式，避免出现蒙特卡洛积分法特有的问题（例如，向聚类趋近）。

参考文献 [1] 有一整章专门介绍了拟蒙特卡洛积分法，但是，在本节中，我们严格专注于使用这种方法进行近似积分。有多种生成等距序列的方法：

1.Wely 法：$\left(k\sqrt{p_1}, \cdots, k\sqrt{p_n}\right)$

2.Haber 法：$\left(\dfrac{k(k+1)}{2}\sqrt{p_1}, \cdots, \dfrac{k(k+1)}{2}\sqrt{p_n}\right)$

3.Niederreiter 法：$\left(k2^{1/(1+n)}, \cdots, k2^{n/(1+n)}\right)$

4.Baker 法：$\left(ke^{r_1}, \cdots, ke^{r_n}\right)$

在后一种情况下，对于 $i = 1, \cdots, n$，数字 r_i 是有理数且互异。对于所有情况，n 是空间的维数。此外，所有不同的序列都使用相同的差分方程生成：$x_{k+1} = (x_k + \theta) \bmod 1$。

2.6.8　Julia 的数值积分

我们前面详细介绍了 Julia 中常用于近似数值积分的方法。我们还在 Julia 中应用了一些简单的方法，这些方法可以计算积分。在本节中，我将重点介绍 Julia 中基于程序包的数值积分。

我们在 Julia 中开发了一些用于数值积分的程序包。首先，quadgk 最初包含在 Julia 的基本安装程序包中。但是，从 Julia 的 0.6 版本开始，quadgk（重命名为 QuadGK）已成为独立程序包。有三个可用的函数可用于数值积分：QuadGK.quadgk（），QuadGK. gauss（）和 QuadGK.kronrod（）。

下面给出了用于数值积分的函数 QuadGK.quadgk（）的一般语法：

QuadGK.quadgk（f，a，b，c...; reltol=sqrt（eps），abstol=0，maxevals=10^7，order=7，norm=vecnor）

我们感兴趣的函数是 f。值 a 和 b 用于表示函数 f 在 a 和 b 之间的定积分。添加其他值（c 等），我们也可以评估 b 和 c 之间的积分。当我们感兴趣的函数在某个点 x 处具有已知的不连续性时，这非常有用。例如，我们将区间 $[a,b]$ 划分为两个要积分的区间 $[a,x]$

和 $[x, b]$ 并编写：

QuadGK.quadgk (f, a, x, b)

语法还允许声明相对误差容限，在默认的情况下，该相对误差容限设置为 sqrt (eps)、绝对误差容限、函数求值的最大数量和积分规则的顺序。

为了提高精度，我们可以提高端点的精度（例如使用浮点数）。对于光滑被积式，我们可以依靠更高的积分阶数来提高精度。该函数实际上是为了在定义的区间内与平滑函数配合使用而设计的。

quadgk 函数的主要缺点是只能与一维函数一起使用。对于多维问题，该算法不是最佳选择，而且可能依赖于外部程序包，如下所述。quadgk 函数使用的算法是自适应 Gauss-Kronrod 算法。该算法依赖于 Kronrod 规则（即 2 * order + 1 点的数量，其中阶为积分的阶），而误差则使用高斯规则进行估计。如果对于给定的区间，没有达到容错能力，则可以将该区间进一步分为两个较小的区间，我们可以在这些较小的区间上计算积分。

函数 quadgk 将返回一对形式 (I, E)，其中 I 是数值计算的积分，而 E 是绝对误差的上限。让我们尝试一个使用 quadgk 函数的简单示例：

f (x) =2*x;

quadgk (f, 0, 1)

(1.0, 0.0)

返回的对（1.0，0.0）表示积分的近似值为 1.0，而绝对误差为 0.0。

除了 QuadGK 程序包外，我们还可以使用另外两个程序包：Cubature 和 Cuba。

Cubature 是非常完善的程序包，可以处理一维和多维积分问题。此外，Cubature 还允许并行化和向量值积分。Cubature 中积分基础算法的主要特征是自适应积分的使用。自适应积分看似简单：我们使用越来越多的点，直到容许误差收敛为止。Cubature 使用两种基本方法，仅在实现收敛的方式上有所不同，即 h 自适应积分法和 p 自适应积分法。这两种方法中的每一种都可以使用两个不同的例程，即平方和立方。

尽管 h 自适应积分法和 p 自适应积分法的过程相似，但它们可以满足不同类型的需求。正如程序包开发者所建议的那样，当关于积分函数的先验信息很少时，应采用 h 自适应积分法。相反，对于低维数（小于 2）的平滑函数，应该使用 p 自适应积分法。

这两种方法背后的算法虽然都是自适应的，但在某些方面也有所不同，这使得它们适用于如上所述的特定情况。在 h 自适应积分法中，我们以递归的方式将积分区域划分为越来越小的子区域，直到误差估计在公差范围内。每个积分都是基于相同数量的点完成的。这种方法对某些函数（特别是当它们具有峰值或扭结时）的适应性非常好，其原因是该算法能够在特定区间内添加更多的点。h 自适应积分法使用与 Julia 中的 quadgk 函数类似的算法来解决一维问题，即 Gauss-Kronrod。但是，如上所述，这不适用于使用 Genz-Malik 算法的高维问题。

p 自适应积分法的构建方式无助于处理诸如扭结和峰值之类的问题区域：该算法在

于将整个域的点加倍，并使用越来越高阶的多项式。这就是 p 自适应积分在平滑函数下可以很好地工作的原因。

　　Cubature 中这些函数的语法类似于内置 quadgk 函数的语法。无论我们使用 h 自适应积分法还是 p 自适应积分法，语法都是相同的。对于 quadgk 函数，该函数返回两个值对，它们是积分的近似值及其绝对误差。因此，如果我们使用 h 自适应积分法，我们可以编写：

```
(val, err) = hquadrature (f :: Function, xmin :: Real, xmax :: Real; reltol=1e-8, abstol=0, maxevals=0)
```

　　切换到 p 自适应积分法意味着要编写：

```
(val, err) = pquadrature (f :: Function, xmin :: Real, xmax :: Real; reltol=1e-8, abstol=0, maxevals=0)
```

　　在这里，f 是一个函数类型，将实变量作为参数并返回实变量。定义积分的区间由值 $x_{\min}$ 和 $x_{\max}$ 设置。其余参数定义了相对误差容限、绝对误差容限（自适应算法使用它来检查收敛性）以及指定函数评估次数的最大值。

　　下面，我们在区间 $[0,1]$ 上积分相同的函数 $f(x)=2x$，以使用函数 quadgk 来并行化前面的示例。我们同时使用 hquadrature 和 pquadrature。

```
using Cubature;
f (x) =2*x;
hquadrature (f, 0, 1)
```

　　返回：

```
(1.0, 1.1102230246251565e-14)
```

　　或者，我们也可以使用 pquadrature (f, 0, 1) 得到：

```
f (x) =2*x;
pquadrature (f, 0, 1)
```

　　返回：

```
(1.0, 0.0)
```

　　一旦我们熟悉 Cubature 中的单变量方法，就语法和参数而言，处理多值积分非常容易。Cubature 中的多维积分包括在多维框上集成一维函数 $f(x)$。该函数现在将使用一个向量作为参数，而 x_{min} 和 x_{max} 也是具有相同维度的向量。对于由 $[x_{min}[i], x_{max}[i]]$ 定义的集合，Cubature 中使用的函数积分每个坐标 $x[i]$ 对应的函数 f。

　　Cuba 是另一个完善的用于数值积分的 Julia 程序包。Cuba 还允许处理一维和多维情况下的数值积分计算。但是，由于使用的算法不同，Cuba 和 Cubature 之间几乎没有重叠。Cubature 使用自适应积分系列中的各种算法，Cuba 程序包主要依赖于蒙特卡洛积分法的各种版本。

　　我们在下面概述了 Cuba 使用的四种不同算法。前面已经介绍了蒙特卡洛积分法的原理，并对其进行了一些改进（重要抽样或分层抽样）。Cuba 使用以下算法：

（1）Vegas（蒙特卡洛积分法使用重要性抽样的方差缩减）

（2）Suave（蒙特卡洛积分法使用具有全局自适应细分和重要性采样的方差缩减）

（3）Divonne（蒙特卡洛积分法或确定性积分法使用分层抽样实现方差缩减）

（4）Cuhre（使用全局适应性细分法实现确定性积分法的方差缩减）

在默认的情况下，上述所有算法将积分n维单位超立方体$[0,1]^n$的函数。在不同的区间上积分需要重新定标以实现$[0,1]^n$的等效积分。

对于上面列举的每种算法，Cuba中都有相应的函数。但是，每种情况下的语法相似：

vegas（integrand，ndim，ncomp［；keywords...］）

suave（integrand，ndim，ncomp［；keywords...］）

divonne（integrand，ndim，ncomp［；keywords...］）

cuhre（integrand，ndim，ncomp［；keywords...］）

这里有三个关键参数，即被积分函数（integrand）、积分域的维数（默认值为1，divonne和cuhre必须大于2）和被积分函数的分量数（同样，默认值为1）。我将应用这四个函数积分同一简单示例f（x）=2x（该函数默认积分区间是［0,1］）：

using Cuba

f（x）=2*x；

vegas（（x，f）->f［1］=2*x［1］，1，1）

返回一个6元组：

1：0.9999999012292256±9.939261304810185e-5（prob.：2.5596303729780168e-5）

Integrand evaluations：232000

Fail：0

Number of subregions：0

我们还可以通过以下方式使用suave：

suave（（x，f）->f［1］=2*x［1］，1，1）

最终返回：

Component：

1：1.0046348137245174 ± 0.000169539974474027（prob.：1.0）

Integrand evaluations：1000000

Fail：1

Number of subregions：1000

要使用divonne，我们可以编写：

divonne（（x，f）->f［1］=2*x［1］，2，1）

这将返回：

Component：

1：1.0000013001747434 ± 9.788261315794343e-5（prob.：0.0）

Integrand evaluations：5669

Fail: 0

Number of subregions: 16

最后，要使用 cuhre，我们可以写下：

cuhre（（x，f）->f［1］=2*x［1］，2，1）

得到：

Component：

1: 1.0 ± 8.583921328578244e-15 （prob.: 0.0）

Integrand evaluations: 195

Fail: 0

Number of subregions: 2

如我们所见，所有四个函数都返回一个包含以下变量的6元组：

（integral，error，probability，neval，fail，nregions）

尽管我们进行了简单的一维积分，但前三个值实际上仍是长度等于变量 ncomp 长度（即维数）的数组。由于存在很小的差异，所有四种算法都返回大约相同的积分近似值1.0。其他值都是标量，与变量 ncomp 的值无关。

|2.7| 求根和非线性方程

求根是数值分析的基本问题之一。在经济学中，我们在处理优化问题时遇到过，这实际上意味着一阶导数等于零（求根问题）。每当我们处理非线性方程组时，也会遇到求根问题，这是宏观经济学中的典型情况。本节内容详见参考文献［1］、参考文献［2］和参考文献［3］。

求根包括查找维度为 n 的向量 x（给定函数 f 的根），该向量具有以下关系：$f(x)=0$。

但是，求根问题可能以不同但等价的形式出现。另一种方法是我们处理定点问题。在这种情况下，我们寻找维度为 n 的向量 x，这称为函数的根，为此：$x=g(x)$。实际上，如果将 $g(x)$ 设置为：$g(x)=x-f(x)$，则两个公式相同。

此外，可以将根/定点问题视为所谓的互补性问题的特例，寻找 n 维向量 x，使得给定函数 f 以及两个向量 a 和 b，满足 $a < b$，验证以下条件：

$x_i > a_i$ 表示 $f_i(x) > 0$，对于每个 $i = 1, \cdots, n$

$x_i < b_i$ 表示 $f_i(x) \leqslant 0$，对于每个 $i = 1, \cdots, n$

可以很容易地看出，当我们考虑所有 i 的 $a_i = -\infty$ 和 $b_i = \infty$ 时，求根只是互补问题的一种特殊应用。

就像我们看到的那样，现代方法通常考虑使用混合解决方案来求根，这需要对标准方法进行改进。但是从教学的角度来看，由于更复杂的方法依赖于相同的基本思想，因此最好从简单的方法开始练习。

2.7.1 二分法

根据中值定理，我们知道，如果连续函数 f 取两个不同的值，则它还将等于这两个值组成区间里的某个值。更准确地说，如果函数 f 是连续的，并且在区间 $[a,b]$ 的两个端点异号，则根据中值定理，该函数必在区间 $[a,b]$ 内有根。

为了编写二分法，我们遵循参考文献 [2] 中的方法。区间边界处的函数值必须具有相反的符号。我们考虑一个基本函数：$f(x) = x^2 - 3$，给它一个初始区间 $[1,2]$。将误差（容差）设置为 1e-9。

```
f（x）=x^2-3；
s=sign（f（a））；
a=1；
b=2；
err=0.000000001；
x=（a+b）/2；
d=（b-a）/2；
while d>err
d=d/2
if s==sign（f（x））
x=x+d；
else
x=x-d；
end
end
```

代码从猜测值 x 开始，该值作为区间的平均值。然后计算从 x 到区间边界的距离。每次迭代都会比较 $f(x)$ 和 $f(a)$。如果它们具有相同的符号，则 x 变为 $x+d$ 并移向 b。否则，x 变为 $x-d$ 并移向 a。该迭代过程背后的主要原理是，执行此过程时可确保算法最终以一定的精度隔离根。

Roots 包提供了一种基于二分法的"包围"方法（尽管该函数的名称没有明确说明）。这是 Roots 的一个特殊功能，它通过声明所用函数的语法的方式来区分所应用的算法。对于这种二分法的特殊情况，Roots 包使用以下函数：

```
fzero（f, a:: Real, b:: Real）and fzero（f, bracket:: Vector）
```

它们实际上是相同的，使用此函数可以通过方括号 $[a,b]$ 内的函数 fzero（），调用 find-zero 算法。下面的代码显示了使用 Roots 函数的方法。

```
Julia> using Roots
Julia>x = fzero（f, [1, 2]）；
Julia>x, f（x）
（1.7320508075688774, 4.440892098500626e-16）
```

这也是证明其有用的主要依据，即尽管二分法很简单，但非常稳健，因为只要给定有效区间，它就能以给定的精度找到根。同时，二分法比其他方法慢（需要更多迭代），并且仅限于一维求根问题。实际上，二分法本身应用并不广泛，并且往往与更高级的方法结合使用。很多时候，人们使用二分法来获得单位根的一个近似值，而使用另一种更复杂的方法来获得单位根的精确解。

2.7.2 牛顿法

正如已经提到的那样，尽管二分法很稳健，但它本身很少直接用于查找函数的根，很多时候它需要与其他方法结合使用。实际上，首选的是牛顿法（或相应的变种）。该方法背后的逻辑是连续线性化原理，这意味着初始非线性问题被线性问题所替代，这些线性问题最终收敛到非线性初始问题的解上。

牛顿法的算法非常简单，因为是使用泰勒展开式进行线性化的。假设函数 f 和给定根的初始猜测值为 x_0，给定 x^k，我们使用一阶泰勒近似，在 x^{k+1} 创建一个迭代方程替换 $f(x)$：

$$f(x) \approx f(x^k) + f'(x^k)(x - x^k) = 0 \tag{2-188}$$

可以重写以生成一个迭代方程：

$$x^{k+1} = x^k - \left(f'(x^k)\right)^{-1} f(x^k) \tag{2-189}$$

Roots 包将牛顿法包括在求根的解决方案中，而不是出于历史和教学原因，尽管现代方法是这种经典方法的衍生。牛顿法的语法是[①]：

find_zero（(f, fp), x0, Roots.Newton（））

其中 f 是函数，fp 是一阶导数，x_0 是初始解的猜测值。代码很简单：

Julia>f（x）=x^2-3;

Julia>fp（x）=2x

Julia>x=find_zero（(f, fp), 2, Roots.Newton（））;

Julia>x, f（x）

(1.7320508075688772, -4.440892098500626e-16)

我们可以看到，牛顿法的解与二分法的解相似。但是，不能百分之百保证算法会产生正确的解。牛顿法提供的解是否收敛取决于两个因素：f 必须是连续可微的，并且初始解必须足够接近 f 的根，f^{-1} 也是可逆的。f 表现是否"良好"的事实也使牛顿法对初始条件或多或少地敏感。

与牛顿法有关的主要问题之一是需要提供一阶导数。这也是导致编码错误的潜在原因，并可能导致错误的解。为了减少这些问题并消除编码错误源，我们可以使用自动微分。Julia 的程序包 ForwardDiff 可以执行函数的自动微分，并且与其他函数结合使用。

Julia>Pkg.add（"ForwardDiff"）;

Julia>using ForwardDiff;

Julia>D（f）= x -> ForwardDiff.derivative（f, float（x））;

Julia> find_zero（(f, D（f）), 2, Roots.Newton（））

1.7320508075688772

---

① 原书代码在1.2版本中已经不可用，已修改（译者注）。

尽管对于以前编码的问题可能并不重要，但是对于更复杂的函数以及涉及更多迭代，在Julia中有一种更快的方法来声明匿名函数。这可以在Julia的早期版本中使用程序包FastAnonymous来完成。但是，从版本0.5开始，Julia语言包括了使用匿名函数的可能性。下面的代码就是使用匿名函数来实现牛顿法的：

```
fa = x -> x^2-3
D (fa) = x -> ForwardDiff.derivative (fa, float (x));
find_zero ((fa, D (fa)), 2, Roots.Newton ())
```

2.7.3　函数迭代

如前所述，求根和函数迭代是表达同一问题的两种方法。当我们将问题重写为：$x = x - f(x)$ 时，求根 $f(x) = 0$ 在数学上等同于寻找 $x = g(x)$ 的不动点。要应用函数迭代，我们需要一个起点，该起点必须合理地接近 $f(x)$ 的根。设置初始值的一种方法是找到一个区间 $[a, b]$，使 $f(a)f(b) < 0$，并将 x 等于 a 或 b。

假设我们将求根问题改写为不动点问题，我们得到以下迭代方程：

$$x^{k+1} = g(x^k) \tag{2-190}$$

其中，$k = 0, 1, \cdots$

满足以下条件，确保找到不动点：

$$\|g'(x_i)\| \leqslant 1 \tag{2-191}$$

用Julia编写代码并不难。首先提供最大迭代次数（maxit变量），误差（tol）和初始解（$x = 0.7$）。我们还定义了一个非常简单的函数：$f(x) = x^{1/2}$。该代码将在函数上进行迭代，每次根据上面的迭代方程为 x 赋予函数的最后一个值。当达到最大迭代次数或函数非常接近不动点时，代码将停止运行。

```
maxit=1000;
tol=0.000000001;
x=0.7;
f2 (x) =x^0.5;
for it=1: maxit
  if norm (f2 (x) -x) <tol
    return
  end
  x = f2 (x);
end
x, f2 (x)
```

2.7.4　拟牛顿法

顾名思义，拟牛顿法（也称为无导数）源于牛顿法中求根的方法。它们和连续线性化的原理相同，但是它们解决了牛顿法的主要缺点之一：提供雅可比行列式的必要性。取而代之的是，它们依靠简单的数值法来逼近雅可比行列式而不用推导它。我们将重点介绍两种最广泛使用的拟牛顿法：割线法和布罗伊登法。

割线法也是单变量方法。相对于牛顿法的本质区别在于，基于前两个值对函数 f 的导数使用了近似值：

$$f'(x^k) = \frac{f(x^k) - f(x^{k-1})}{x^k - x^{k-1}} \qquad (2\text{-}192)$$

基于此近似值，我们可以得出 x^{k+1} 的迭代方程：

$$x^{k+1} = x^k - \frac{x^k - x^{k-1}}{f(x^k) - f(x^{k-1})} f(x^k) \qquad (2\text{-}193)$$

我们在 Julia 中应用割线法。由于导数的近似值取决于前两次迭代，因此该算法要求两个初始点 x_1 和 x_2 满足以下条件：$f(x_1)f(x_2) < 0$，以确保根位于这两个点之内。

```
tol=0.00000001;
f（x）=x^2-3;
x0=1.0;
x1=2.0;
err=1.0;
while err>0
    d=-f（x1）*（x1-x0）/（f（x1）-f（x0））
    x=x1+d;
    err=abs（x-x1）-tol*（1+abs（x））;
    x0=x1;
    x1=x;
end
x，f（x）
（1.7320508075688772，-4.440892098500626e-16）
```

我们使用了与以前相同的函数 x^2-3 并选择了起始点，以确保根位于其中，即 [1，2]。我们还把识别根的容差设置为非常接近零。

割线法是单变量方法，它不能处理在经济学中非常常见的多变量求根问题（例如，在处理非线性方程组时）。多元情景下割线法一般应用布罗伊登法。我们在下一节讨论多元牛顿法和布罗伊登法。

2.7.5 多元方法

代替求解单变量根 x 使得：$f(x)=0$，在多元求根法中，我们处理多个方程。假设有 n 个这样的方程：

$$f_1(x_1, x_2, \cdots, x_n) = 0 \qquad (2\text{-}194)$$

$$f_2(x_1, x_2, \cdots, x_n) = 0 \qquad (2\text{-}195)$$

$$\cdots \qquad (2\text{-}196)$$

$$f_n(x_1, x_2, \cdots, x_n) = 0 \qquad (2\text{-}197)$$

我们寻找维度为 $n \times 1$ 的向量 x 来解上述方程组。我们讨论了两种这样的方法，它们都是单变量对应法的扩展。为了理解它们，我们需要在多元情景中重新构造泰勒展开式：

$$f(x^*) \cong f(x_k) + \nabla f(x_k)(x^* - x_k) \tag{2-198}$$

但是，我们知道 x^* 是 $f(x^*)$ 函数的根。我们将上述方程式重写为：

$$f(x_k) + \nabla f(x_k)(x^* - x_k) = 0 \tag{2-199}$$

从中我们可以根据 x_k 得出 x_{k+1} 的递归方程：

$$x_{k+1} = x_k + \left(\nabla f(x_k) \right)^{-1} f(x_k) \tag{2-200}$$

为了应用牛顿多元算法，我们设置了一个初始值向量和终止标准值。我们使用简单的函数，目的是说明该方法。但是，可以将代码轻松扩展为更复杂的函数。

```
#Newton multivariate method
maxit=1000;
tol=0.00000001;
function f (x, y)
x^2+y-3, x*y-2
end;
x0= [1.0; 1.0];
y0= reshape (collect (f (x0 [1], x0 [2])), 2, 1);
#computation of the Jacobian
using Calculus
gr1 = Calculus.gradient (x -> x [1] ^2+x [2] -3, x0);
gr2 = Calculus.gradient (x -> x [1] *x [2] -2, x0);
dy0 = [gr1'; gr2']
err=1.0;
while err>0
d0=-\ (dy0, y0);
x=x0+d0;
y= reshape (collect (f (x [1], x [2])), 2, 1);
err=norm (x-x0, 2) -tol* (1+norm (x, 2));
x0=x;
y0=reshape (collect (f (x0 [1], x0 [2])), 2, 1)
end
```

提供的解决方案求解方程组：

2×2 Array{Float64, 2}:

2.0

1.0

关于 Julia 中的代码，有两点值得一提。函数 collect () 用于将 $f(x, y)$ 返回的简单元组转换为数组。函数 reshape () 用于将此数组重置为 2×1 维数组。我们还注意到矩阵除法的使用。

\

这几乎对应于 Matlab 中的矩阵除法运算符。

\（A，B）

提供线性系统的解：$Ax = B$。

Broyden 多元法不依赖于雅可比矩阵 $\nabla F(x_k)$，而是在相应的迭代点 k 将其替换为近似矩阵 S_k。因此，与其解：

$$f(x_k) + \nabla f(x_k)(x^* - x_k) = 0 \qquad (2\text{-}201)$$

不如我们现在解：

$$f(x_k) + S_k(x^* - x_k) = 0 \qquad (2\text{-}202)$$

这样我们就可以得到：

$$x_{k+1} = x_k + \delta_k \qquad (2\text{-}203)$$

要求解 S_k，我们需要记住，这只是单变量割线法的多元一般化。由于 S_k 是实际雅可比矩阵的近似值，因此应该接近割线，即：

$$S_{k+1}\delta_k = f(x_{k+1}) - f(x_k) \qquad (2\text{-}204)$$

这意味着我们可以预测给定方向 δ_k 上 $f()$ 的变化。为了在其他方向上执行相同操作，在布罗伊登法中，我们假设 $f()$ 中与 δ_k 正交方向的预测变化保持不变，即对于 $z'\delta_k = 0$，则有：$S_{k+1}z = S_k z$，基于此我们最终可以得出 S_k 的迭代方程：

$$S_{k+1} = S_k + \frac{\left(f(x_{k+1}) - f(x_k) - S_k\delta_k\right)\delta'_k}{\delta'_k\delta_k} \qquad (2\text{-}205)$$

```
#Broyden method
maxit=1000；
tol=0.00000001；
function f（x，y）
x^2+y-3，x*y-2
end；
x0=［1.0；1.0］；
S = eye（size（x0，1））；
y0= reshape（collect（f（x0［1］，x0［2］）），2，1）;
err=1.0；
while err>0
d=-\（S，y0）；
x=x0+d；
y= reshape（collect（f（x［1］，x［2］）），2，1）；
S=S+（（y-y0）-S*d）*transpose（d）/（transpose（d）*d）；
err=norm（x-x0，2）-tol*（1+norm（x，2））；
x0=x；
y0=reshape（collect（f（x0［1］，x0［2］）），2，1）
```

```
end
x
```
该代码返回以下向量：
```
2×1 Array{Float64, 2}:
1.0
2.0
```
这种方法的主要优点是它不依赖于计算雅可比行列式，并且求解大型方程组可能更快。但是，当方程组是高度非线性的时候，雅可比行列式可能会发生显著变化，并且此处使用的近似值（依赖于割线法）可能会导致不良结果。

2.7.6 求根方法对比

没有完美无瑕的方法来求解函数的根。二分法虽然稳健并且可以保证求根，但速度很慢，并且仅用于处理单变量问题。割线法可以概括为处理多元方程求根问题。尽管它可以快速并且精确地算出结果，但是众所周知，当应用于高度非线性系统时，它可能会出现问题，因为雅可比行列式可能会发生剧烈变化，从而使得割线法逼近变得非常不可靠。尽管牛顿法和牛顿法的衍生方法也有其自身的缺点，但它们基本上是实践中使用最广泛的方法。它们存在三个主要缺点：

第一个主要缺点是雅可比行列式编程错误。很明显，在雅可比行列式编程时，应该仔细一些，否则很容易出错。这里有多种防止出错的方法：使用导数的近似值（如割线法/布罗伊登法）、自动计算雅可比行列式。Julia 还提供了微积分程序包，这些程序包允许自动计算雅可比行列式，从而可以防止在手动编程雅可比行列式时出现错误。

第二个主要缺点是初始值选择错误。可以通过使用 backstepping 技术来弥补此缺点。这包括只要步长 dx 在迭代 x 上没有产生一致的改善，就重复该步长 dx。实际上，人们可以"退后一步"并重复 dx 步长，但要减掉其值的一半，或者直接减半，直到新步长 $x + dx$ 真正改善为止。

第三个主要缺点是根附近的病态雅可比行列式，可能导致求解的准确性不高。尽管实际上这种情况发生的概率较低，但是防止这种情况出现非常重要。出现这种情况的主要原因是函数/线性系统中变量规模的频繁变化。

2.7.7 多项式求根

在这一小节中，我们介绍了如何在 Julia 中处理多项式以及求根。在撰写本书时，有一个处理多项式的特殊程序包，称为 Polynomials（它代替了以前的 Polynomial 软件包）。该程序包允许构造多项式、基本算术运算、积分、微分以及求根。我们像使用其他程序包一样在使用前加载：
```
Julia>Pkg.add（"Polynomials"）
Julia>using Polynomials
```
要声明多项式，我们可以使用其系数：
```
Julia>Poly（[0, 1, 2, 0]）
Poly（x + 2*x^2）
```
或者，我们可以从根来构造多项式，声明函数的根：

```
Julia>poly（［0，1，2］）
Poly（2*x − 3*x^2 + x^3）
```

假设我们已经有一个多项式。我们可以使用 Roots 中的 fzeros 函数找到根。这可以应用于函数或多项式。下面，我们将其应用于函数 f。

```
Julia>f（x）=2x − 3x^2 + x^3
Julia>fzeros（f，−1，4）
3−element Array{Float64，1}:
0.0
1.0
2.0
```

但是使用多项式可以很容易地做到这一点。

```
Julia>x = poly（［0］）；
Julia>fzeros（2x − 3x^2 + x^3，−1，4）
3−element Array{Float64，1}:
0.0
1.0
2.0
```

2.7.8　Julia 的互补问题

在本节中，我们将分别讨论互补问题。虽然不仅仅局限于经济学科，但它们经常在量化经济学中遇到。正如导言中已经讨论的，互补问题是求根问题和不动点问题的一般情况。考虑两个维度为 n 的向量，$a < b$，以及一个函数 f，互补问题在于找到一个向量 x，该向量 x 的长度限于区间 $[a, b]$，其中：

$$x_i > a_i \Rightarrow f(x_i) \leq 0, \forall i = 1, \cdots, n \qquad (2-206)$$

$$x_i < b_i \Rightarrow f(x_i) \geq 0, \forall i = 1, \cdots, n \qquad (2-207)$$

尽管在求解互补性问题时，我们也需要求根，因为互补条件之一是 $a_i < x_i < b_i$，$f_i(x) = 0$，所以我们也可能遇到 x_i 落在任何边界上时非零 $f_i(x)$ 求根的互补问题。

虽然互补问题可以看作不动点问题求根的一般情况，但是当我们将互补问题写成以下形式时，我们可以将其替换为求根问题：

$$\hat{f}(x) = \min\big(\max\big(f(x), a - x\big), b - x\big) = 0 \qquad (2-208)$$

在此最值公式中，运算符 min 和 max 沿行应用。

通常，在讨论求根（和定点）问题时，用数值方法编写的书不会涵盖互补问题。合理的解释是，它们通常针对具有科学/工程背景的受众。虽然有一个程序包处理了 Julia 的根，即程序包 Roots，但 Roots 没有涵盖互补问题。考虑到经济学读者的想法，另一种方案解决了这类问题。

NLsolve 程序包（来自非线性求解）用于处理经典求根法和特定于经济学的互补问题。为了解决互补问题，NLsolve 提供了函数 mcpsolve（多个互补问题求解）。mcpsolve 的语法如下：

mcpsolve (f，x0，a，b，reformulation，autodiff)

其中，*f*是目标函数（或声明的函数），x_0是初始值的向量，*a*和*b*是包含每个函数区间的向量。最后，reformulation表示算法类型还有一个选择。NLsolve中有两个可用选项："smooth"（使用基于Fischer函数的平滑方法）和"minmax"（用上面讨论过的方法重新定义了最值问题）。

为了了解应用程序，让我们考虑一个多元互补问题的简单案例。我们首先加载包NLsolve并声明函数：

```
using Nlsolve
function f! (x，fvec)
fvec [1] =4*x [1] ^2+3*x [1] *x [2] +2*x [2] ^2+x [3]
fvec [2] =x [1] *x [2] +2*x [2] ^2+3*x [3] +5
fvec [3] =x [1] ^2+x [2] *x [3] +2*x [3] ^2-4
end
```

我们使用函数mcpsolve来解决此互补问题，该函数使用已声明的初始值和0且将无穷大作为区间的向量。使用的算法是平滑算法。

```
r = mcpsolve (f!，[0.，0.，0.]，[Inf，Inf，Inf]，[1.0，1.0，1.0]，reformula-
tion = : smooth，autodiff = true)
Results of Nonlinear Solver Algorithm
 * Algorithm： Trust-region with dogleg and autoscaling
 * Starting Point： [1.0，1.0，1.0]
 * Zero： [8102.6，5328.17，1017.52]
 * Inf-norm of residuals： 8.000000
 * Iterations： 1000
 * Convergence： false
  * |x − x′| < 0.0e+00： false
  * |f (x) | < 1.0e-08： false
 * Function Calls (f)： 49
 * Jacobian Calls (df/dx)： 1
```

对象r将存储解。通过调用r.zero我们得到：

```
3-element Array{Float64，1}:
8102.6
5328.17
1017.52
```

这表明解的第一部分和第二部分达到零界。对于前两个部分，该函数将具有正值：

```
fvec = similar (r.zero);
f! (r.zero，fvec);
fvec
```

3-element Array{Float64，1}:
4.48904e8
9.9954e7
7.31443e7

2.7.9 Julia 的求根

在本节中，我们回顾了用于解决 Julia 中的根和不动点的主要库。尽管该语言还不是很成熟，但是有兴趣的用户可以找到许多程序包，这些程序包涵盖了求根、不动点和互补问题等。

有两个专门求根的软件包：Roots 和 NLsolve。Roots 是一种更全面的软件包，包含了通常需要的算法。如前所述，现代方法是牛顿法和拟牛顿法的派生方法。Roots 使用基线函数求根，即 fzero，但是所使用的不同选项意味着使用不同的算法——包围、无导数等。出于历史和教学上的原因，该程序包中包含的标准方法有牛顿法和割线法。

NLsolve 程序包在编写时就考虑了经济学读者的需求，因此它不仅致力于解决求根问题，而且还致力于解决经济学中经常遇到的互补问题。该程序包使用函数 NLsolve 求函数的根（尽管它是为处理非线性方程组而设计的），并且用户可以从两种可用的算法中选择：信任区域法和直线搜索牛顿法。同时，NLsolve 提供了许多处理雅可比行列式的方法：通过有限差分、自动微分或简单声明雅可比行列式来近似。

还有一个附加的（元）程序包 ValidatedNumerics，它（通过程序包 IntervalRootfinding 提供）通过牛顿法求根。同时，它还提供了一个函数，即 Krawczyk 方法，该函数仅适用于多变量问题。但是，此程序包无法求根。

但是，还有一个程序包提供了一种间接方法来求根，这就是 JuMP。从本质上讲，这是一个用于数学优化的程序包，可以解决各种问题：线性、非线性、半正定性。JuMp 提供的针对求根问题的解决方案包括重新构造具有非线性约束的优化问题，以便将方程式用作约束条件，将值 1 作为目标函数。

| 2.8 | 最优化

在经济学中，代理人（无论是公司还是家庭）行为的基本特征是在给定约束条件下的优化。优化在经济学中的重要作用令其在经济学的数值方法中具有基础性地位。

尽管优化可能包括最大化或最小化，但是从最小化的角度最好提出一般优化问题。这样做有两个基本原因：首先，大多数优化软件的构建都着眼于最小化。其次，与第一点有关，应用科学（如工程学）通常是最小化问题的重点所在（因此，这些领域的参考文献具有这一特征）。同时，使函数 f 最大化等价于 $-f$ 的最小化。

任何优化问题都包含目标函数 f。我们在此假设：$f: \mathbb{R}^n \to \mathbb{R}$。优化问题的特征还可能在于一组等式约束以及一组不等式约束，它们的定义如下：

（1）具有 m 个等式约束的向量 g，其中 $g: \mathbb{R}^n \to \mathbb{R}^m$；

（2）具有 l 个不等式约束的向量 h，其中 $h: \mathbb{R}^n \to \mathbb{R}^l$。

在本章中，假设函数 f，g，h 是连续的。因此，目前的问题通常可以定义为：

$$\min_{x \in \mathbb{R}^n} f(x)$$
$$s.t.g(x) = 0 \tag{2-209}$$
$$h(x) \leqslant 0$$

有多种方法可以介绍各种数值优化技术。一些作者，例如参考文献［2］，根据所使用的算法介绍它们。或者，参考文献［1］从无约束的一维优化问题开始，转移到无约束的多维优化，来最终处理受约束的优化问题。我们遵循的是后一种方法。但是，本部分基于参考文献［1］和参考文献［2］。

2.8.1 单变量最优化

这是没有任何约束最简单的可能的优化问题。在其最小化规范中，我们可以将其写为：

$$\min_{x \in \mathbb{R}} f(x) \tag{2-210}$$

将函数 f 定义为 $f:\mathbb{R} \to \mathbb{R}$。

黄金搜索算法

与求根问题类似，我们可以通过围绕它的逐渐减小的区间来找到局部最小值。这些类型的算法是无导数的，因为它们不计算函数 f 的一阶导数。在本节中，我们将介绍黄金搜索算法，这是最广泛使用的包围式（或无导数）算法，用于找到局部最优值。

我们从区间 $[a,b]$ 开始，选择两个数字 x_1 和 x_2，要求 $x_2 > x_1$。在这两个点对函数进行评估，并根据这些评估选择新的区间：

- $[a, x_2]$，$f(x_2) > f(x_1)$
- $[x_1, b]$，$f(x_1) > f(x_2)$

该算法确保在每次迭代中，更新的较小区间包含局部最小值，因为新区间包含一个点，在该点处所求函数的值小于端点处的函数值。在每次确定新的区间时，都会使用两个基本标准：

- 当设置新的区间时，其长度与低端点或是高端点确定的新值无关；
- 为了加快进程，我们应该在新区间中保留一个点，从而在每次迭代中仅对函数进行一次评估。

设置内部点的方法是在每次递归中使用以下关系：$x_i = a + \alpha_i(b - a)$，其中我们使用以下关系来确定 α_1 和 α_2：

$$\alpha_1 = \frac{3 - \sqrt{5}}{2} \tag{2-211}$$

$$\alpha_2 = \frac{\sqrt{5} - 1}{2} \tag{2-212}$$

我们在下面的 Julia 中编写了最小化的黄金搜索方法。我们使用函数 $f(x) = x^3 - 2x - 5$，区间 $[a,b] = [0,3]$，并遵循参考文献［2］中的方法。

```
#golden search method:
#set the interval
a=0;
```

```
b=3;
#accuracy
epsilon=0.000001;
#coefficients
alfa1=(3-sqrt(5))/2;
alfa2=(sqrt(5)-1)/2;
#define the function
f(x)=x^3-2*x-5;
#set interior points
x1=a+alfa1*(b-a);
x2=a+alfa2*(b-a);
#the value of the function in x1 and x2
f_x1=f(x1);
f_x2=f(x2);
d=alfa1*alfa2*(b-a)
while d>epsilon
d=d*alfa2;
if (f_x1<f_x2)
x2=x1;
x1=x1-d;
f_x2=f_x1;
f_x1=f(x1);
else
x1=x2;
x2=x2+d;
f_x1=f_x2;
f_x2=f(x2);
end
end
if (f_x2<f_x1)
x=x2;
else
x=x1;
end
```

该代码从设置区间、函数开始，然后在越来越小的区间上进行迭代，直到在 $x=$ 0.8164 处标识出局部最小值为止。

牛顿–拉夫森算法（Newton-Raphson algorithm）

鉴于求根和确定局部最优本质上是等价的，因此，用于发现最优点的牛顿–拉夫森算法类似于用于求根的牛顿法也就不足为奇了。

牛顿–拉夫森算法包括从针对局部最优的初始猜测 x_0 开始，然后基于泰勒近似的规则进行迭代。在每次迭代中，使用前一次迭代中的值 x_k 获得新值 x_{k+1}。为了获得此规则，我们在点 x 处对函数 f 使用二阶泰勒近似，写为：

$$f(x) \approx f(x_k) + f'^{(x_k)(x-x_k)} + \frac{1}{2}(x - x_k)^T f''(x_k)(x - x_k) \qquad (2\text{-}213)$$

导出关于 $x - x_k$ 的一阶条件：

$$f'(x_k) + f''(x_k)(x - x_k) = 0 \qquad (2\text{-}214)$$

这使我们可以得出如下迭代规则：

$$x_{k+1} = x_k - [f''(x_k)]^{-1} f'(x_k) \qquad (2\text{-}215)$$

牛顿–拉夫森算法的有效性取决于以下几个问题：

- 初始点 x_0 必须合理地接近局部最优点（最小值或最大值）；
- 函数 f 是两次连续可微的；
- 海塞为正（负）定，以达到最小值（最大值）。

但是，如果初始点与最佳点的距离不够近或函数不是全局凹的（对于最大点）/凸的（对于最小点），则牛顿–拉夫森算法可能无法很好地起作用。此外，牛顿–拉夫森算法还涉及更多的计算，因为它意味着计算函数 f 的一阶导数和二阶导数。如果最初的猜测是一个好的猜测，那么只要解决了其他缺点，牛顿–拉夫森算法可能会迅速收敛。

下面，我们将介绍 Julia 中的牛顿–拉夫森算法的实现。我们考虑了由 $f(x) = x^2 - 2x + 1$ 定义的基本函数。我们考虑了搜索局部最小值的区间为 $[a, b] = [0, 4]$，初始点为 1.5，接近等于 1 的实际局部最小值。

```
#Newton-Raphson method
x=0.5;
#number of iterations
k=200
#set the function
f (x) =x^2-2x+1;
#set the first derivative
df (x) =2x-2;
for i=1: k
x1=x- (f (x) /df (x) );
x=x1;
end
NewtonRaphson_sol=x
0.9999999925494194
```

该算法将迭代给定的次数（此处设置为100），并返回最佳点的最后近似值，此处为最小值。

2.8.2　多维最优化

在多维情况下，无约束优化问题可以写成：

$$\min_{x \in \mathbb{R}^n} f(x) \tag{2-216}$$

将函数 f 定义为 $f:\mathbb{R}^n \to \mathbb{R}^n$。

栅格搜索

这种方法是找到给定函数的最优点的最直接方法。它包括在搜索最小值的区间设置大量点，无论是 500 还是 1 000，然后为这些点中的每个点评估给定函数。该算法最后通过比较评估结果选择最佳点。

假设该算法针对大量点评估函数，则该算法在计算上不是很有效。尽管存在明显的缺点，但由于以下几个原因，该算法仍然非常有用。首先，它可以为最佳点提供一手评估值，该评估值可以进一步用作更高级算法的输入值。其次，评估值还可能表明存在多个局部最优值，或者在较大的区间内存在平坦函数，这表明应使用更复杂的方法来解决当前的问题。

牛顿算法

牛顿算法的多维版本是一维版本的直接推广。在多元情况下，我们依靠梯度和海塞矩阵来描述牛顿算法。

如果 x 是变量的列向量，则函数 f 在 x 处的梯度由下式给出：

$$\nabla f(x) = \left(\frac{\partial f}{\partial x_1}(x), \cdots, \frac{\partial f}{\partial x_n}(x) \right) \tag{2-217}$$

函数 f 在 x 处的海塞矩阵可以写成：

$$H(f(x)) = \left(\frac{\partial^2 f}{\partial x_i \partial x_j}(x) \right)_{i,j=1}^n \tag{2-218}$$

用于多维情况的牛顿算法从函数 f 在 x_k 的多维二次逼近开始，写成：

$$f(x) = f(x_k) + \nabla f(x_k)(x - x_k) + \frac{1}{2}(x - x_k)^T H(x_k)(x - x_k) \tag{2-219}$$

从这里我们可以得出 x_{k+1} 的迭代关系，如下所示：

$$x_{k+1} = x_k - H(x_k)^{-1} \left(\nabla f(x_k) \right)^T \tag{2-220}$$

拟牛顿算法

与求根的情况一样，拟牛顿算法是牛顿算法的一种改编，其中牛顿算法使用的海塞矩阵替换为近似值。选择该近似值时要遵循一个基本条件：它是正定的，因此可以确保在牛顿阶跃方向上改善函数值。

所有拟牛顿算法都从牛顿算法的典型递归方程开始：

$$x_{k+1} = x_k - H(x_k)^{-1} \left(\nabla f(x_k) \right)^T \tag{2-221}$$

在这种方法中，我们对递归方程的第二部分进行了调整，令海塞矩阵被正定近似值 H_k 代替。于是：

$$x_{k+1} = x_k + d_k \qquad (2\text{-}222)$$

其中，d_k是步长改进，现在可通过以下方式获得：

$$d_k = -H(x_k)^{-1} (\nabla f(x_k))^T \qquad (2\text{-}223)$$

此处H_k是海塞矩阵的近似值。

拟牛顿算法的一个特点是，与标准牛顿算法相比，不一定要考虑整步d_k，而是要采用一种优化方法。优化方法包括采取步长$s > 0$，其值可解决：

$$\min_s f(x_k + sd_k) \qquad (2\text{-}224)$$

拟牛顿算法有几种，但是它们在设置海塞矩阵的近似方式上大多不同。在最简单的拟牛顿方法中，将近似值设置为等于单位矩阵，即：$H_k = I$。这样，改进步长就变为：

$$d_k = -(\nabla f(x_k))^T \qquad (2\text{-}225)$$

以这种方式，由于每个步长等于梯度，因此每个步长导致最大值的减少（当寻求函数的最小值时）。这就是这种基本的拟牛顿法也被称为最速下降法的原因。

最速下降法的主要缺点是，尽管它在局部可能表现很好，但不能保证它是全局最佳的方法。众所周知，该方法收敛缓慢。

更加有效的拟牛顿算法试图通过考虑有关函数曲率的信息来解决最速下降法的主要问题。这些方法限制了海塞矩阵近似值的选择，以尊重其两个属性。第一个，海塞矩阵逼近必须满足拟牛顿算法的属性，即：

$$d_k = -H_k^{-1} (\nabla f(x_k + \delta_k)^T - \nabla f(x_k)^T) \qquad (2\text{-}226)$$

第二个，类似于原始的海塞矩阵，其近似值H_k也必须是对称的和正定的（最大化函数时为负定数）。

满足这两个条件的两种广泛使用的方法是Broyden-Fletcher-Goldfarb-Shano（以下简称BFGS）和Davidson-Fletcher-Powell（以下简称DFP）。

如前所述，d_k是改进步长：$d_k = x_{k+1} - x_k$，并且通过y_k，梯度改进之间的差为：$y_k = \nabla f(x_k + \delta_k) - \nabla f(x_k)$。我们还用$w$表示：$w = y_k - H_k d_k$。

在BFGS方法中，使用以下关系更新海塞矩阵的近似值：

$$H_{k+1} = H_k + \frac{y_k y_k^T}{y_k^T d_k} - \frac{H_k d_k d_k^T H_k}{d_k^T H_k d_k} \qquad (2\text{-}227)$$

DFP方法使用类似的方法来近似海塞矩阵，如下所示：

$$H_{k+1} = H_k + \frac{(w y_k^T + y_k w^T)}{y_k^T d_k} - \frac{d_k^T w y_k y_k^T}{(y_k^T d_k)^2} \qquad (2\text{-}228)$$

这两种方法彼此之间非常接近，但是参考文献通常认为BFGS方法是优越的（但并非总是如此）。

与拟牛顿算法有关的一个已知问题是，用于近似海塞矩阵H_k的更新公式使用$d_k^T y_k$做除数，但是该除数有时可能太小，从而导致结果不准确。处理此问题的常用方法是不更新海塞矩阵H_k的近似值。为了有效地量化此结果，参考文献［2］建议使用以下规则：

$$\left| d_k^T y_k \right| < \epsilon \left\| d_k \right\| \left\| y_k \right\| \tag{2-229}$$

2.8.3 非线性最小二乘法

尽管此问题也是多变量优化问题，但其结构仍具有一些特征，这些特征需要对目前提出的方法进行优化，无论是牛顿算法还是拟牛顿算法。鉴于经济学上经常遇到此问题，本节介绍了可以使用哪些优化方法来处理它。该介绍来自参考文献［1］。非线性最小二乘法的一般形式写为：

$$\min_x \frac{1}{2} \sum_{i=1}^{m} f^i(x)^2 = S(x) \tag{2-230}$$

其中，$f^i: \mathbb{R}^n \to R$，对于 $i = 1, \cdots, m$。

在计量经济学中，我们将处理未知参数向量 β 和数据 y_i，使得 $f^i(x)$ 变为 $f(\beta, y^i)$。后者通常表示对应于观测值 i 的干扰，而 $S(\beta)$ 将是残差平方和。

从理论上讲，使用标准的多元优化方法可以解决此问题。但是，正如我们将要看到的，我们可以通过考虑此问题的特殊结构来改进标准方法。

函数 $f(x) = \left(f^1(x), \cdots, f^m(x) \right)^T$ 的雅可比行列式用 $J(x)$ 表示。我们也可以这样写：

$$f_l^i = \frac{\partial f^i}{\partial x_l} \tag{2-231}$$

$$f_{jl}^i = \frac{\partial^2 f^i}{\partial x_j \partial x_l} \tag{2-232}$$

此外，我们可以将 $S(x)$ 的梯度写为 $J(x)^T f(x)$，而海塞矩阵可以写为：

$$J(x)^T J(x) + \sum_{i=1}^{M} f_{jl}^i(x) f^i(x) \tag{2-233}$$

如果不考虑海塞矩阵的第二项（因为 $f(x) = 0$），则海塞矩阵可以简化为 $J(x)^T J(x)$。它的计算很简单，因为它仅包含 $f_l^i(x)$ 项。当 $f(x)$ 足够接近零时，则海塞矩阵的良好近似值包含在 $J(x)^T J(x)$ 中，并且可以有效地使用它。基本上，我们可以得出一种高斯-牛顿算法，其中海塞矩阵的近似值为 $J(x)^T J(x)$，这样，每次迭代的改进步长将由以下公式给出：

$$d_k = -\left(J(x^k)^T J(x^k) \right)^{-1} \left(\nabla f(x^k) \right)^T \tag{2-234}$$

这种方法在每个步长中都具有快速计算的显著优势，因为它不计算任何函数 f 的二阶导数。但是，由于该方法涉及病态矩阵乘积 $J(x)^T J(x)$（因为 $J(x)$ 本身是病态的），因此也容易出现不准确的情况。最后，计算该算法的步骤可能不会导出最小值。

Levenberg-Marquardt 算法是一种广泛用于实证的有效方法。这种方法将 $J(x)^T J(x)$ 替换为海塞矩阵的近似值 $J(x)^T J(x) + \lambda I$，其中 λ 是标量，I 是单位矩阵。在这种方法中，步长变为：

$$d_k = -\left(J(x^k)^T J(x^k) + \lambda I \right)^{-1} \left(\nabla f(x^k) \right)^T \tag{2-235}$$

此更改具有两个基本优点：降低了病态矩阵的风险，如果标量 λ 足够大，该算法可确保每个步长均沿最小方向进行。

Julia 在插值部分已经讨论过的程序包实现了非线性最小二乘法（更精确地讲，请参见"曲线拟合"小节）。在这里，我仅概述如何使用以下方法拟合非线性最小二乘法模型，重点是这种方法的实际应用。

程序包 CurveFit 应用各种模型来估计数据的回归。在默认情况下，它处理线性模型。但是，当 CurveFit 使用的主要函数检测到系数非线性的模型时，CurveFit 将应用非线性最小二乘法。CurveFit 的通用函数语法如下：

curve_fit（:: Type {T}, x, y ...)

在此，T 是要估计的曲线/回归的类型，x 代表自变量，而 y 是因变量。另外，我们可能从一开始就声明我们要处理非线性回归并使用以下函数：

coefs, converged, iter = nonlinear_fit（x, fun, a0, eps=1e-7, maxiter=200）

这里，x 是具有解释变量的数据集，fun 是返回残差，也可以使用以下命令调用：

residual = fun（x, a）

使用数据集 x 和回归的估计系数 a。

nonlinear_fit 函数使用牛顿类的非线性算法，该算法不基于导数。它的语法将变量 a_0 用作解的初始猜测，该变量给出了估计准确性公差 eps 以及指定的迭代次数。

程序包 LsqFit 提供了估算线性和非线性回归模型的函数。值得一提的是 LsqFit 已成为 Julia 中的优化程序包之一，其再次强调了非线性最小二乘法是在经济学应用的诸多技术中比较特殊的一种情况。

程序包 LsqFit 使用 Levenberg-Marquardt 算法估计非线性回归模型。如前所述，Levenberg-Marquardt 算法专门用于处理非线性最小二乘法问题。它适应于更广泛的多元优化技术，其优势在于可以减少病态矩阵的风险，并且每个步骤都是沿正确的下降方向进行的。

用于 LsqFit 拟合模型的通用语法是：

fit = curve_fit（model, x, y, w, p0; kwargs...）:

在这里，模型代表回归规范。此函数将取决于变量 x 和一组参数（params）。x 表示自变量，y 表示因变量。变量 w 可用于加权残差（可以包含在维度中，维度等于解释变量的维度，也可以包含在矩阵中）。由于这是一种优化算法，因此该函数还将需要一个初始点（用 p_0 表示）以及 Levenberg-Marquardt 算法所需的多个参数（例如，最大迭代次数）

2.8.4 有约束的最优化

这是经济学中最常遇到的问题之一：代理人的最佳选择受许多约束的多个控制变量来最大化或最小化目标函数。

继续关注最小化（出于本节开头所解释的原因），一般问题可以写为：

$$\min_x f(x) \tag{2-236}$$

设约束条件为：$g(x)=0$，$h(x)\leq0$。这里，假设函数 f，g 和 h 为 $\mathbb{C}^2$，并且 $f:\mathbb{R}^n \rightarrow \mathbb{R}, g:\mathbb{R}^n \rightarrow \mathbb{R}^m$ 和 $h:\mathbb{R}^n \rightarrow \mathbb{R}^l$，其中 n 是控制变量的数量，m 是等式约束的数量，而

l 是不等式约束的数量。

　　假设存在一个用 x^* 表示的局部最小值，并且验证了一个约束条件（尽管在经济学上通常忽略后者），然后根据 Kuhn-Tucker 定理，存在乘数 $\lambda^* \in R^m$ 和 $\mu^* \in R^l$，x^* 是拉格朗日函数的临界点，写为：

$$L(x, \lambda, \mu) = f(x) + \lambda^T g(x) + \mu^T h(x) \qquad (2\text{-}237)$$

　　对于最优解，即 $\lambda = \lambda^*$，$\mu = \mu^*$ 和 $x = x^*$，拉格朗日导数等于零：

$$L_x(x^*, \lambda^*, \mu^*) = 0 \qquad (2\text{-}238)$$

　　该问题的解涉及以下一阶条件：

$$f_x + \lambda^T g_x + \mu^T h_x = 0 \qquad (2\text{-}239)$$

$$\mu_i h^i(x) = 0, i = 1, \cdots, l \qquad (2\text{-}240)$$

$$g(x) = 0 \qquad (2\text{-}241)$$

$$h(x) \leq 0 \qquad (2\text{-}242)$$

$$\mu \leq 0 \qquad (2\text{-}243)$$

　　有许多方法可以用数值方法解决约束优化问题，我们不可能在一节中总结完备。读者如果希望查阅专门针对该主题的书籍，请见参考文献 [9]。

　　读者可能已经意识到，这些问题的算法实际上还涉及其他一些技术的组合，接下来，我们将概述一些用于数值求解约束优化问题的常用方法。讨论基本上遵循参考文献 [1]。

库恩–塔克框架

　　可以将约束优化问题重写为一个非线性方程组，该系统可以通过上一章中讨论的技术来解决。唯一需要注意的是，不等式约束和非不等式约束的存在可能导致无解。在后一种情况下，通过比较考虑到库恩–塔克条件有限数量的解，我们可以选择具有最小目标函数的解。

　　在这种情况下，上述求解将写成：

$$f_x + \lambda^T g_x + \mu^T h_x = 0 \qquad (2\text{-}244)$$

$$g(x) = 0 \qquad (2\text{-}245)$$

$$h^i(x) = 0 \qquad (2\text{-}246)$$

$$\mu^i = 0 \qquad (2\text{-}247)$$

　　其中，$i \in \mathcal{P}$，$j \in \{1, 2, \cdots, l\} - \mathcal{P}$ 和 $\mathcal{P} \subset \{1, 2, \cdots, l\}$。因此，我们获得了一组非线性方程，其中每个 $\mathcal{P}$ 具有不同的组合 f 的不等式约束和非不等式约束。

惩罚函数法

　　先前方法的缺点是尽管可以找到一个最小值，但它可能无法验证所有约束。在这种特殊情况下，必须搜索所有可能验证约束的潜在解，然后选择一个导致目标函数最小值的解。为了避免这种情况，一种方便的方法是将惩罚函数引入目标函数，以使不遵守约束的潜在解显著影响目标函数。

　　一个典型的约束问题，写为：

$$\min_x f(x) \qquad (2\text{-}248)$$

在给定的约束为 $g(x)=a$，$h(x)\leqslant b$ 的情况下，可以借助惩罚函数问题来重写，如下：

$$\min_x f(x)+\frac{1}{2}P\left(\sum_i\left(g^i(x)-a_i\right)^2+\sum_j\left(\max\left[0,h^j(x)-b_j\right]\right)^2\right) \tag{2-249}$$

这里的关键参数是 P，即所谓的惩罚参数。显然，随着 P 变大，惩罚函数的解收敛到初始解的解。

序列二次法

前两种方法的替代方法依赖于以下事实：对二次问题（即包含二次目标和线性约束的问题）存在有效的解。

序列二次法是一种算法，它包括在每次迭代中更新选择变量 x_k 的值，其方式类似于先前讨论的类牛顿算法：$x_{k+1}=x_k+d_k$。

假设当前迭代与值 (x_k,λ_k,μ_k) 相关联，则当前迭代包括求解以下二次问题：

$$\min_d\left(x_k-d_k\right)^T L_{xx}\left(x_k,\lambda_k,\mu_k\right)\left(x_k-d_k\right) \tag{2-250}$$

限制条件为：$g_x(x_k)(x_k-d_k)=0$ 且 $h_x(x)(x_k-d_k)\leqslant 0$。

有效集法

尽管提供了直接的库恩–塔克方法的可行替代方案，但是惩罚函数法涉及其约束的计算。因此，直接的库恩–塔克方法和惩罚函数法这两种方法都没有计算效率，因为它们要么评估太多组合（直接的库恩–塔克方法），要么计算约束（惩罚函数法）。

一种更实用的方法，即所谓的有效集法，以合理的方式选择潜在的解。该问题的定义如上所述，即：

$$\min_x f(x) \tag{2-251}$$

约束条件给出：$g(x)=0$，$h^i(x)\leqslant 0$，且 $i\in\mathcal{P}$ 定义如前。

有效集法将首先考虑一组约束，然后继续以数值方式解决此问题。在每次迭代中，如果未绑定约束，则将其检查并删除，而如果绑定则添加新约束。此外，该算法将及时增加惩罚参数。这表明，对于足够大量的迭代，该算法将收敛到真实的解。

2.8.5 Julia 的最优化

尽管以上部分讨论了一些受约束或无约束的优化算法背后的理论，但 Julia 对实际代码的关注较少。原因之一是其所包含的代码非常具有说明性，因为 Julia 已经存在许多完善的用于优化的库。

Optim 软件包虽然仍在开发中，但涵盖了最基本的优化需求。重点在于最小化，通常集中在无约束的优化上。只要满足某些条件，使用的算法将收敛到局部最小值。当搜索全局最小值时，替代方法是使用为此专门设计的软件包，例如 BlackBoxOptim。

Optim 通用函数具有以下语法：
Optimize（f，x0，algo，options）

此处，$f(x)$ 是将被优化的函数。它可以采用单变量或多变量参数。变量 x_0 表示解的初始猜测值，其长度将由控制变量 x 的长度确定。最后，algo 代表优化中使用的算法。

该函数允许设置许多与数值优化的典型特征相关的选项，例如目标函数的容差、控制变量的容差、痕迹、迭代次数或是否应使用自动微分。

Optim 实现了多种类的算法。用户可以实施无导数方法（例如 Nelder-Mead 算法或模拟退火算法），拟牛顿法（其中需要梯度，但由于近似值而不必使用海塞矩阵），如梯度下降法或 BFGS 法，或者最终使用牛顿法（需要梯度和海塞矩阵）。此外，该程序包包括许多线搜索算法，这些算法后来被归类为单独的程序包 LineSearches，稍后将进行讨论。

尽管我们已经讨论了很多算法，但是这里使用的无导数方法值得一提（假设它们在实践中得到了广泛使用）。此处实现的 Nelder-Mead 算法是一种直接搜索算法，该算法将继续评估多个点的函数，直到使用单纯形方法达到最小值为止（这样，在每次迭代中，较差的点都将用更好的选择代替）。另一种无导数的算法，模拟退火算法，使用了 Metropolis-Hasting 算法，该算法在贝叶斯估计中的使用已为经济学家所熟悉。

为了优化单变量函数，Optim 提供了两种算法：黄金分割搜索方法和 Brent 方法。定义函数后，我们设置搜索最小值的区间以及要使用的算法。默认选择是 Brent 方法。下面，我们在 [-2.0，0.0] 区间内编写了一个简单函数的最小化代码：

```
#Optim
using Optim
#1.Univariate function
f（x）=x^2-2x+1
optimize（f，-1.0，4.0）
```

结果显示为：

```
Results of Optimization Algorithm
* Algorithm：Brent´s Method
* Search Interval：[-1.000000，4.000000]
* Minimizer：1.000000e+00
* Minimum：0.000000e+00
* Iterations：59
* Convergence：max（|x - x_upper|，|x - x_lower|）<= 2*（1.5e-08*|x|+2.2e-16）：true
* Objective Function Calls：60
```

但是，对于多变量情况，我们宁愿使用上面讨论的算法。考虑一下著名的 Rosenbrok 函数：$(a-x)^2 + b(y-x^2)^2$（对于大多数算法来说很难最小化）。为了找到最小值，我们再次使用函数优化，输入一个猜测值并选择算法。对于不提供梯度的情况，默认算法为 Nelder-Mead。我们可以这样写：

```
f（x）=（1.0 - x[1]）^2 + 100.0 *（x[2] - x[1]^2）^2
optimize（f，[0.0，0.0]）
```

结果为：

Results of Optimization Algorithm

* Algorithm：Nelder-Mead
* Starting Point：[0.0, 0.0]
* Minimizer：[0.9999634355313174，0.9999315506115275]
* Minimum：3.525527e-09
* Iterations：60
* Convergence：true
 * $\sqrt{(\Sigma (y_i-\bar{y})^2)}/n < 1.0e-08$：true
 * Reached Maximum Number of Iterations：false
* Objective Calls：117

当使用拟牛顿算法时，有多种方法可以指定如何计算梯度。使用LBFGS算法时，我们可以简单地指定使用该算法，并且在默认的情况下，optimize将依赖于有限差分方法来计算梯度（请参见有关数值微分的部分）。

optimize（f，[0.0, 0.0]，LBFGS（））

推导的结果为：

Results of Optimization Algorithm

* Algorithm：L-BFGS
* Starting Point：[0.0, 0.0]
* Minimizer：[0.9999999929485478，0.9999999278973]
* Minimum：4.981785e-17
* Iterations：21
* Convergence：true
 * $|x - x'| \le 1.0e-32$：false
  $|x - x'| = 4.54e-11$
 * $|f(x) - f(x')| \le 1.0e-32|f(x)|$：false
  $|f(x) - f(x')| = 5.30e-03|f(x)|$
 * $|g(x)| \le 1.0e-08$：true
  $|g(x)| = 9.88e-14$
 * Stopped by an increasing objective：false
 * Reached Maximum Number of Iterations：false
* Objective Calls：157
* Gradient Calls：157

或者，我们可以自己指定梯度并将其传递给函数优化，或者使用来自程序包演算的自动微分功能。

如前所述，还有一个从Optim派生的附加包，专注于线性搜索算法LineSearches。它包括执行优化几种类型的线性搜索算法。

另一个较小的软件包是SimpleOptimizers。[1]尽管程序包的创建者在设计时着重于无导数方法，但该程序包还具有一些基于导数的方法，包括BFGS方法或共轭梯度方法。

迄今为止Julia中最好的优化程序包还是JuMP（来自Julia的数学优化程序）。JuMP不仅仅是一个简单的程序包，它的创建者将其描述为用于数学优化的特定领域语言。此外，与其他优化程序包相比，JuMP还依赖于第三方（有时是商业）求解器，因此它涵盖了范围更广的问题：线性和非线性编程，半正定式编程等。

本节不可能对JuMP进行完整介绍，但是接下来，我们将通过示例进行简短介绍。有兴趣的读者可能会从程序包随附的书面文档中了解更多信息。

与其他依赖于预先给定功能的程序包相比，JuMP依赖于一种特定语言，该语言允许使用特定对象来表达任何类型的优化问题。这种对象有两种类型：模型和目标。我们通过调用特定的构造函数来创建模型，如下所示：

m = Model（）

为了进一步说明优化问题，我们使用宏@variables创建变量对象。我们可以这样写：

@variable（m，x）

这会将变量x添加到模型m中。但是，没有指定边界条件。要指定下限或上限，我们可以编写：

@variable（m，lb <= x <= ub）

这会将下限（lb）和上限（ub）都添加到变量x。为了解决这个问题，我们还必须指定目标函数。这可以使用宏@objective来完成：

@objective（m，Min，fun）

其中，m是模型，Min是优化集的类型（可以是最大值或最小值），而fun是目标函数。我们还可以使用@constraints宏指定一些约束：

@constraint（m，constr）

其中，m是模型，而constr是强加于模型的等式或不等式约束。下面，我基于上述元素介绍了Julia中一个简单的无约束优化问题。

```
using JuMP
using SCS
m = Model（solver=SCSSolver（））
@variable（m，0 <= x <= 4）
@variable（m，0 <= y <= 4）
@objective（m，Min，x+y-2）
print（m）
status = solve（m）
println（"Objective value：",getobjectivevalue（m））
println（"x = ",getvalue（x））
```

---

① 该程序包已经停用。

```
println（"y = "，getvalue（y））
```
　　将会返回
```
Min x + y − 2
Subject to
 0 <= x <= 4
 0 <= y <= 4
Objective value： −1.9999999999999518
x = 2.4092170924891473e-14
y = 2.4092170924891473e-14
```
　　可以与 JuMP 一起使用的求解器有很多，但是在这里我们使用了免费且易于安装的 SCS（通过 SCS.jl）。

|2.9| 计算近似值的准确性

　　后面的章节将讨论 DSGE 模型的近似值解法。因此，非常需要评估近似值的工具，可以在参考文献［3］中找到关于该主题的演示。

　　讨论基于本书中多次提到的最佳增长模型。

　　一个有代表性的家庭可以最大限度地提高以下给出的人生期望折现效用为：

$$\max_{c_t} E_t \sum_{t=0}^{\infty} \beta^t \frac{c_t^{1-\sigma}-1}{1-\sigma} \tag{2-252}$$

　　其中，折现因子 $\beta \in (0,1)$。代表性家庭面临典型的预算约束为：

$$y_t = c_t + i_t \tag{2-253}$$

　　y_t 是产出、c_t 是消费、i_t 是投资。产出如下：

$$y_t = exp(a_t)k_t^{\alpha} \tag{2-254}$$

　　资本存量遵循 $k_{t+1} = (1-\delta)k_t + i_t$，而生产率根据以下公式演变为：

$$a_t = \rho a_{t_1} + \epsilon_t \tag{2-255}$$

　　参数 δ 表示折旧率，而 $\rho < 1$ 是生产率冲击的自相关系数。这样的模型也可以放入以下公式中：

$$E_t F(y_{t+1}, x_{t+1}, y_t, x_t, \epsilon_{t+1}) \tag{2-256}$$

　　此处的 y_t 是控制变量，x_t 是状态变量，而 ϵ_t 代表冲击。将函数 F 定义为 $F: \mathbb{R}^{n_y} \times \mathbb{R}^{n_x} \times \mathbb{R}^{n_y} \times \mathbb{R}^{n_x} \times \mathbb{R}^{n_\epsilon} \rightarrow \mathbb{R}^{n_x + n_y}$。假定解决方法可以表示如下：

$$y_t = g(x_t; \theta) \tag{2-257}$$

$$x_{t+1} = h(x_t, y_t; \epsilon_{t+1}) = h(x_t, y_t = g(x_t; \theta); \epsilon_{t+1})$$

　　有多种方法可以评估上述模型的近似解，基本上可以将其分为非形式化和形式化两类。在非形式化方法方面，可以执行许多类型的评估：

　　（1）分析决策规则的定性特征；

　　（2）计算不同近似解法的脉冲响应函数；

（3）根据关键变量的分布或矩分析模型逼近的定性特征；

（4）使用不同的求解方法求解模型。

参考文献还提出了几种以正式的方式测试近似解的方法。下面将详细介绍此类方法。

差异标准

假设我们有模型的真实解，可以通过简单地计算近似决策规则与真实决策规则之间的距离来计算近似值的准确性。如果实际解用 y_t 表示，近似解用 $\widetilde{y_t}$ 表示，那么我们可以使用以下变量来计算差异准则：

$$E_1 = 100 \times E \left| \frac{y_t - \widetilde{y_t}}{y_t} \right|$$

$$E_\infty = 100 \times max \left| \frac{y_t - \widetilde{y_t}}{y_t} \right| \tag{2-258}$$

其中，E_1 是平均逼近误差，而 E_∞ 可解释为逼近的最大相对误差。

欧拉方程

对于最佳增长模型，欧拉方程的准确性误差可以写为：

$$u_t = c_t - \left[\beta E_t c_{t+1}^{-\sigma} \left(\alpha \, exp \left(a_{t+1} \right) k_{t+1}^{\alpha-1} + 1 - \delta \right) \right]^{-\frac{1}{\sigma}} \tag{2-259}$$

我们可以通过消费对 u_t 进行标准化，并将新变量 u_t/c_t 解释为消费方面的损失，前提是人们将使用近似解而不是真实解。我们可以定义一些统计量，如下所示：

$$E_1 = log_{10} \left(E \left| \frac{u_t}{c_t} \right| \right)$$

$$E_2 = log_{10} \left(E \left\| \frac{u_t}{c_t} \right\|^2 \right) \tag{2-260}$$

$$E_\infty = log_{10} \left(max \left| \frac{u_t}{c_t} \right| \right)$$

D-M 统计量

这是由参考文献［11］提出的，它依赖于使用蒙特卡洛积分法模拟模型。首先假设感兴趣的模型可以用方程（2-256）表示，而解决方案可以用方程（2-257）表示。因此，如果 $\widetilde{y_t}$ 和 $\widetilde{x_t}$ 是近似解，则残差可以定义为：

$$u_{t+1} F = \left(\tilde{y}_{t+1}, \tilde{x}_{t+1}, \tilde{y}_t, \tilde{x}_t, \tilde{\epsilon}_{t+1} \right) \tag{2-261}$$

该测试过程从定义一组与模型中的变量相对应的模拟工具开始，所述变量是预定变量或外生变量 $\widetilde{x_t}$。定义了 q 个工具的数量，并用 $\tilde{z}_t$ 表示。基于方程（2-256），因此残差 u_{t+1} 应该验证以下 $q \times n$ 方程：

$$E \left[u_{t+1} \otimes \tilde{z}_t \right] = 0 \tag{2-262}$$

该方程的模拟可以写成：

$$g_T = \frac{1}{T} \sum_{t=1}^{T} u_{t+1} \otimes \tilde{z}_t \tag{2-263}$$

对于精确解，当 $T \rightarrow \infty$ 时，g_T 在几乎确定的意义上收敛到零。但是，由于存在采样误差，在近似方法提供精确解的假设下，g_T 将不同于零。为了解决这个问题，参考文献[11]引入了 J 统计量来检验 g_T 在统计意义上是否不同于零：

$$J_T = T g'_T \Omega_T^{-1} g_T \tag{2-264}$$

统计量 J_T 渐进服从自由度为 $q \times n$ 的 χ^2 的分布。

参考文献

[1] K. Judd, Numerical Methods in Economics, MIT Press, 1998.

[2] M.J. Miranda, P. Fackler, Applied Computational Economics and Finance, 3rd, MIT Press, 2002.

[3] F. Collard, Notes on numerical methods, Mimeo, 2015.

[4] J. Kiusalaas, Numerical Methods in Engineering with Python, 3rd, Cambridge University Press, 2010.

[5] S. Salleh, A. Zomaya, S. Bakar, Computing for Numerical Methods Using Visual C++, Wiley-Interscience, 2007.

[6] L. Schumaker, On shape preserving quadratic spline interpolation, SIAM Journal on Numerical Analysis 20 (4) (1982) 854 864.

[7] P.J. Davis, P. Rabinowitz, Methods of Numerical Integration, Academic Press, 1984.

[8] A.H. Stroud, Approximate Calculation of Multiple Integrals, Prentice Hall, 1971.

[9] J. Nocedal, S. Wright, Numerical Optimization, Springer, 2006.

[10] K. Judd, Projection methods for solving aggregate growth models, Journal of Economic Theory 58 (1992) 410-452.

[11] W.J. Den Haan, M. Marcet, Accuracy in simulations, Review of Economic Studies 61 (1994) 3-17.

## 第 3 章

DSGE模型的解和模拟

| 3.1 | 引言

当代宏观经济学非常关注预期，因此，随机差分方程和随机差分方程组是非常重要的工具。虽然确定性差分方程在宏观经济学的发展过程中发挥过重要作用，而且在一些重要的研究领域仍然发挥着显著作用，但当代宏观经济学课本已经很少讨论确定性差分方程。例如，Sargent所著的《宏观经济理论》（详见参考文献[2]）分成两个部分，前一部分应用确定性差分方程，后一部分引入并应用随机差分方程。然而，在最近出版的《宏观经济学中的递归方法》（详见参考文献[1]）中则完全删除了关于确定性差分方程的讨论。

本章从确定性差分方程和确定性动态系统开始讲授，并配合一些应用案例。然后，讲解随机差分方程，讨论宏观经济学（理性预期模型或者DSGE模型）中随机动态系统的解的方法。最后，讲解标准DSGE模型的解并模拟如何在Julia中实现。

| 3.2 | 确定性差分方程

市面上并没有太多关于经济学中的确定性差分方程的好资源。Neusser（详见参考文献[5]）的讲稿是一份关于确定性差分方程和随机差分方程非常不错的学习材料。Miao（详见参考文献[3]）的宏观经济学教材则是为数不多涵盖了差分方程内容及其在宏观经济学中的应用的教材。关于确定性差分方程和随机动态系统的较好例子可以见参考文献[2]。本章的理论内容主要来自参考文献[3]和参考文献[5]。

3.2.1 一阶线性方程

最基础的差分方程可以写成如下形式：

$$x_t = ax_{t-1} + b \tag{3-1}$$

其中，x_t 表示随时间演化的变量。上述方程表达了 x_t 的当期值仅仅依赖于过去的值。为了解上述方程，我们可以设定在所有的 t 期，$x_t = x^*$，然后，得到解：

$$x^* = \frac{b}{1-a} \tag{3-2}$$

对于上述解，众所周知，在满足 $a \neq 1$ 的条件下，这个平稳点（稳态）恒成立。

差分方程（3-1）的通解为：

$$x_t = \left(x_t - x^* \right) a^t + x^* \tag{3-3}$$

利用这个方程，并基于系数 b 的值和初始解 x_0，我们就可以算出方程（3-1）的长期解。在第一种情况下，如果 $|a| < 1$，无论初值 x_0 为多少，方程（3-1）的通解将会渐近收敛到 x^*（在这种情况下，该解就是全局渐近稳定的）。当然，当 x_0 未知时，通解是不确定的。换言之，基于方程（3-3），x_0 的任何值都会得到一个解。

在第二种情况下，即 $|a| > 1$，除非 $x_0 = x^*$，其他解都称为爆炸性解。对于 $x_t = x^*$ 的特殊情况，所有时期 t 的解都是稳定的。

上面讨论的差分方程被称为自治差分方程。这一类型的方程可以通过 $b=0$ 来进行简化，从而得到齐次方程。因此，更一般性的方程可以写成：

$$x_t = ax_{t-1} + bz_t \tag{3-4}$$

其中，z_t 为一个给定的有界序列。这种一般形式就是非自治差分方程。解这类方程有两种方法：一是初值已知；二是初值未知。假设 x_0 已知，上述方程可以利用后向迭代来解。我们会得到：

$$x_t = b \sum_{j=0}^{t-1} a^j z_{t-1-j} + a^t x_0 \tag{3-5}$$

当 $|a| > 1$ 时，解是发散的。然后，当 $|a| < 1$ 时，以极限形式写出解，我们可以得到（右边第二个元素的极限为 0）：

$$\lim_{t \to \infty} x_t = b \lim_{t \to \infty} \sum_{j=0}^{t-1} a^j z_{t-1-j} \tag{3-6}$$

这会得到一个有界极限。

对于另一种情形——初始值 x_0 未知，我们可以利用前向迭代的方式来解方程，得到：$x_t = \left(\frac{1}{a} \right)^T x_{t+T} - \frac{b}{a} \sum_{j=0}^{t-1} \left(\frac{1}{a} \right)^j z_{t+j}$，$T \geq 1$。当我们施加一个所谓的"非泡沫条件"，即 $\lim_{T \to \infty} \left(\frac{1}{b} \right)^T x_{t+T} = 0$ 时，我们就可以得到前向解：

$$x_t = -\frac{b}{a} \sum_{j=0}^{t-1} \left(\frac{1}{a} \right)^j z_{t+j} \tag{3-7}$$

3.2.2 滞后算子

对于更高阶线性方程，应用滞后算子非常有帮助。例如，对于一个序列 x_t，定义滞后算子为 $Lx_t = x_{t-1}$。

那么，一个 p 阶滞后算子可以表示为：

$$L^p x_t = x_{t-p} \tag{3-8}$$

对于常数来说，其滞后算子就是本身，即 $Lc = c$。

3.2.3 更高阶线性方程

将方程（3-1）推广到 p 阶滞后的差分方程。其形式为：

$$x_t = a_1 x_{t-1} + a_2 x_{t-2} + \cdots + a_p x_{t-p} \tag{3-9}$$

很容易证明，非齐次差分方程的解是齐次差分方程通解和非齐次差分方程特解之和。

p 阶齐次差分方程

一阶齐次差分方程

$$x_t = a x_{t-1} \tag{3-10}$$

它的解可以写成：

$$x_t = c a^t \tag{3-11}$$

其中，c 为不等于 0 的常数。我们假设 p 阶齐次差分方程的解为：$x_t = c\lambda^t$，且：

$$c\lambda^t = a_1 c\lambda^{t-1} + a_2 c\lambda^{t-2} + \cdots + a_p c\lambda^{t-p} \tag{3-12}$$

因为我们已经假设 c 不为零，因此，可以在等式两边同时除以 c，然后除以 λ^t。用 $y = 1/\lambda$，我们可以得到：

$$1 - a_1 y + a_2 y^2 + \cdots + a_p y^p = 0 \tag{3-13}$$

上述方程就是齐次方程的特征方程。根据代数基本定理，这个方程有 p 个根，分别用 $y_1, \cdots, y_p$ 表示，每个 y 对应一个 λ：$\lambda_1, \cdots, \lambda_p$。

进一步讨论差分方程的解需要分两种情况：不相等的根和多重根。在前一种情形中，解的集合 $\lambda_1^t, \cdots, \lambda_p^t$ 是解的基本集。换言之，齐次方程的解可以写成：

$$x_t = c_1 \lambda_1^t + c_2 \lambda_2^t + \cdots + c_p \lambda_p^t \tag{3-14}$$

当存在多重根时，我们假设不相等的根为 $y_1, \cdots, y_r$，$r < p$。用 $m_1, \cdots, m_r$ 表示多重性，详见参考文献[5]，我们可以利用滞后算子重写初始方程：

$$\left(1 - a_1 L + a_2 L^2 + \cdots + a_p L^p\right) x_t = \left(1 - \lambda_1 L\right)^{m_1} \left(1 - \lambda_2 L\right)^{m_2} \cdots \left(1 - \lambda_r L\right)^{m_r} X_t = 0 \tag{3-15}$$

如前所述，λ_i（$1 \leqslant i \leqslant r$）满足如下关系：$\lambda_i = 1/y_i$。

如果 ψ_t 是方程的解：

$$\left(1 - \lambda_i L\right)^{m_i} \Psi_t = 0 \tag{3-16}$$

那么，该式就是原始方程（3-15）的解。而且，由 $G_i = \lambda_i^t, t\lambda_i^t, \cdots, t^{m_i - 1}\lambda_i^t$ 组成的集合 G_i 也是方程（3-16）的解。进一步来看，这些集合的组合，例如，$G = \bigcup_{i=1}^{r} G_i$ 实际上是齐次差分方程（3-16）的一个基础解的集合。最后，当该齐次差分方程存在多重根时，其解可以写成：

$$x_t = \left(c_{i,0} + c_{i,1} t + \cdots + c_{i,m_i - 1} t^{m_i - 1}\right) \lambda_i^t \tag{3-17}$$

p 阶非齐次差分方程

对于非齐次差分方程，我们可以将解写成对应的齐次差分方程的通解和特解之和。换言之，我们可以将解写成：

$$x_t = x_t^g + x_t^p \tag{3-18}$$

非齐次差分方程的通解可以通过解对应的 p 阶齐次差分方程来获得。为了找到非齐次差分方程的特解，我们可能要采用前文讨论的一维差分方程的方法。给定差分方程是自治的，我们可以使用稳态解。如果不是自治的，例如，序列 z_t 是时变序列，那么，我们要么利用后向迭代，要么使用前向迭代来获得特解。

刻画高阶差分方程的解

为了更好地理解 p 阶差分方程解的性质，我们用下面的内容来介绍二阶差分方程。这是最简单的高阶差分方程，此外，它还经常出现在宏观经济模型中（例如，加速数模型）。

基准非自治差分方程可以写成如下形式：

$$x_{t+2} = ax_{t+1} + bx_t + cz_t \tag{3-19}$$

其中，z_t 是一个外生的有界实值序列。

应用滞后算子，上面的方程可以写成：

$$\left(L^{-2} - aL^{-1} - b\right)x_t = cz_t \tag{3-20}$$

该方程的特征方程如下：

$$\lambda^2 - a\lambda - b = 0 \tag{3-21}$$

假定该差分方程具有非齐次性质，我们将其解写成通解和特解之和：

$$x_t = x_t^g + x_t^p \tag{3-22}$$

其中，特解基于因子方法推导出来，详见参考文献[2]。也就是说，方程（3-20）的左边可以写成如下因子形式：

$$\left(L^{-1} - \lambda_1\right)\left(L^{-1} - \lambda_2\right)x_t = cz_t \tag{3-23}$$

其中，λ_1 和 λ_2 是特征方程（3-21）的解。它们可以为实数，也可以为复数，但必须满足 $\lambda_1 + \lambda_2 = a$ 和 $\lambda_1\lambda_2 = -b$。

基于上述因子分解，我们可以得到方程的一个特解：

$$x_t^p = \frac{cz_t}{\left(L^{-1} - \lambda_1\right)\left(L^{-1} - \lambda_2\right)} \tag{3-24}$$

为了完全刻画差分方程的解，我们需要推导出通解。这可以通过原始方程（3-19）对应的齐次方程得到。我们可以重写出齐次方程：

$$x_{t+2} = ax_{t+1} + bx_t \tag{3-25}$$

下面，我们分成三种情形来讨论。

（1）不相等的实根：$\lambda_1 \neq \lambda_2$ 且 $\lambda_1, \lambda_2 \in \mathbb{R}$

在这种情形下，差分方程的解为：

$$x_t^g = c_1\lambda_1^t + c_2\lambda_2^t \tag{3-26}$$

系数 c_1、c_2 用初始条件和边界条件求得。根 λ_1, λ_2 的值会得到不同的定性性质。

• 当 $|\lambda_1| > 1$，$|\lambda_2| > 1$，得到的解被称为 source。在这种情形下，解会随着时间推移呈现爆炸性质；

• 当 $|\lambda_1| < 1$，$|\lambda_2| < 1$，正如一维差分方程显示，解会收敛到平稳点。这种解被称为 sink。然而，系数 c_1、c_2 不能唯一被确定，除非提供一个边界条件。如果没有边界条件，

解就是不确定的；

•当$|\lambda_1|<1$，$|\lambda_2|>1$，这个解就是鞍点。

（2）相等的实根：$\lambda_1=\lambda_2$且$\lambda_1,\lambda_2\in\mathbb{R}$

齐次差分方程的解可以写成：

$$x_t^g=(c_1+tc_2)\lambda_1^t \tag{3-27}$$

•系数c_1、c_2用边界条件求得。如果没有边界条件，解就是不确定的。当$|\lambda_1|<1$（因为两个解相等）时，这个解就是稳定的。

（3）不相等的复根：$\lambda_1\neq\lambda_2$且$\lambda_1,\lambda_2\in\mathbb{C}$

因为两根为复数，且不相等，我们能将其写成：$\lambda_1=re^{i\theta}$，$\lambda_2=re^{-i\theta}$。因此，通解为：

$$x_t^g=c_1\lambda_1^t+c_2\lambda_2^t=r^t(c_1re^{i\theta}+c_2re^{-i\theta}) \tag{3-28}$$

其中，系数c_1、c_2用边界条件求得。而且，由于我们对实数的通解比较感兴趣，因此，必须施加额外的限制以使得c_1+c_2和$(c_1-c_2)i$都为实数。为了查看原因，我们先进一步考察上述通解：

$$x_t^g=r^t(c_1e^{i\theta}+c_2e^{-i\theta}) \tag{3-29}$$

$$=r^tc_1[\cos(\theta t)+i\sin(\theta t)]+r^tc_2[\cos(\theta t)-i\sin(\theta t)] \tag{3-30}$$

$$=r^t(c_1+c_2)\cos(\theta t)+r^t(c_1-c_2)i\sin(\theta t) \tag{3-31}$$

如果这两个条件满足，通解就可以写成：

$$x_t^g=r^t(A\cos(\theta t)+B\cos(\sin t)) \tag{3-32}$$

其中，A和B是两个实数系数，且由边界条件得到。

基于系数r的值，我们可以进一步分析解的定性性质。下面讨论三种可能的情形：

•当$r>1$，两个根在单位圆外。解会振荡，且振幅有爆炸性；

•当$r=1$，两个根在单位圆上。解会振荡，且振幅为常数；

•当$r<1$，两个根在单位圆内。解也会振荡，但振幅会随着时间收窄。

一个例子

正如前面概述，确定性差分方程在标准的新凯恩斯主义模型中比较常见。一个经典的模型就是萨缪尔森提出的乘数加速数模型。该模型既可以作为旧时经典宏观经济学的例子，也可以作为高阶差分方程的应用。更详细的资料见参考文献[5]。

我们假设在一个封闭经济中，下面的收入恒等式成立：

$$Y_t=C_t+I_t+G_t \tag{3-33}$$

消费依赖于当前的收入：

$$C_t=\alpha+\beta*Y_{t-1} \tag{3-34}$$

且假设系数α，β分别满足下列条件：$0<\beta<1$，且$\alpha>0$。在参考文献中，系数β就是边际消费倾向。

最后，投资依赖于收入的变化，即：

$$I_t=\gamma*(Y_{t-1}-Y_{t-2}) \tag{3-35}$$

系数 γ 为正数，即 $\gamma > 0$。

为了推导出二阶差分方程，并利用上述方法，我们将消费 C_t 和投资 I_t 的行为方程代入收入等式中，得到：

$$Y_t = (\beta + \gamma) Y_{t-1} - \gamma Y_{t-2} + \alpha + G_t \tag{3-36}$$

上式为一个二阶非自治差分方程。为了进一步简化，我们假设政府支出为常数，即 $G_t = \bar{G}$。接下来，解出稳态：

$$Y^* = (\beta + \gamma) Y^* - \gamma Y^* + \alpha + G_t \tag{3-37}$$

$$\Rightarrow Y^* = \frac{\alpha + G_t}{1 - \beta} \tag{3-38}$$

根据上述结果关于平稳点的稳定性，我们应该检验：

(1) $1 - (\beta + \gamma) + \gamma = 1 - \beta > 0$，

(2) $1 + (\beta + \gamma) + \gamma = 1 + \beta + 2\gamma > 0$，

(3) $1 - \gamma > 0$。

我们很容易检验前两个条件是否满足，只有第 3 个条件需要特别注意，即加速数对应的系数 γ 不能取太大的值，例如 $\gamma < 1$。

特征根为：

$$\lambda_{1,2} = \frac{(\beta + \gamma) \pm \sqrt{(\beta + \gamma)^2 - 4\gamma}}{2} \tag{3-39}$$

当根为复数时，例如 $(\beta + \gamma)^2 - 4\gamma < 0$，那么，$Y_t$ 将会围绕稳态振荡。对于不相等的实根，初期产出会上升，随后正的效应会逐渐消失。

3.2.4 确定性线性系统

本节将前面讨论的确定性差分方程扩展为确定性动态系统。

$$A x_{t+1} = B x_t + C z_t \tag{3-40}$$

其中，x_t 是实值内生变量的向量，例如，$x_t \in R$，而 z_t 是一个实值外生变量的向量。A，B 和 C 是矩阵。

本节剩余的内容将详细介绍 Blanchard 和 Kahn 提出的解的方法，详见参考文献[6]。该方法也会在下一节中详细讲述来解随机动态系统，同时，还会介绍其他方法。

假设序列 z_t 是稳定的，且稳定性定义如下：

定义 3.1 如果存在 $M > 0$ 以使得对于所有 t，都有 $\|z_t\|_{max} < M$，其中，对于任何 $z \in \mathbb{R}^n$，$\|z_t\|_{max} = \max_j |x_j|$，那么，序列 z_t 就是稳定的。

这个假设的作用是确保解没有爆炸性。对解施加的另外一种性质就是奇异性。对于某个值 α，我们施加一个条件 $det(A\alpha - B) \neq 0$。这个条件的作用是保证方程（3-40）可解。

此时又可以分为两种情形：A 是奇异矩阵，或者不是奇异矩阵。

A 不是奇异矩阵

当矩阵 A 不是奇异矩阵时，那么，根据 Blanchard 和 Kahn 的方法，我们可以将系统写成：

$$x_{t+1} = A^{(-1)}Bx_t + A^{(-1)}Cz_t \tag{3-41}$$

从参考文献[3]中可以看出，奇异性假设总是要特别注意。我们可以进一步定义矩阵 W 为 $W = A^{(-1)}B$。如果我们用 $\lambda_1, \lambda_2, \cdots, \lambda_i$ 来表示 W 的特征值，那么，根据 Jordan 分解，存在一个矩阵 P 以使得我们可以执行下列分解：

$$W = P^{(-1)}JP \tag{3-42}$$

其中，矩阵 P 是非奇异的，而 J 是一个 Jordan 矩阵。我们写出：

$$J = \begin{bmatrix} J_1 & & & \\ & J_2 & & \\ & & \cdots & \\ & & & J_l \end{bmatrix}, J_i = \begin{bmatrix} \lambda_i & 1 & & \\ & \lambda_i & 1 & \\ & & \cdots & 1 \\ & & & \lambda_i \end{bmatrix}_{m_i \times m_i}$$

其中，矩阵 J_i 是 $m_i \times m_i$ 维。

根据定义，如果矩阵的特征根的模小于 1，那么该特征根就是稳定的。当特征根的模大于 1，我们就说该根不稳定。一般来说，当所有的特征根都是稳定的，那么，我们就说对应的矩阵是稳定的。

为了解上述动态系统，我们进一步定义：

$$x_t^* = Px_t \tag{3-43}$$

$$C^* = PA^{(-1)}C \tag{3-44}$$

用这些新概念，方程（3-40）可以写成：

$$x_{t+1}^* = Jx_t^* + C^*z_t \tag{3-45}$$

这个方程可以反向求解为：

$$x_t^* = J^t x_0^* + \sum_{j=0}^{t-1} J^j C^* z_{t-1-j} \tag{3-46}$$

其中，矩阵 J^t 和 J_i^t 分别为：

$$J^t = \begin{bmatrix} J_1^t & & & \\ & J_2^t & & \\ & & \cdots & \\ & & & J_l^t \end{bmatrix}, J_i^t = \begin{bmatrix} \lambda_i^t & t\lambda_i^{t-1} & \dfrac{t(t-1)}{2}\lambda_i^{t-2} & \cdots \\ & \lambda_i^t & t\lambda_i^{t-1} & \cdots \\ & & \cdots & \\ & & & \lambda_i^t \end{bmatrix}$$

依据是否知道某个变量的初始值，我们可以将变量划分成前定变量和非前定变量。后者就是大家熟知的跳跃变量。这种分类在宏观经济模型中广泛使用，并对下面的一些关键结果的理解非常有帮助。

当动态系统中有跳跃变量时，我们不能使用后向迭代来解这个系统，而需要根据具体问题来使用不同的方法。为了应用它，我们将变量的向量 x_t 分成前定变量的向量 k_t 和跳跃变量的向量 y_t。现在，原始向量 x_t 就可以写成：$x_t = [\,k_t', y_t'\,]$。假设 y_t 中有 n_y 个变量，k_t 中有 n_k 个变量。进一步假设 W 中不稳定特征根的数量为 n_u，而稳定根的数量为 n_s。用这个分类，Jordan 矩阵可以分解成：

$$J' = \begin{bmatrix} J_s & \\ & J_u \end{bmatrix}$$

其中，矩阵 J_s 的特征根是稳定的，而 J_u 的特征根是不稳定的。我们也可以将向量 x_t^* 和矩阵 C^* 分解成：

$$x_t^* = \begin{bmatrix} s_t \\ u_t \end{bmatrix}, C^* = \begin{bmatrix} C_s^* \\ C_u^* \end{bmatrix}$$

用这些新定义的变量，我们可以将方程（3-45）写成：

$$\begin{bmatrix} s_{t+1} \\ u_{t+1} \end{bmatrix} = \begin{bmatrix} J_s & \\ & J_u \end{bmatrix}\begin{bmatrix} s_t \\ u_t \end{bmatrix} + \begin{bmatrix} C_s^* \\ C_u^* \end{bmatrix} z_t$$

基于方程（3-43），我们可以进一步写出：

$$\begin{bmatrix} s_t \\ u_t \end{bmatrix} = P\begin{bmatrix} K_t \\ Y_t \end{bmatrix} = \begin{bmatrix} P_{sk} & P_{sy} \\ P_{uk} & P_{uy} \end{bmatrix}\begin{bmatrix} k_t \\ y_t \end{bmatrix}$$

进一步定义 $R = P^{-1}$，我们重写为：

$$\begin{bmatrix} k_t \\ y_t \end{bmatrix} = R\begin{bmatrix} s_t \\ u_t \end{bmatrix}\begin{bmatrix} R_{ks} & P_{ky} \\ R_{ys} & R_{yu} \end{bmatrix}\begin{bmatrix} s_t \\ u_t \end{bmatrix}$$

这些方程帮助我们得到 Blanchard-Kahn 方法的一些关键结果。下面，我们给出定理，其证明过程详见参考文献[3]。

定理 3.1 假设动态系统满足下列条件：

（1） $W = A^{-1}B$ 的不稳定特征值数量等于跳跃变量数量；

（2）矩阵 P_{uy} 是非奇异矩阵；

（3）矩阵 W 没有特征值在单位圆内。

如果方程（3-40）的动态系统有解，给定前定变量 k_t 的初始值，如 k_0，并且所有的序列 z_t 都是稳定的，那么，动态系统的解既稳定且唯一。

前两个条件就是参考文献中常用的 Blanchard-Kahn 条件。它们通常以如下形式出现（假定第 3 个条件已经满足）：

（1）阶条件： $n_s = n_k$；

（2）秩条件：矩阵 R_{ks} 或矩阵 P_{uy} 可逆。

A 是奇异矩阵

有一些方法来处理 A 为奇异矩阵的情形，例如参考文献[7]、参考文献[8]、参考文献[9]。我们参考参考文献[3]，并聚焦于参考文献[8]中提出的方法得到的一些关键结果。我也会在随机动态系统中讲解 Klein 方法和 Sims 方法。

在介绍 Klein 方法的一些关键结果前，我们先了解一些定义。

定义 3.2 如果存在一个向量 $x \in \mathbb{C}^n$ 满足如下性质： $Bx = \lambda Ax$，那么，我们就将标量 $\lambda \in C$ 称为矩阵 (A,B) 的广义特征值。通常，x 也被称为广义特征向量。

我们进一步定义 $\lambda(A, B)$ 是矩阵 (A,B) 的所有广义特征值的集合。那么，我们就可以介绍 QZ 分解，也被称为广义 Schur 分解。

定理 3.2 假设矩阵 A 和 B，$n \times n$ 维每一维度都是具有奇异性。那么，可以证明，存在复数 Q 和 Z 的 $n \times n$ 维单位矩阵，以使得下列条件得到满足：

（1） $QAZ = S$ 是上三角矩阵；

（2）$QBZ = T$ 是上三角矩阵；

（3）对于任意 i，s_{ii} 和 t_{ii} 不能同时等于 0；

（4）$\lambda(A,B) = t_{ii}/s_{ii}:s_{ii} \neq 0$；

（5）对于任意 $i = 1,2\cdots\cdots,n$，(s_{ii},t_{ii}) 可以以任意阶来重新排列。

现在，我们可以介绍参考文献[8]中的一些关键结果了。假设 S 和 T 按照稳定特征值 n_s 进行重新排列。进一步定义：$x_t^* = Z^H x_t$ 和 $Z^H = Z^{-1}$ 是 Z 的共轭转置。类似于 Blanchard-Kahn 方法，我们将模型分解为：

$$x_t = \begin{bmatrix} k_t \\ y_t \end{bmatrix}, x_t^* = \begin{bmatrix} s_t \\ u_t \end{bmatrix}$$

矩阵 Z 也可以分解为：

$$Z = \begin{bmatrix} Z_{11} & Z_{12} \\ Z_{21} & Z_{22} \end{bmatrix}$$

下面的定理建立在一定条件之上：Klein 方法提供的解既是唯一的，也是稳定的。

定理 3.3 假设：① $n_s = n_k$；② Z_{11} 是可逆的；③ (A,B) 没有广义特征值落在单位圆内。那么，只要给定前定变量的初始条件 k_0 和序列 z_t 是稳定的，方程（3-40）的动态系统的解就是唯一且稳定的。

|3.3| 随机差分方程

本节将讨论如何解随机差分方程。从简单的单变量随机差分方程到随机动态系统。我们会介绍预期算子的使用，以及随机差分方程模型的标准解，还会介绍解理性预期模型的一些重要方法。本章的最后会通过 Julia 的运用来模拟 DSGE 模型。

3.3.1 建模理性预期

理性预期是当代宏观经济学的核心。主流 DSGE 模型基本是理性预期多变量模型。虽然参考文献中有多种方法来建模预期（例如，适应性预期），但理性预期仍然是量化宏观经济模型中建模预期的标准方法。本书的 DSGE 模型均基于理性预期的建模方式，这就是为什么本节首先向大家介绍理性预期的建模。

尽管 Lucas（详见参考文献[11]）将理性预期引入宏观经济学，但这个思想可以追溯至更早期 Muth（详见参考文献[10]）的贡献。

从现代意义上讲，有许多方式可以定义理性预期，但是本书的剩余内容将严格遵循下列定义：

定义 3.3 代理人的预期形成如下，在均衡中，变量的客观分布与主观分布一致，主观分布以代理人当前可用的信息为条件。

那么，我们可以将上述理性预期定义建模成：

$$x_t^e = E(x_t|\Omega) \tag{3-47}$$

其中，Ω 表示可用信息集。本书的模型均基于马尔可夫特性。这就意味着当前信息集 Ω 由从 0 时刻到现在模型中随机变量的实现值组成。也就是说，对于任意时刻 t，都有：

$$E_{t-i}(x_t) = E(x_t|\Omega_{t-i}) \tag{3-48}$$

其中，$t-i$时刻的信息集包含了随机变量x_k从0时刻到$t-i$时刻的所有实现值，即：

$$\Omega_{t-i} = \{x_k; k = 0, \cdots t-i\} \tag{3-49}$$

期望的一个重要性质就是期望迭代法则，这在随机差分方程中非常有用：

性质3.1 （期望迭代法则）：假设两个信息集Ω_t和Ω_{t-1}，且$\Omega_{t-1} \subset \Omega_t$。那么，下列关系成立：

$$E(x_t|\Omega_{t-1}) = E(E(x_t|\Omega_t)|\Omega_{t-1}) \tag{3-50}$$

3.3.2　一阶随机线性方程

基础的随机线性方程如下：

$$E_t(x_{t+1}) = ax_t + bz_t \tag{3-51}$$

假设a和b都是系数，而z_t是一个有界的随机过程。

依赖于$|a|$是否大于1，分别使用前向法或后向法来求解。

后向法求解

这种方法应用于$|a| < 1$的情形。在这种情形下，方程（3-51）的原始方程可以写成：

$$x_{t+1} = (E_t(x_{t+1})) + (x_{t+1} - E_t(x_{t+1})) = ax_t + bz_t + \eta_{t+1} \tag{3-52}$$

其中，η_{t+1}表示期望误差，且它可以写成：$\eta_{t+1} = x_{t+1} - E_t x_{t+1}$，这是一种辁方法。

后向迭代上述方程，得到：

$$x_t = a^t x_0 + \sum_{j=0}^{t-1} a^j (bz_{t-j} + \eta_{t-j}) \tag{3-53}$$

因为$|a| < 1$，所以解是稳定的。在这种情形下，任何初始值x_0都是可行的，都会推动x_t回到其长期解，因此，解是不确定的。进一步，$|\eta_{t-j}|$并不需要与x_t的创新相关，使得它们的行为类似于太阳黑子，也就是说，它与基本（fundamental）冲击无关。

前向法的求解

当$|a| > 1$时，解是前向的。此时，有多种方法来解x_t的解，下面，我们介绍最常用的方法。

向前替换法：这种方法就是向前迭代差分方程（3-51），并应用k次期望迭代定律，得到：

$$x_t = a^{(-1)} E_t x_{t+1} - a^{(-1)} bz_t \tag{3-54}$$

$$= a^{(-1)} E_t (a^{(-1)} E_t x_{t+2} - a^{(-1)} bz_{t+1}) - a^{(-1)} bz_t \tag{3-55}$$

$$= a^{(-2)} E_t x_{t+2} - a^{(-1)} bz_t - a^{(-2)} b E_t z_{t+1} \tag{3-56}$$

$$= \cdots \tag{3-57}$$

$$= a^{(-k-1)} E_t x_{t+k+1} - a^{(-1)} \sum_{j=0}^{k} a^{(-j)} b E_t z_{t+j} \tag{3-58}$$

取极限$\lim\limits_{k \to \infty}$，解可以写成如下形式：

$$x_t = \lim_{k \to \infty} a^{(-k-1)} E_t x_{t+k+1} - \lim_{k \to \infty} a^{(-1)} \sum_{j=0}^{k} a^{(-j)} b E_t z_{t+j} \qquad (3\text{-}59)$$

在这种情形下，因为 $|a| > 1$，解仍然是稳定的。施加限制条件 $\lim\limits_{k \to \infty} a^{-k-1} E_t x_{t+k+1} = 0$，解就变成：

$$x_t = -a^{(-1)} \sum_{j=0}^{\infty} a^{(-j)} b E_t z_{t+j} \qquad (3\text{-}60)$$

这意味着 x_t 是 z_t 未来预期值的贴现之和。

因子化法：这种方法利用滞后算子，已经在确定性差分方程中介绍过。在随机方程的情形下，我们可以写成：

$$L^j x_t = x_{t-j} \qquad (3\text{-}61)$$

$$L^j E_t x_{t+i} = E_t x_{t+i-j} \qquad (3\text{-}62)$$

$$L^{(-j)} x_t = E_t x_{t+j} \qquad (3\text{-}63)$$

这意味着之后算子变换了变量 x_t，但是并没有改变期望算子 E_t。

用这些性质，我们重写原始随机差分方程：

$$E_t\left(x_{t+1}\right) = a x_t + b z_t \qquad (3\text{-}64)$$

变为：

$$\left(L^{(-1)} - a\right) x_t = b z_t \qquad (3\text{-}65)$$

用向前替换法，可以解出：

$$x = \frac{b z_t}{\left(L^{(-1)} - a\right)} = \frac{-b z_t}{a\left(1 - a^{(-1)} L^{(-1)}\right)} \qquad (3\text{-}66)$$

$$= -b \sum_{j=0}^{\infty} a^{(-j-1)} L^{(-j)} z_t \qquad (3\text{-}67)$$

$$= -b \sum_{j=0}^{\infty} a^{(-j-1)} E_t z_{t+j} \qquad (3\text{-}68)$$

假定 z_t 有界，虽然 $|a| > 1$，但解仍然是平稳的。

待定系数法：这种方法在经济学中被广泛用于解随机差分方程和随机动态系统。该方法意味着猜测解的形式，然后用得到的方程来解不定系数。

在前面呈现的随机差分方程中，我们可以猜测解的形式如下：

$$x_t = \sum_{j=0}^{\infty} c_j E_t z_{t+j} \qquad (3\text{-}69)$$

并将它用于初始随机差分方程中，我们得到：

$$E_t\left(\sum_{j=0}^{\infty} c_j E_t z_{t+j+1}\right) = a \sum_{j=0}^{\infty} c_j E_t z_{t+j} + b z_t \qquad (3\text{-}70)$$

我们现在可以通过解出系数 a_i 来解不定系数，以求解出上述方程：

$$j = 0 : c_0 = -b * a^{(-1)} \qquad (3\text{-}71)$$

$$j = 1:c_1 = a^{(-1)}c_0 \tag{3-72}$$

$$j = 2:c_2 = a^{(-1)}c_1 \tag{3-73}$$

因此，待定系数法的解就会与前面的前向法的求解相同：

$$x_t = -b\sum_{j=0}^{\infty} a^{(-j-1)}E_t z_{t+j} \tag{3-74}$$

也就是说，x_t 的值等于外生序列 z_t 中未来冲击的预期贴现值之和。

3.3.3 多变量线性理性预期模型

本章的主要内容是介绍线性理性预期模型的解和模拟方法。大多数主流 DSGE 模型都属于这一类型，且本小节将概述一些解此类模型最常用的方法。确定性差分方程和单一维度随机方程的内容可以作为本章内容的一个引言。本小节内容详见参考文献[2]、[3]、[4]。

由于本章处理随机过程，因此，我们先介绍一些定义。引入概率空间（Ω，$\mathcal{F}$，$\mathcal{P}$）。其中，Ω 表示样本空间，$\mathcal{P}$ 表示概率，$\mathcal{F}$ 表示滤波。后者定义为将 $\{F\}_{t\geq0}$ 建模为 σ 代数（参见第4章的测度理论）的一个递增序列。且存在如下关系：$\mathcal{F}_0 \subset \mathcal{F}_1 \subset \cdots \subset \mathcal{F}$。我们定义一个给定状态空间 X 上的随机过程 $\{X_t\}_{t\geq0}$ 为状态空间 X 上的随机变量序列。如果关于 $\mathcal{F}_t$，X 是可测的，$\{X_t\}_{t\geq0}$ 就可以称为采用了滤波 $\mathcal{F}_t$（参见第4章的测度理论）。从经济学视角来解释，F_t 就是时刻 t 的可用信息集。

类似于一阶差分方程，多变量理性预期模型可以写成：

$$AE_t(x_{t+1}) = Bx_t + Cz_t \tag{3-75}$$

其中，x_t 是一个 $n \times 1$ 随机向量。由于这是一个多变量模型，A 和 B 是 $n \times n$ 维矩阵，而 C 是一个 $n \times n_z$ 维矩阵，而且 z_t 是一个 $n_z \times 1$ 维随机过程。我们假设随机过程为一个 AR(1) 过程。DSGE 模型中建模外生过程就是用这种方式。也就是说，外生随机过程可以写成：

$$(z_{t+1}) = \phi z_t + \sum \epsilon_{t+1} \tag{3-76}$$

假设随机过程的初始值 z_0 已知，ϕ 为 $n_z \times n_z$ 维矩阵，而 $\sum$ 是 $n_z \times n_\epsilon$ 维矩阵。最后 ϵ_t 是一个随机过程：

$$E_t\epsilon_{t+1} = 0$$

$$E_t\epsilon_{t+1}\epsilon_{t+1}^{'} = 0$$

使用标准概念，I 表示单位矩阵。类似于单维变量，假设 z_t 过程是稳定的。在多维变量的情形中，随机过程的稳定性可以定义如下：

定义 3.4 如果存在 $M > 0$，使得 $||z_t||_{max} < M$，其中，对于任何随机变量 $z_t \in \mathbb{R}^n$，$||x||_{max} = \max_j E|x_j|$，那么，随机过程 z_t 就是稳定的。

下面，我们介绍三种最常用的理性预期模型的解法：Blanchard 和 Kahn 法（详见参考文献[6]）、Klein 法（详见参考文献[8]）和 Sims 法（详见参考文献[7]）。虽然这些方法都提出了理性预期模型（3-75）的解，但是它们在两个必要问题的解决方案上存在差异：矩阵 A 是否奇异，如何处理前定变量。

3.3.4 Blanchard-Kahn方法

Blanchard-Kahn方法有两个特征：矩阵 A 是非奇异的；而且，根据此方法，在满足下列定义时，变量就可归类于前定变量。

定义 3.5 如果下列条件满足：（1）x_0 给定；（2）x_{t+1} 相对于 F_t 是可测度的，其中，$\mathcal{F}_t$ 被定义为一个滤波。我们就称随机过程 $\{x_t\}_{t\geqslant 0}$ 为前定的。第二个条件可以写成：$E[x_{t+1}|F_t] = x_{t+1}$。

参考确定性方程的结果，我们可以将向量 x_t 分解成 n_y 维非前定变量子向量 y_t 和 $n - n_y$ 维前定变量子向量 k_t。因此，我们可以写成：$x_t = [k'_t, y'_t]$。

假设有 n_u 个不稳定的特征值和 $n_s = n - n_u$ 个稳定的特征值，那么，根据确定性方程的结果，我们可以写出一个前向型的解：

$$u_t = -J_u^{(-1)}\left(I - L^{(-1)}J^{(-1)}\right)^{(-1)}C_u^* z_t = \tag{3-77}$$

$$-\sum_{j=0}^{\infty} J_u^{(-j-1)}C_u^* E_t z_{t+j} \tag{3-78}$$

3.3.5 Klein方法

在确定性动态系统中，我们已经了解过 Klein 方法的基础。与 Blanchard-Kahn 方法不同，Klein 方法适用于矩阵 A 是奇异的情形。与 Blanchard-Kahn 方法相比较，第二个差异是前定变量的处理方式。在使用 Klein 方法之前，需要了解一些定义。

定义 3.6 让我们考虑一个随机过程 x_t。如果条件 $Ex_{t+1} = x_t$ 对于所有的 $t \geqslant 0$ 都成立，那么，这个过程就是鞅。如果条件 $Ex_{t+1} = 0$ 成立，那么，这个过程就是鞅差分。

定义 3.7 如果下列条件得到满足：

（1）$E_t[x_t] = 0$

（2）$E_t[x_t x'_s] = \begin{cases} 0 & s \neq t \\ \Sigma & s = t \end{cases}$

那么，随机过程 x_t 就是一个白噪声过程。

下面的定义阐明了 Klein 方法中对前定变量的使用比 Blanchard-Kahn 方法更有一般性。

定义 3.8 给定一个随机过程 x_t，我们就称 x_t 为前定型的（或者后向型的），如果下列条件得到满足：

（1）预测误差 $\xi_t = x_{t+1} - Ex_{t+1}$ 是一个外生给定的鞅差分；

（2）初始值 x_0 关于 F_0 是可测度的，且也是外生给定的。

当 $\xi_{t+1} = 0$ 时，这个定义就与 Blanchard-Kahn 方法使用的定义一致了。假设变量 k_t 的集合遵循上述定义，且预测误差 ξ_t 是外生给定的，那么，模型的解可以写成：

$$y_t = A_{yk}k_t + A_{yz}z_t \tag{3-79}$$

$$k_{t+1} = A_{kk}k_t + A_{kz}z_t + \xi_{t+1} \tag{3-80}$$

其中，假设 k_0，z_0 都是给定的。更多详细信息可见参考文献[8]或参考文献 [3]。

3.3.6 Sims方法

相比于上文两种方法，Sims 用下面的表达式来表示理性预期模型：

$$\Gamma_0 y_t = \Gamma_1 y_{t-1} + C + \Psi z_t + \Pi \eta_t \tag{3-81}$$

其中，y_t 是 $n \times 1$ 维随机向量，z_t 是 $n_z \times 1$ 维随机向量，并且它是外生给定的，而 η_t 是由内生预测误差组成的 $m \times 1$ 维向量。后者假设满足 $E_t \eta_{t+1} = 0$。Γ_0、Γ_1 都是 $n \times n$ 维系数矩阵，C 是 $n \times 1$ 维常数向量，Ψ 是 $n \times n_z$ 维矩阵，Π 是 $n \times m$ 维矩阵。

如果我们使用变量的偏离，可以假设矩阵 $C = 0$ 来简化上面的表达式，且 z_t 序列相关，以使得 z_t 依附于 y_t，可以用 ϵ_t 来替代。在这些假设下，上述系统就转换成：

$$\Gamma_0 y_t = \Gamma_1 y_{t-1} + \Psi \epsilon_t + \Pi \eta_t \tag{3-82}$$

其中，$E_t \epsilon_{t+1} = 0$

正如 Klein 提出的方法，Sims 方法也允许 A 是奇异矩阵，用 Sims 的符号，就是 Γ_0。然而，这种方法的独特之处在于前定变量和跳跃变量之间的差别。Sims 施加了一个条件，该模型内生决定了前定变量的一种线性组合。他也假设 t 期的变量在时刻 t 是可观测的。

Sims 提出的这种方法也是基于广义 Schur 分解法。其中，我们将 Sims 方法应用于矩阵 (Γ_0, Γ_1)，它们都是奇异矩阵。根据广义 Schur 分解，存在单位矩阵 Q，Z 和上三角矩阵 S，T，以使得下列关系成立：$Q\Gamma_0 Z = S$ 和 $Q\Gamma_1 Z = T$。

我们可以排列矩阵 S，T，使其有 n_s 个稳定特征值和 n_u 个不稳定特征值。然后，进一步定义 $y^* = Z^H y_t$，并用下列分解：

$$y_t^* = \begin{bmatrix} s_t \\ u_t \end{bmatrix}$$

如果我们对 y_t 使用变换和 Schur 分解，我们就乘以矩阵 Q，得到：

$$S y_t^* = T y_{t-1}^* + Q(\Psi \epsilon_t + \Pi \eta_t) \tag{3-83}$$

因为矩阵 S，T 是上三角矩阵，我们可以将它们分解成：

$$\begin{bmatrix} S_{11} & S_{12} \\ 0 & S_{22} \end{bmatrix} \begin{bmatrix} s_t \\ u_t \end{bmatrix} = \begin{bmatrix} T_{11} & T_{12} \\ 0 & T_{22} \end{bmatrix} \begin{bmatrix} s_{t-1} \\ u_{t-1} \end{bmatrix} + \begin{bmatrix} Q_{1.} \\ Q_{2.} \end{bmatrix} (\Psi \epsilon_t + \Pi \eta_t) \tag{3-84}$$

其中，对于 $S,T:Q_1$，使用相同的方式来分解 Q：Q_1 包含 Q 中的前 n_s 行，Q_2 包含剩余的 n_u 行。给定 u_t 不稳定，我们可以利用前向迭代方法来解：

$$u_t = -T_{22}^{-1} \sum_{j=1}^{\infty} \left[T_{22}^{-1} S_{22} \right]^j Q_{2.} (\Psi \epsilon_{t+j} + \Pi \eta_{t+j}) \tag{3-85}$$

当我们对过程 u_t 使用期望算子时，我们得到 $E_t u_t = u_t = 0$。我们可以进一步将其扩展到 y_t^* 的分解：

$$y_t^* = \begin{bmatrix} s_t \\ u_t \end{bmatrix} = \begin{bmatrix} Z_1^H \\ Z_2^H \end{bmatrix} y_t$$

给定 u_t 的期望值，这就意味着 $Z_2^H y_t = 0$，因此，给出了 y_t 的初始值。此外，我们也得到：

$$Q_{2.}(\Psi \epsilon_{t+j} + \Pi \eta_{t+j}) = 0 \tag{3-86}$$

为了得到模型的解，我们也需要根据外生冲击 ϵ_t 解出随机过程 η_t。我们使用下列定理：

性质 3.2 给定外生冲击 ϵ_t 的序列，当且仅当存在 $m \times n_z$ 维矩阵 Λ 使得下列关系成立：$Q_2.\Psi = Q_2.\Pi\Lambda$，那么，总存在一个随机过程 η_t，且 $\eta_t \in \mathbb{R}$，满足上述方程组。

这个定理意味着，为了解方程（3-86），我们必须做出下列假设：

假设 3.1 存在一个 $m \times n_z$ 维矩阵 Λ，以使得 $Q_2.\Psi = Q_2.\Pi\Lambda$。换言之，$Q_2.\Psi$ 的列空间必须包含于 $Q_2.\Pi$。

虽然这个假设确保了我们能找到一个解，但是我们仍然需要施加一个额外的假设来使得解是唯一的。

假设 3.2 存在一个 $n_s \times n_u$ 维矩阵 Ξ 以使得下列关系成立：$Q_1.\Pi = \Xi Q_2.\Pi$。

我们可以在方程（3-84）左边乘以 $[I - \Xi]$，得到：

$$\begin{bmatrix} S_{11} & S_{12} - \Xi S_{22} \\ 0 & I \end{bmatrix}\begin{bmatrix} s_t \\ u_t \end{bmatrix} = \begin{bmatrix} T_{11} & T_{12} - \Xi T_{22} \\ 0 & 0 \end{bmatrix}\begin{bmatrix} s_{t-1} \\ u_{t-1} \end{bmatrix} + \begin{bmatrix} Q_1. - \Xi Q_2. \\ 0 \end{bmatrix}(\Psi\epsilon_t + \Pi_t\eta_t) \tag{3-87}$$

2×2 维的矩阵左边乘一个 2×1 维向量得到的是 2×1 维的矩阵。然后，将包含在上述方程 $u_t = 0$ 的矩阵附在矩阵的下行元素处。利用第二个假设可以进一步简化上面方程的最后一项。因此，方程变为：

$$\begin{bmatrix} S_{11} & S_{12} - \Xi S_{22} \\ 0 & I \end{bmatrix}\begin{bmatrix} s_t \\ u_t \end{bmatrix} = \begin{bmatrix} T_{11} & T_{12} - \Xi T_{22} \\ 0 & 0 \end{bmatrix}\begin{bmatrix} s_{t-1} \\ u_{t-1} \end{bmatrix} + \begin{bmatrix} Q_1. - \Xi Q_2. \\ 0 \end{bmatrix}(\Psi\epsilon_t) \tag{3-88}$$

为了推导出方程的解，我们使用 $y_t = Zy_t^*$，然后解方程得到的解就是原始表达式（3-82）的解：

$$y_t = \Theta_1 y_{t-1} + \Theta_2 \epsilon_t \tag{3-89}$$

其中，矩阵 Θ_1 和 Θ_2 可以写成如下：

$$\Theta_1 = Z\begin{bmatrix} S_{11} & S_{12} - \Xi S_{22} \\ 0 & I \end{bmatrix}^{-1}\begin{bmatrix} T_{11} & T_{12} - \Xi T_{22} \\ 0 & 0 \end{bmatrix}Z^H \tag{3-90}$$

$$\Theta_2 = Z\begin{bmatrix} S_{11} & S_{12} - \Xi S_{22} \\ 0 & I \end{bmatrix}\begin{bmatrix} Q_1 & -\Xi Q_2 \\ 0 & 0 \end{bmatrix}^{-1}\Psi \tag{3-91}$$

我们可以使用下列定理来提取 Sims 方法的主要结果：

定理 3.4 如果假设 3.1 和 3.2 成立，那么，它们就是方程（3-82）的解唯一的必要且充分条件。

|3.4| Julia 应用

这一节介绍两个基准 DSGE 模型：实际经济周期模型和新凯恩斯主义模型。我们先介绍这两个模型，然后在 Julia 中求解、模拟它们。同时，我们也会讨论一些 Julia 包用于求解、模拟 DSGE 模型，甚至估计它们的例子。

3.4.1 实际经济周期模型

参照参考文献[4]，首先呈现出一个经典的实际经济周期（简称 RBC）模型。这个部分的目的是给出一个基准的 DSGE 模型，并介绍线性化技术，然后在 Julia 中来求解、模拟这个模型。

本节的 RBC 模型是一个封闭经济模型，其中，存在大量的无限期生存的同质家庭和企业。家庭最大化其生命周期效用：

$$E_t \sum_{t=0}^{\infty} \beta^t log(c_t) - \gamma \frac{h_t^{1+\psi}}{1+\psi} \tag{3-92}$$

家庭最优地选择消费c_t和劳动时间h_t。其中，参数β代表贴现率。

家庭面临下列预算约束：

$$y_t = c_t + i_t \tag{3-93}$$

代表性企业生产同质的最终产品，要么用于消费，要么用于投资。企业拥有资本存量，并从家庭那里雇用劳动力。代表性企业的生产技术由柯布-道格拉斯生产函数来表达：

$$y_t = a_t k_t^{\alpha} h_t^{1-\alpha} \tag{3-94}$$

其中，α是资本份额，a_t是全要素生产率。进一步假设全要素生产率演化遵循AR(1)过程：

$$log(a_t) = (1-\rho)log(\bar{a}) + \rho log(a_{t-1}) + \epsilon_t \tag{3-95}$$

其中，ϵ_t假设为均值为0，标准差为σ的正态分布。

最后，资本存量演化方程为：

$$k_{t+1} = (1-\delta)k_t + i_t \tag{3-96}$$

其中，参数δ代表折旧率。

求解

从中央计划者的视角来看，我们得到下列一阶条件（结合资本存量动态和资源约束）：

$$\gamma h_t^{\psi} c_t = (1-\alpha)\frac{y_t}{h_t} \tag{3-97}$$

$$y_t = a_t k_t^{\alpha} h_t^{1-\alpha} \tag{3-98}$$

$$y_t = c_t + i_t \tag{3-99}$$

$$k_{t+1} = i_t + (1-\delta)k_t \tag{3-100}$$

$$1 = \beta E_t\left(\frac{c_t}{c_{t+1}}\left(\alpha \frac{y_{t+1}}{k_{t+1}} + 1 - \delta\right)\right) \tag{3-101}$$

虽然现实中存在解这类非线性模型的方法，但是本章关注于线性系统。在线性化该模型之前，我们先要确定稳态。

确定性稳态

这里我们计算模型的稳态。变量x_t的稳态值x，即对于所有时期t，$x_t = x$。那么，我们可以写出RBC模型的稳态：

$$\gamma \bar{h}^{\psi} \bar{c} = (1-\alpha)\frac{\bar{y}}{\bar{h}} \tag{3-102}$$

$$\bar{y} = \bar{a}\bar{k}^{\alpha}\bar{h}^{1-\alpha} \tag{3-103}$$

$$\bar{y} = \bar{c} + \bar{i} \tag{3-104}$$

$$\bar{k} = \bar{i} + (1-\delta)\bar{k} \tag{3-105}$$

$$1 = \beta\left(\left(\alpha\frac{\bar{y}}{\bar{k}} + 1 - \delta\right)\right) \tag{3-106}$$

然后，我们用上述方程组来确定每个变量的稳态值。对于资本存量过程，其稳态公式为：

$$\bar{i} = \delta\bar{k} \tag{3-107}$$

$$\frac{\bar{i}}{\bar{y}} = \delta\frac{\bar{k}}{\bar{y}} \tag{3-108}$$

将上述公式代入方程（3-106）得到：

$$\frac{\bar{y}}{\bar{k}} = \frac{1 - \beta(1 - \delta)}{\alpha\beta} \tag{3-109}$$

结合最后两个方程，得到：

$$\frac{\bar{i}}{\bar{y}} = \frac{\alpha\beta\delta}{1 - \beta(1 - \delta)} \tag{3-110}$$

用资源约束方程，得到：

$$\frac{\bar{c}}{\bar{y}} = 1 - \frac{\bar{i}}{\bar{y}} \tag{3-111}$$

由此，我们可以推导出劳动时间的稳态：

$$\bar{h} = \left(\frac{1 - \alpha}{\gamma\left(1 - \bar{i}/\bar{y}\right)}\right)^{\frac{1}{1+\psi}} \tag{3-112}$$

利用稳态产出-资本比率和稳态劳动时间，我们可以计算得到产出的稳态值：

$$\bar{y} = \bar{a}\left(\frac{\alpha\beta}{1 - \beta(1 - \delta)}\right)^{\frac{\alpha}{1-\alpha}} \tag{3-113}$$

最后，使用 $\bar{y}/\bar{k}$、$\bar{i}/\bar{y}$ 和 $\bar{c}/\bar{y}$，分别计算得到剩余变量的稳态值。

线性化

在第2章的2.4.2节中，我们在函数逼近的小节中介绍了局部逼近的思想。但是，我们将更广泛的讨论放到这里，以便在一个更方便的框架中介绍它，即线性化宏观经济模型。如果模型离稳态不太远，线性化宏观经济模型会产生合理的近似值。

基本上有两种方法可以对非线性宏观经济模型进行线性化处理：一种基于泰勒展开式，另一种基于 Uhlig，详见参考文献[13]。比较这两种方法的权威出处见参考文献[12]。在介绍这两种方法时，我主要遵循后者。

泰勒展开式：假定一个给定模型的方程可以写成如下形式：

$$f(x_t) = \frac{g(x_t)}{h(x_t)} \tag{3-114}$$

我们首先两边同时取自然对数，得到：

$$ln\left(f(x_t)\right) = ln\left(g(x_t)\right) - ln\left(h(x_t)\right) \tag{3-115}$$

我们将公式应用到一阶泰勒展开式，得到：

$$ln\left(f\left(\bar{x}\right)\right) + \frac{f'\left(\bar{x}\right)}{f\left(\bar{x}\right)}\left(x_t - \bar{x}\right) \approx ln\left(g\left(\bar{x}\right)\right) + \frac{g'\left(\bar{x}\right)}{g\left(\bar{x}\right)}\left(x_t - \bar{x}\right) - ln\left(h\left(\bar{x}\right)\right) - \frac{h'\left(\bar{x}\right)}{h\left(\bar{x}\right)}\left(x_t - \bar{x}\right)$$

$$(3-116)$$

我们得到的是一个初始方程（3-114）的线性化近似值。必须注意的是分式 $\frac{f'\left(\bar{x}\right)}{f\left(\bar{x}\right)}$ 和其余部分均为线性的，因为它们只涉及常数。我们也知道，稳态时可以得到：

$$ln\left(f\left(\bar{x}\right)\right) = ln\left(g\left(\bar{x}\right)\right) - ln\left(h\left(\bar{x}\right)\right)$$

$$(3-117)$$

那么，我们可以得到最终的初始方程线性化版本：

$$\frac{f'\left(\bar{x}\right)}{f\left(\bar{x}\right)}\left(x_t - \bar{x}\right) \approx \frac{g'\left(\bar{x}\right)}{g\left(\bar{x}\right)}\left(x_t - \bar{x}\right) - \frac{h'\left(\bar{x}\right)}{h\left(\bar{x}\right)}\left(x_t - \bar{x}\right)$$

$$(3-118)$$

Uhlig 方法：相比于泰勒展开式，Uhlig 方法更简单，仅涉及一系列简单的规则。我们定义变量偏离均衡值的对数差分为：

$$\widetilde{x_t} = ln\left(x_t\right) - ln\left(\bar{x}\right)$$

$$(3-119)$$

Uhlig 证明，一个变量 x_t 可以写成 $x_t = \bar{x}e^{\tilde{x}_t}$。下面我们将给出解释：

$$x_t = \bar{x}\frac{x_t}{\bar{x}} = \bar{x}e^{\ln\frac{x_t}{\bar{x}}} = \bar{x}e^{\ln x_t - \ln \bar{x}} = \bar{x}e^{\tilde{x}_t}$$

$$(3-120)$$

Uhlig 方法基本上是将每个变量 x_t 写成等价形式 $\bar{x}e^{\tilde{x}_t}$，然后应用一些基本规则，即：

$$e^{\tilde{x}_t + a\tilde{y}} \approx 1 + \tilde{x}_t + a\tilde{y}_t$$

$$(3-121)$$

$$\tilde{x}_t\tilde{y}_t \approx 0$$

$$(3-122)$$

$$E_t\left[ae^{\tilde{x}_{t+1}}\right] \approx a + aE_t\left[\tilde{x}_{t+1}\right]$$

$$(3-123)$$

一个应用：下面，我们展示上述 RBC 模型诸多方程中的一个，生产函数的对数线性化，见方程（3-98）。我们再次将方程写成如下形式：

$$y_t = a_t k_t^\alpha h_t^{1-\alpha}$$

$$(3-124)$$

我们应用自然对数得到：

$$ln\left(y_t\right) = ln\left(a_t\right) + \alpha ln\left(k_t\right) + \left(1-\alpha\right)ln\left(h_t\right)$$

$$(3-125)$$

我们可以使用一阶泰勒展开式，得到：

$$ln\left(\bar{y}\right) + \frac{1}{\bar{y}}\left(y_t - \bar{y}\right) \approx ln\left(\bar{a}\right) + \frac{1}{\bar{a}}\left(a_t - \bar{a}\right) +$$
$$\alpha ln\left(\bar{k}\right) + \alpha\frac{1}{\bar{k}}\left(k_t - \bar{k}\right) + \left(1-\alpha\right)ln\left(\bar{h}\right) + \left(1-\alpha\right)\frac{1}{\bar{h}}\left(h_t - \bar{h}\right)$$

$$(3-126)$$

再次利用理论解释，在稳定状态下的变量相互抵消，因为它保持：

$$ln\left(\bar{y}\right) \approx ln\left(\bar{a}\right) + \alpha ln\left(\bar{k}\right) + \left(1-\alpha\right)ln\left(\bar{h}\right)$$

$$(3-127)$$

我们最终得到：

$$\frac{1}{\bar{y}}\left(y_t - \bar{y}\right) \approx \frac{1}{\bar{a}}\left(a_t - \bar{a}\right) + \alpha\frac{1}{\bar{k}}\left(k_t - \bar{k}\right) + \left(1-\alpha\right)\frac{1}{\bar{h}}\left(h_t - \bar{h}\right)$$

$$(3-128)$$

可以进一步简化为：

$$\frac{1}{\bar{y}} + 1 \approx \frac{a_t}{\bar{a}} + \alpha\frac{k_t}{\bar{k}} + (1-\alpha)\frac{h_t}{\bar{h}} \tag{3-129}$$

我们也可以在对数线性化模型中应用 Uhlig 方法。我们再次从生产函数的相同特性开始分析。对于每一个变量 x_t，我们将其取代为 $x_t = \bar{x}e^{\tilde{x}_t}$。现在方程变为：

$$\bar{y}e^{\tilde{y}_t} = \bar{a}\bar{k}^\alpha\bar{h}^{1-\alpha}e^{\tilde{a}+\alpha\tilde{k}+(1-\alpha)\tilde{h}} \tag{3-130}$$

使用 Uhlig 方法可以进一步估计为：

$$\bar{y}(1+\tilde{y}_t) = \bar{a}\bar{k}^\alpha\bar{h}^{1-\alpha}\left(1+\tilde{a}_t+\alpha\tilde{k}_t+(1-\alpha)\tilde{h}_t\right) \tag{3-131}$$

我们可以使用稳态方程：$\bar{y} = \bar{a}\bar{k}^\alpha\bar{h}^{1-\alpha}$，最终得到：

$$\tilde{y}_t = \tilde{a}_t + \alpha\tilde{k}_t + (1-\alpha)\tilde{h}_t \tag{3-132}$$

这个等价于一阶对数线性化，假定方程已经转换为：$x_t \approx \bar{x}(1+\tilde{x})$。

对数线性化

下面给出所有对数线性化模型：

$$(1+\psi)\tilde{h}_t + \tilde{c}_t - \tilde{y}_t = 0 \tag{3-133}$$

$$\tilde{y}_t - (1-\alpha)\tilde{h}_t - \alpha\tilde{k}_t - \tilde{a}_t = 0 \tag{3-134}$$

$$\tilde{y}_t = \frac{\bar{c}}{\bar{y}}\tilde{c}_t + \frac{\bar{i}}{\bar{y}}\tilde{i}_t \tag{3-135}$$

$$\tilde{k}_{t+1} = \delta\tilde{i}_t + (1-\delta)\tilde{k}_t \tag{3-136}$$

$$E_t\tilde{c}_{t+1} = \tilde{c}_t + (1-\beta(1-\delta))\left(E_t\tilde{y}_{t+1} - E_t\tilde{k}_{t+1}\right) \tag{3-137}$$

$$\tilde{a}_t = \rho\tilde{a}_{t-1} + \tilde{\epsilon}_t \tag{3-138}$$

Julia 代码

随后，我们在 Julia 中展示了求解和模拟 RBC 模型的代码。代码使用 Sim 方法求解模型。我们遵循参考文献[4]的实现方式。把变量分成两组，$y_t = \left\{\tilde{k}_{t+1}, \tilde{a}_t, E_t\tilde{c}_{t+1}\right\}$ 和 $x_t = \left\{\tilde{y}_t, \tilde{c}_t, \tilde{i}_t, \tilde{h}_t\right\}$。使用这些定义，我们可以写出一组两个方程的系统，其中第一组是静态方程，第二组反映动态变化，如下所示：

$$\begin{aligned}\Gamma_x x_t &= \Gamma_y y_{t-1} + \Gamma_\epsilon \epsilon_t + \Gamma_\eta \eta_t \\ \Gamma_y^0 y_t + \Gamma_x^0 E_t x_{t+1} &= \Gamma_y^1 y_{t-1} + \Gamma_x^1 x_t + \Gamma_\epsilon \epsilon_t + \Gamma_\eta \eta_t\end{aligned} \tag{3-139}$$

使用第一个定义，我们可以求解 x_t，得到：

$$x_t = \Pi_y y_{t-1} + \Pi_\epsilon \epsilon_t + \Pi_\eta \eta_t \tag{3-140}$$

这里，我们通过该方程表示 $\Pi_j = (\Gamma_x)^{-1}\Gamma_j$，其中 $j = \{y, \epsilon, \eta\}$。我们也知道误差的期望值为零，也就是说 $E_t\epsilon_{t+1} = E_t\eta_{t+1}$，这就暗示了上述方程可以写成 $E_t x_{t+1} = \Pi_y y_t$。我们因此可以重新将第二个方式写成：

$$A_0 y_t = A_1 y_{t+1} + B\epsilon_t + C\eta_t \tag{3-141}$$

此处的系数矩阵可以定义为如下形式：$A_0 = \Gamma_y^0 + \Gamma_x^0\Pi_y$、$A_1 = \Gamma_y^1 + \Gamma_x^1\Pi_y$、$B = \Gamma_\epsilon + \Gamma_x^1\Pi_\epsilon$ 和 $C = \Gamma_\eta + \Gamma_x^1\Pi_\eta$。我们也可以使用基本冲击 ϵ_t 写出期望误差 η_t，具体细节详见参考文献[4]，即：

$$\eta_t = -V_1 D_{11}^{-1} U_1' Q_2 B \epsilon_t \tag{3-142}$$

首先，我们给出利用Sims方法解RBC模型的Julia代码：

```julia
alpha = 0.4;
delta = 0.025;
rho  = 0.95;
beta= 0.988;
hs   = 0.5;
sz   = 0.00217;

# Deterministic Steady state
ysk = (1-beta*(1-delta))/(alpha*beta);
ksy = 1/ysk;
si  = delta/ysk;
sc  = 1-si;

#Define:
#Y=[k(t+1) a(t+1) E_tc(t+1)]
#X=[y,c,i,h]

ny  = 3;  # of variables in vector Y
nx  = 4;  # of variables in vector X
ne  = 1;  # of fundamental shocks
nn  = 1;  # of expectation errors

# Initialize the Upsilon matrices
UX=zeros(nx,nx);
UY=zeros(nx,ny);
UE=zeros(nx,ne);
UN=zeros(nx,nn);

G0Y=zeros(ny,ny);
G1Y=zeros(ny,ny);
G0X=zeros(ny,nx);
G1X=zeros(ny,nx);
GE=zeros(ny,ne);
GN=zeros(ny,nn);
```

```
# Production function
UX[1,1]=1;
UX[1,4]=alpha-1;
UY[1,1]=alpha;
UY[1,2]=rho;
UE[1]=1;

#Consumption c(t)=E(c(t)|t-1)+eta(t)
UX[2,2]=1;
UY[2,3]=1;
UN[2]=1;

# Resource constraint
UX[3,1]=1;
UX[3,2]=-sc;
UX[3,3]=-si;

# Consumption-leisure arbitrage
UX[4,1]=-1;
UX[4,2]=1;
UX[4,4]=1;

# Accumulation of capital
G0Y[1,1]=1;
G1Y[1,1]=1-delta;
G1X[1,3]=1;

# Productivity shock
G0Y[2,2]=1;
G1Y[2,2]=rho;
GE[2]=1;

# Euler equation
G0Y[3,1]=1-beta*(1-delta);
G0Y[3,3]=1;
G0X[3,1]=-(1-beta*(1-delta));
G1X[3,2]=1;
```

```
# Solution
# Step 1: solve the first set of equations
PIY = inv(UX)*UY;
PIE = inv(UX)*UE;
PIN = inv(UX)*UN;

# Step 2: build the standard System
A0  = G0Y+G0X*PIY;
A1  = G1Y+G1X*PIY;
B   = GE+G1X*PIE;
C   = GN+G1X*PIN;

#First we compute the Schur decomposition A0=Q'*T*Z' and A1=Q'*S*Z'
r = schur(complex(A1),complex(A0))
tol_=1e-8;
cutoff=1
sel = (abs.(diag(r.S)./diag(r.T)).<cutoff)

ordschur!(r,sel)
S = r.S
T = r.T
Q = r.Q'  # So now q*a*z = s and q*b*z = t
Z = r.Z

n        = size(A0,1);   # number of variables
nf       = size(B,2);    # number of fundamental shocks
ne       = size(C,2);    # number of expectation errors

# Calculate the number of unstable eigenvalues
m = n-sum(sel);
Q1       = Q[1:n-m,:];
Q2       = Q[n-m+1:n,:];
Z1       = Z[:,1:n-m]';
Z2       = Z[:,n-m+1:n]';

r_svd    = svd(Q2*C);
U1       = r_svd.U
D1       = r_svd.S
```

```
V1       = r_svd.V
r        = rank(Q2*C);     # number of linearly independent forecast errors
T11      = T[1:n−m,1:n−m];
T12      = T[1:n−m,n−m+1:n];
T22      = T[n−m+1:n,n−m+1:n];

T1i      = inv(T11);
S11      = S[1:n−m,1:n−m];
S12      = T[1:n−m,n−m+1:n];
S22      = T[n−m+1:n,n−m+1:n];

r_svd    = svd(Q1*C);
U1       = r_svd.U
D1       = r_svd.S
V1       = r_svd.V

r1       = rank(Q1*C);

r_svd    = svd(Q2*C);
U2       = r_svd.U
D2       = r_svd.S
V2       = r_svd.V
r2       = rank(Q2*C);
Phi      = ((U2[:,1:r2].*(D2[1:r2,1:r2]\V2[:,1:r2]')).*(V1[:,1:r1].*D1[1:r1,1:r1].*U1[:,1:
r1])')')';

Transfo   = [ones(n−m,n−m) −Phi];
#MY0       = inv([Transfo*T;zeros(m,n−m) ones(m)]);
MY0       = inv([T11 T12−Phi*T22;zeros(m,n−m) ones(m)]);
MY1       = ([Transfo*S;zeros(m,n)]);
MY        = Z*(MY0*MY1)*Z´;

if ne>r2;
    println("Indeterminacy: adding beliefs")
    ME       = MY0*[Transfo*Q*[B C];zeros(m,size([B C],2))];
    ME       = Z*ME;
    ETA      = (U2[:,1:r2]*(D2[1:r2,1:r2]\V2[:,1:r2]'))'*Q2*[B C];
else
```

```
ME          = MY0*[Transfo*Q*B;zeros(m,size(B,2))];
ME          = Z*ME;
ETA         = (U2[:,1:r2]*(D2[1:r2,1:r2]\V2[:,1:r2]'))'*Q2*B;
End
#solutions
MY  = real(MY);
ME  = real(ME);
ETA = real(ETA);
```

为了画出脉冲响应图，我们使用下列代码：

```
#simulate
# Step 4: Recover the impact function
PIE=PIE-PIN*ETA;


#horizon of responses
nrep   = 20;
YS     = zeros(3,nrep);
XS     = zeros(4,nrep);
Shock  = 1;
YS[:,1] = ME*Shock;
XS[:,1] = PIE;
for t=2:nrep;
   YS[:,t] = MY*YS[:,t-1];
   XS[:,t] = PIY*YS[:,t-1];
end


#Pkg.add("Plots")
using Plots
pyplot()
#plotly() # Choose the Plotly.jl backend for web interactivity
plot(XS[1,:], linewidth=1, label= "output", title= "Impulse Response Function to a 1%
technological shock")
plot!(XS[3,:],linewidth=1,label="investment")
```

结果如图 3-1 所示。

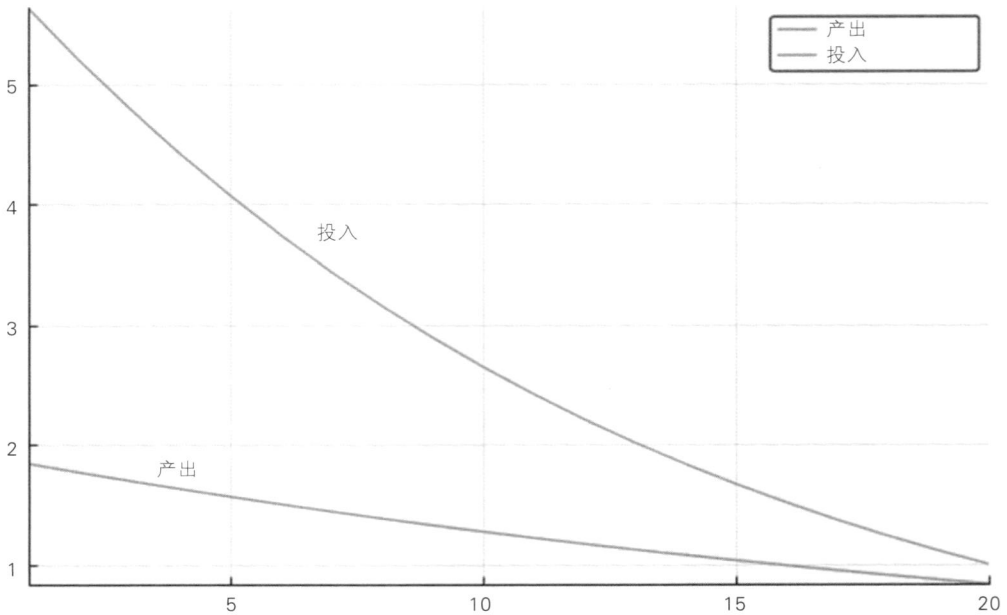

图 3-1　RBC 的脉冲响应

注：在 1% 的技术冲击下的脉冲响应函数。

3.4.2　一个基本的新凯恩斯主义模型

下面，我们介绍一个基本的新凯恩斯主义模型（以下简称 NK 模型），并用 Julia 来求解和模拟。这个模型非常基础，我用 Blanchard 和 Kahn 的方法来求解。市面上有很多较好的材料涵盖了新凯恩主义模型。读者可能想要看看参考文献[14]和[15]。本节我们会学习一个非常简洁的版本，详见参考文献[16]。我们非常倾向于让模型尽量简化，以使得读者可以比较 Julia 应用与原文中的 Matlab 代码，详见参考文献[16]。

这里呈现的 NK 模型比参考文献[15]概述的模型更简洁。因为这个模型非常标准，我仅仅只是带大家简单回顾一下这个模型，感兴趣的读者可以去看参考文献。一个经典的 NK 模型由三个部门组成：家庭、企业和政府（货币当局）。家庭最大化其效用函数。下面的效用函数 $U(\cdot)$ 假设为 CRRA 设定：

$$U(c_t) = \frac{C^{1-\sigma}}{1-\sigma} \tag{3-143}$$

其中，c_t 为消费，σ 表示相对风险厌恶系数。在给定预算约束条件下，家庭最大化其生命周期效用函数。

进一步假设经济中不存在资本，也就是说，产出等于消费，即 $y_t = c_t$。企业最大化其利润，且面临三种类型的约束：技术或生产函数、需求曲线，以及只有部分企业可以改变其价格。

最后，货币当局遵循简单的泰勒规则来设定当前的名义利率 i_t，且央行仅仅对当前

通胀 π_t 做出反应。模型最终的对数线性化版本由动态 IS 曲线、新凯恩斯主义菲利普斯曲线、泰勒规则的货币政策，以及遵循 AR 过程的技术冲击组成：

$$\tilde{x}_t = E_t \tilde{x}_{t+1} - \sigma^{-1} \left(\tilde{i}_t - E_t \tilde{\pi}_{t+1} \right) \tag{3-144}$$

$$\tilde{\pi}_t = E_t \tilde{\pi}_{t+1} + \kappa \tilde{x}_t \tag{3-145}$$

$$\tilde{i}_t = \delta \tilde{\pi}_t + v_t \tag{3-146}$$

$$v_{t+1} = \rho v_t + \epsilon_{t+1} \tag{3-147}$$

其中，参数 $\kappa = \dfrac{(1-\omega)(1-\beta\omega)}{\alpha\omega}$。方程（3-144）和（3-146）合并，那么，模型可以写得更紧凑一些：

$$E_t \tilde{x}_{t+1} + \sigma^{-1} E_t \tilde{\pi}_{t+1} = \tilde{x}_t + \sigma^{-1} \delta \tilde{\pi}_t + \sigma^{-1} v_t \tag{3-148}$$

$$E_t \tilde{\pi}_{t+1} = \tilde{\pi}_t - \kappa \tilde{x}_t \tag{3-149}$$

$$v_{t-1} = \rho v_t + \epsilon_{t+1} \tag{3-150}$$

上述模型还能以方程（3-75）这种更加熟悉的形式表达：

$$A_0 E_t X_{t+1} = A_1 X_t + B_0 v_{t+1} \tag{3-151}$$

下面，我们给出 Julia 代码来求解和模拟 NK 模型：

```
#Calibrated parameter values
beta=0.99;
sigma=1.0;
chi=1.55;
eta=0;
theta=2.064;
omega=0.5;
alpha=3;
delta=1.5;
rho=0.5;
kappa=(1-omega)*(1-beta*omega)/(alpha*omega);
#Number of predetermined and jump variables
n=1;#predetermined variables
m=2;#jump variables
nu=1;
cutoff=1.0;
#Define state space matrices
A0=zeros(3,3);
A0[1,1]=1;
A0[2,2]=1;
A0[2,3]=sigma^-1;
A0[3,3]=beta;
```

```
A1=zeros(3,3);
A1[1,1]=rho;
A1[2,1]=sigma^−1;
A1[2,2]=1;
A1[2,3]=sigma^−1*delta;
A1[3,2]=−kappa;
A1[3,3]=1;
B0=zeros(3,1);
B0[1,1]=1;
#Calculate alternative state space matrices
A=inv(A0)*A1;
B=inv(A0)*B0;
lambda=eigvals(A);
println("lambda=");
println(transpose(real(lambda)));

#Blanchard−Kahn Conditions
bk_n = 0;
for i = 1:length(lambda)
if    abs.(lambda[i]) > 1.0
bk_n = bk_n+1;
end
end;
println("BK condition");
println("Number of jump variables:",m);
println("Number of unstable roots:",bk_n);
if bk_n==m;
println("BK satisfied")
elseif bk_n>n
println("Too many unstable roots")
else
println("Too few unstable roots")
end;

#Sort eigenvectors and eigenvalues
v,w = eig(A)
r=[abs.(v) w']
for i = 1:(m+n)
```

```
  for j = i+1:(m+n)
    if  real(r[i,1])> real(r[j,1])
      tmp = r[i,:];
      r[i,:]=r[j,:];
      r[j,:]=tmp;
    elseif real(r[i,1])== real(r[j,1])
      if imag(r[i,1])> imag(r[j,1])
      tmp = r[i,:];
      r[i,:]=r[j,:];
      r[j,:]=tmp;
      end;
    end;
  end;
end;
lam= r[:,1];
M=r[:,2:4]' ;
P=inv(M);
lam=diagm(lam);
#solutions
LAMBDA1=lam[1:n,1:n];
LAMBDA2=lam[(n+1):n+m,(n+1):n+m];
P11 = P[1:n,1:n];
P12 = P[1:n,(n+1):n+m];
P21 = P[(n+1):n+m,1:n];
P22 = P[(n+1):n+m,(n+1):n+m];
R=P*B;
#decision rules
C11=real(inv(P11−P12*inv(P22)*P21)*LAMBDA1*(P11−P12*inv(P22)*P21));
C12=real(inv(P11−P12*inv(P22)*P21)*R[1]);
C21=real(−inv(P22)*P21);
```
模拟脉冲响应函数的代码如下：
```
horiz=24;
e=zeros(horiz,1);
x=zeros(horiz,2);
eps=zeros(horiz,1);
eps[1,1]=1;
for i = 1:horiz−1
e[i+1,:]=C11*e[i,1]+C12*eps[i,1]
```

```
x[i+1,:]=C21*e[i,1]
end
using Plots
pyplot()
plot(x[:,2],linewidth=1,label="Inflation",title="Impulse Response Function to a mone-
tary policy shock")
plot!(x[:,1],linewidth=1,label="Output Gap")
```

产出缺口和通胀的脉冲响应如图 3-2 所示。同时，也模拟出模型产出和通胀的理论矩。

```
#Simulation and moments
#variable names
name=[' x' , 'pi '];
periods=500;
drop=250;
rep=100;
nlag=4;
nvars=size(name,1);
#matrices store results
stdst=zeros(rep,nvars);
corst=zeros(rep,nvars*nvars);
auto=zeros(rep,nvars*nlag);
for i = 1:rep
eps=sqrt(0.01)*rand(1,periods);
x=zeros(periods,2);
e=zeros(periods,1);
#compute variables
e[1,1]=0;
x[1,:]=0;
for j = 1:periods−1
e[j+1,:]=C11*e[j]+C12*eps[j]
x[j+1,:]=C21*e[j,1]
end
#drop burnins
stdst[i,1]=std(x[:,1])
stdst[i,2]=std(x[:,2])
end
```

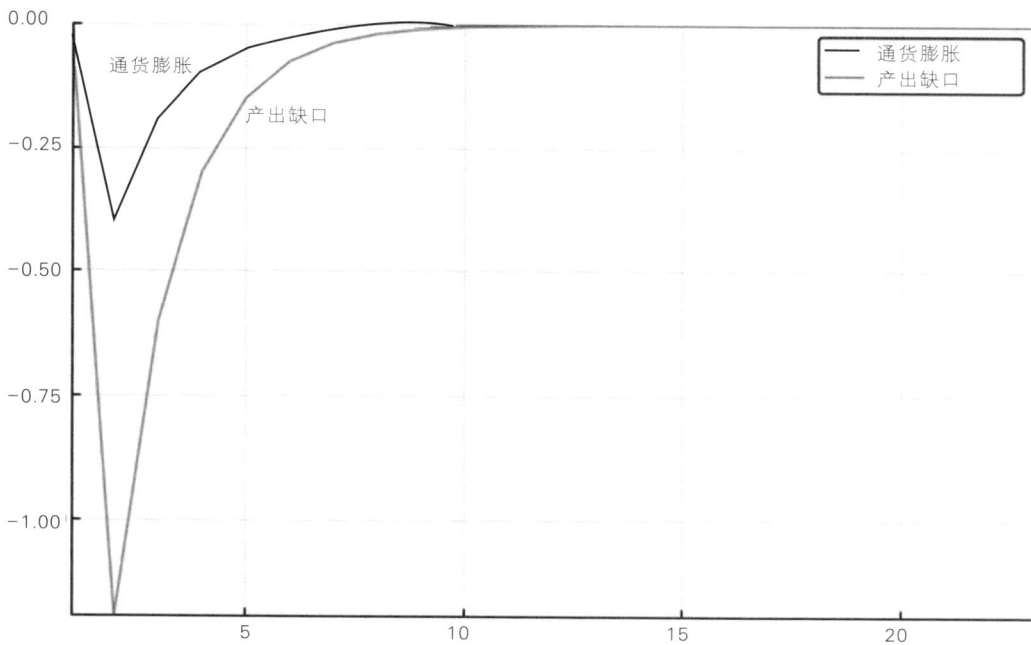

图 3-2　NK模型的脉冲响应

```
#Display results
println("Simulation results");
println("Average standard deviation of output gap:",mean(stdst[:,1]));
println("Average standard deviation of inflation:",mean(stdst[:,2]));
Simulation results
Average standard deviation of output gap:0.04056
Average standard deviation of inflation: 0.01352
```

3.4.3　Julia中的DSGE模型

可能稍微有一点惊讶，Julia语言虽然很新，但已经有一些程序包可以用来求解和模拟DSGE模型了，如格拉斯哥大学的 Richard Dennis 开发的 SovleDSGE。这个程序包包含解DSGE模型最常用的一些方法，即本章前面讨论的一些方法——Blanchard 和 Kahn 方法，Klein 方法和 Sims 方法。这个程序包也允许得到一阶和二阶的精确解。此外，这个程序包还包含一些解相机决策、承诺或无时间视角下的线性二次型最优政策模型的函数。

其他一些值得提及的程序开发贡献还有 Pablo Winant 的 Dolo，其中包含许多前沿的算法，例如扰动法、参数化期望法和时间迭代法。本书第5章也会介绍前两种方法。

最后，纽约联邦储备银行开发的DSGE程序包不仅仅可以求解、模拟DSGE模型，还可以估计DSGE模型。

参考文献

[1]   L. Ljungqvist, Th. Sargent, Recursive Macroeconomic Theory, 3rd edition, MIT Press, 2012.

[2]   Th. Sargent, Macroeconomic Theory, 2nd edition, Emerald Group Publishing Limited, 1987.

[3]   J. Miao, Economic Dynamics in Discrete Time, MIT Press, 2014.

[4]   F. Collard, Notes on numerical methods, Mimeo, 2015.

[5]   K. Neusser, Difference equations for economists, Mimeo, 2016.

[6]   O. Blanchard, Ch. Kahn, The solution of linear difference models under rational expectations, Econometrica 48 (5) (1980) 1305 1312.

[7]   Ch. Sims, Solving linear rational expectations models, Computational Economics 20 (2001) 1-20.

[8]   P. Klein, Using the generalized Schur form to solve a multivariate linear rational expectations model, Journal of Economic Dynamics & Control 24 (5) (2000) 1405-1423.

[9]   R. King, M. Watson, The solution of singular linear difference systems under rational expectations, International Economic Review 39 (4) (1998) 1015-1026.

[10]   J.F. Muth, Rational expectations and the theory of price movements, Econometrica 29 (1961) 315-335.

[11]   R. Lucas, Expectations and the neutrality of money, Journal of Economic Theory 4 (1972) 103-124.

[12]   G. McCandless, The ABCs of RBCs: An Introduction to Dynamic Macroeconomic Models, Harvard University Press, 2008.

[13]   H. Uhlig, A toolkit for analysing nonlinear dynamic stochastic models easily, in: R. Marimon, A. Scott (Eds.), Computational Methods for the Study of Dynamic Economies, 2001, pp. 30-61.

[14]   J. Gali, Monetary Policy, Inflation, and the Business Cycle: An Introduction to the New Keynesian Framework and Its Applications, 2nd edition, Princeton University Press, 2015.

[15]   C. Walsh, Monetary Theory and Policy, 3rd edition, MIT Press, 2010.

[16]   M. Ellison, Practical DSGE modelling, Mimeo, Bank of England, 2005.

动态规划

|4.1| 引言

 动态规划是现代宏观经济学较为重要的研究方法之一。本章将在理论、数值算法和 Julia 语言实际操作这几方面兼顾的基础上来介绍动态规划。尽管本章的目的不是对动态规划方法进行系统的理论介绍，但还是会涉及其理论基础，以便更好地理解与之相关的数值算法。

|4.2| 确定性动态规划

 本节介绍的是确定性动态规划。由于种种原因，如从教学而言，确定性动态规划较好理解，所以确定性动态规划的介绍安排在随机性动态规划方法之前。本节将围绕理论背景、数值算法和应用对基准模型的实现展开介绍。

4.2.1 理论背景

 目前有很多经典著作对确定性动态规划有相关介绍。本小节的理论背景参照的是参考文献[3]和[4]，数值算法和应用参照的则是参考文献[1]和[5]。尽管读者会被建议去阅读上述参考书籍中的相关内容，但鉴于本书的有限篇幅和总体对实际应用的强调，本小节的核心还是兼顾理论介绍和实际操作。

问题表述

 动态规划有两种不同的数学表述形式：序列表述和泛函方程。这两种表述形式其实是等价的。序列表述（以下简称 SR）或可写成如下形式：[1]

 序列表述

$$V^*(x_0) = \sup_{\{x_{t+1}\}_{t=0}^\infty} \sum_{t=0}^\infty \beta^t U(t, x_t, x_{t+1}) \tag{4-1}$$

---

 [1] 表述式中的时间 t 应该是多余的？

其约束条件为：

$$x_{t+1} \in G(x_t) \tag{4-2}$$

其中，$x_0 \in X$ 给定。$G(x)$ 是将一个数值投影到一个集合的对应函数。$U(x)$ 是瞬时效用函数，而 β 是折现因子。

我们将 x_t 定义为 t 时期的状态变量，因为其值在 t 时期之前由 $G(x_{t-1})$ 给定；x_{t+1} 则定义为 t 时期的控制变量。

有两点需要指出：sup 算子在此基于无法确定最大值在可行性计划内是否可获取。而 $V^*(x_0)$ 表述的是值函数，或是起始值为 x_0 的最优化计划的数值。

另一种表述形式，也是求解动态规划问题时较为常用的形式，即泛函方程（以下简称为 FE）。

泛函方程

$$V(x) = \sup_{y \in G(x)} \left[U(x,y) + \beta V(y) \right] \tag{4-3}$$

其中，$V(x)$ 是函数。在如上表述中，我们并不侧重在 $\{x_t\}_{t=0}^{\infty}$ 的序列中选择，而是侧重在政策函数中选择。通过政策函数，我们可以在给定 x_t 时确定 x_{t+1}。

与之前序列表述不同的是，时间下标并没有用到，这是因为瞬时效用函数 $U(\ )$ 和政策函数都不依赖于时间。

因为这种表述在方程右边包含了 $V(\ )$，所以又被称为递归表述。这种表述主要的优势（除了在计算上更方便处理之外）在于能将当前的回报 $U(x,y)$ 和明天的回报 $\beta V(y)$ 或是连续回报（开始于明天）以较简练的方式联系在一起。

等价表述：FE 和 SR 两种表述非常容易被证明是等价的。假设 $x_0^* = x_0$ 为此序列的起始点，SR 能在如下序列 $\{x_t^*\}_{t=0}^{\infty}$ 中取到最值。根据参考文献[3]，可将 SR 写成

$$V^*(x_0) = \sum_{t=0}^{\infty} \beta^t U(x_t^*, x_{t+1}^*) \tag{4-4}$$

$$= U(x_0, x_1^*) + \beta \sum_{s=0}^{\infty} \beta^s U(x_{s+1}^*, x_{s+2}^*) \tag{4-5}$$

$$= U(x_0, x_1^*) + \beta V^*(x_1^*) \tag{4-6}$$

假设

为求解 SR 问题，需要一系列的假设，以确保 SR 问题和 FE 问题都有解。首先，假设序列 $\{x_t^*\}_{t=0}^{\infty}$ 可确保 SR 的上确界存在。如此，可保证在任意 $t = 0, 1, 2, \cdots$ 的情况下，该序列能满足 FE 问题：

$$V(x_t^*) = U(x_t^*, x_{t+1}^*) + \beta V(x_{t+1}^*) \tag{4-7}$$

由上可知，我们是在已知 $X, G(x), U(x)$ 和 β 的情况下对此问题进行设定的。其中，X 是所有可能的状态变量 x 的集合。

动态规划的一个核心概念是可行性计划（或可行性序列）。假设以 x_t 作为初始点，记 $\Phi(x_t)$ 为可行性计划，其中包含了所有可行性选择，这些选择向量都以 x_t 作为初始点。记 $\bar{x} = (x_0, x_1, \cdots)$ 为集合 $\Phi(x_0)$ 中的一个特定元素。如此，可正式定义

$$\Phi(x_0) = \left\{ \{x_t\}_{t=0}^{\infty} : x_{t+1} \in \Gamma(x_t) \right\}.$$

同时，引入政策对应（policy correspondence）这一概念。给定解为V，政策对应$g(x)$可被定义为

$$g^*(x) = \left\{ y \in G(x) : V(x) = U(x) + \beta V(y) \right\} \tag{4-8}$$

如g是单值函数，称政策函数。当序列$\bar{x} = (x_0, x_1, \cdots)$满足$x_{t+1} \in G(x_t)$这个条件时，$\bar{x}$就被认为是从$x_0$经过$G$生成的。最优政策对应可被定义为：

$$g^* = \left\{ y \in G(x) : V^*(x) = U(x, y) + \beta V^*(y) \right\} \tag{4-9}$$

其中，V^*是SR中的上确界函数。用$A = \left\{ (x, y) \in X \times X : y \in G(x) \right\}$定义$G$，而$U : A \to \mathbb{R}$。

假设4.1 对于所有$x \in X$，假设对应$G(x)$是非空集。

同时，假定可以用$U(\ )$和折现因子β对所有可行性计划进行评估。

假设4.2 对$x_0 \in X$和$\bar{x} \in \Phi(x_0)$，以下极限存在，且极限值有限：

$$\lim_{n \to \infty} \sum_{t=0}^{n} \beta^t U(x_t, x_{t+1}) \tag{4-10}$$

这一假设非常重要。极限存在有限值，虽然没有必要，但是从经济学的视角而言，代理人可获得的最大值不是无限的，而是具有经济学含义的。

假设4.3 集合X是$\mathbb{R}^K$中的一个凸子集，而G被假设为非空的、紧值的且连续的。

假设4.4 函数U是有界且连续的，而折现因子β取值在0和1之间。

效用函数的连续性假设在宏观经济学研究中较为常见，另一个关键的假设就是状态变量的目标函数具有递增性质。可以表述为：

假设4.5 给定任意$y \in X$，函数$U(\cdot, y)$对其前K个变量为严格增函数。

假设4.6 G假定为单调函数，即如果$x_1 \leqslant x_2$，那么$G(x_1) \subseteq G(x_2)$。

假设4.7 函数U是凹的。正式地，给定$\alpha \in (0, 1)$，任意$(x_1, y_1), (x_2, y_2) \in A$，结果如下：

$$U\left[\alpha(x_1, y_1) + (1 - \alpha)(x_2, y_2) \right] \geqslant \alpha U(x_1, y_1) + (1 - \alpha) U(x_2, y_2) \tag{4-11}$$

假设4.8 对应的G是凸的。给定$\alpha \in (0, 1), y_1 \in G(x_1), y_2 \in G(x_2)$，$G$的凸性可以写成如下形式：

$$\alpha y_1 + (1 - \alpha) y_2 \in G\left[\alpha x_1 + (1 - \alpha) x_2 \right] \tag{4-12}$$

假设G具有凸性对函数优化的意义不言而喻。如果执行优化，通常假设约束集为凸性，效用函数为凹性。

最后，因为我们需要求一阶条件，所以最后的假设要求就是可微性。

假设4.9 U在其定义域A中的内部的每一个点都具备连续且可微性。

定理

给定上述假设，可推导出一系列有关动态规划问题SR和FE的重要结论。有关证明详见参考文献[4]和[3]。

基于假设4.1和假设4.2成立的情况下，以下定理将论证SR方法和FE方法会给出相同的结论。

定理4.1 如果 X,G,U,β 符合假设4.1和假设4.2，那么给定任意 $x\in X$，函数 V^* 为FE的解。

上述定理的（至少部分意义上）逆命题如下所述。其主要说明了 V^* 既是FE的解，也满足极限条件。

定理4.2 如果 X,G,U,β 符合假设4.1和假设4.2，V 是FE泛函方程的解，同时它也满足对于 $\forall(x_0,x_1,\cdots)\in\Phi(x_0)$，$\forall x_0\in X$，$\lim\limits_{n\to\infty}\beta^n V(x_n)=0$ 的情况下，

$$V=V^* \tag{4-13}$$

一个非常重要的结论会在下面的表述中得出，而这个结论是有关最优计划（optimal plans）的。给定 x_0，且能在序列问题（sequence problem，SP）中取到上确界，可执行计划 $\bar{x}\in\Phi(x_0)$ 被称为是最优计划。这就等同于说：$U(\bar{x})=V^*(x_0)$。下面两个定理将对最优计划和满足方程（4-7）$V=V^*$ 政策方程之间的关系给予说明。

定理4.3 如果 X,G,U,β 满足假设4.1和假设4.2，那么给定初始值 x_0，$\bar{x}^*\in\Phi(x_0)$ 是一个可执行计划，其可达到SR问题的上确界。由此，下述表达式成立：

$$V^*(x_t^*)=U(x_t^*,x_{t+1}^*)+\beta V^*(x_{t+1}^*) \tag{4-14}$$

其中，$t=0,1,2,\cdots$，而 $x_0^*=x_0$。下面的定理是这一定理部分结论的逆定理。

定理4.4 如果 X,G,U,β 满足假设4.1和假设4.2。初始值为 x_0 的可执行计划 $\bar{x}^*\in\Phi(x_0)$ 满足下面的表述：

$$V^*(x_t)=U(x_t^*,x_{t+1}^*)+\beta V^*(x_{t+1}^*) \tag{4-15}$$

而 $\limsup\limits_{t\to\infty}\beta^t v^*(x_t^*)\leqslant 0$。由此，在初始值为 x_0 的情况下，$\bar{x}^*$ 是SR问题中的上确界。

显然，如果假设4.3和假设4.4成立，那么假设4.1和假设4.2也成立。这说明有关方程（4-7）的SR问题已被界定。我们也要就方程（4-7）中的FE表述形式给予一定的讨论，尤其是当 $U(\ )$ 是有界的，而 $\beta<1$ 时。

假设 B 是 $|U(x,y)|$ 的边界，很容易就能证明上确界函数 V^* 满足下述条件：

$$|V^*|\leqslant B/(1-\beta) \tag{4-16}$$

假设所有 $x\in X$。由此，空间 $C(X)$ 里存在有界且连续的函数 $U:X\to\mathbb{R}$，而在此空间里寻找范数就满足 $/\!/\ U\ /\!/=\sup\limits_{x\in X}|U(x)|$。

定义算子 T 在空间 $C(X)$ 上的运算如下：

$$(TV)(x)=\max\limits_{y\in G(x)}\big[U(x)+\beta V(y)\big] \tag{4-17}$$

由此，可将方程（4-7）写成 $V=TV$。在假设4.3和假设4.4成立的情况下，T 在 $C(X)$ 里有唯一的不动点。政策对应函数 $g(x)$ 是非空的且上半连续的。

为了论证这些结论，还需要从实数分析中引入一些概念和结论。接下来，我们将介绍压缩映射定理（contraction mapping theorem），这是动态规划方法中的重要定理，还有

最大值定理（theory of maximum）。我们假设读者对实数分析有一定的了解。读者也可就有关经济学方面的表述参看参考文献[3]和[4]，或就纯数学方面的表述参看参考文献[11]。首先介绍的概念是度量空间和压缩函数。

定义 4.1 给定集合 S 有如下一个函数关系 $\rho: S \times S \to \mathbb{R}$，那么对于所有的 $x, y, z \in S$，以下表述成立：

（1） $\rho(x, y) \geq 0$，当且仅当 $x = y$，$\rho(x, y) = 0$

（2） $\rho(x, y) = \rho(y, x)$

（3） $\rho(x, y) \leq \rho(y, x) + \rho(x, z)$

那么，S 是一个度量空间（metric space）。

定义 4.2 给定度量空间 (S, ρ)。如果对于每个 $\epsilon \in S$，存在 $n_\epsilon \in N$，使对所有 $n \geq n_\epsilon$，$\rho(x_n, x) < \epsilon$ 成立，那么，在 S 中的序列 $\{x_n\}_{n=0}^{\infty}$ 收敛于 $x \in S$。

定义 4.3 给定度量空间 (S, ρ)。如果对于每个 $\epsilon \in S$，存在 $n_\epsilon \in N$，使对所有 $m, n \geq n_\epsilon$，$\rho(x_n, x_m) < \epsilon$ 成立，那么在 S 中的序列 $\{x_n\}_{n=0}^{\infty}$ 是一个柯西序列。

定义 4.4 给定度量空间 (S, ρ)。如果每一个在 S 中的柯西序列收敛的点还在 S 中，那么我们就称 S 是完备的。

定义 4.5 给定度量空间 (S, ρ)。函数 $T: S \to S$ 是 S 上的自映射。如果函数 T 具备如下性质：对任意 $x, y \in S, \rho(Tx, Tx) \leq \beta \rho(x, y)$ 且 $\beta \in (0, 1)$，那么我们称函数 T 是压缩函数（以 β 为模）。

有了这些定义，可以表述压缩映射定理。

定理 4.5 给定 (S, ρ) 是一个完备的度量空间，且 $T: S \to S$ 是压缩函数。其具备如下性质：

（1）在 $V \in S$ 中，函数 T 有唯一不动点，使 $V = TV$。

（2）对任意 $V_0 \in S$，$\rho(T^n V_0 V) < \beta^n \rho(V_0, V)$ 成立，其中 $n = 0, 1, 2, \cdots$。

上述的证明可以参见参考文献[4]或[3]。有了这个定理，就可以设计一种算法，使得任意给定初始点，只要值函数满足压缩映射性质，那么它就会向最优解收敛。下一步就需要确保值函数具备这一性质，而这可以通过 Blackwell 的充分定理（Sufficiency Theorem）来实现。

定理 4.6 给定 $X \subseteq R^k$ 和 $B(X)$ 是有界函数 $V: X \to \mathbb{R}$ 的空间。该空间具备一致的度量。考虑算子 $T: B(X) \to B(X)$，其具备如下两个性质。

（1）给定 $V, W \in B(X)$，如果对任意 $x \in X$，$V(x) \leq W(x)$，那么 $TV(x) \leq TW(x)$ 成立（单调性质）。

（2）如果有参数 $\beta \in (0, 1)$ 让所有 $V \in B(X)$ 和 $a \geq 0$，那么 $[T(V + a)](x) \leq TV(x) + \beta * a$ 成立（折现性质）。

由此，函数 T 以模为 β 压缩。

我们所关注的是如何在一般化的动态规划问题中，应用压缩映射定理。我们需对对

应函数 $g(x)$ 和回报函数 $U(x)$ 分别给予一定的合理约束。这些约束在 $V \in C(X)$ 和 $TV(x) = \sup_{y \in G(x)}[U(x,y) + \beta V(y)]$ 的情况下，使 T 从 $C(X)$ 空间映射到自身。我们也需要确定 $g(x)$ 的性质，使其对任何 x，都能取到最大值 y。这可以从最大值定理（Theorem of Maximum）中得到。首先，将其问题表述如下：

$$h(x) = \max_{y \in G(x)} u(x,y) \tag{4-18}$$

$$g(x) = \{y \in G(x) : u(x, y = h(x))\} \tag{4-19}$$

对应函数的连续性概念定义如下：

定义 4.6　如果 $G(x)$ 是非空的，而且对每一个 $x_n \to x$ 和每一具备 $y_n \in G(x_n)$ 性质的 y_n（对所有的 n），都有收敛的子序列 y_n，其极限在 $y \in G(x)$，那么在 x 上，对应函数 $G : X \to Y$ 是上半连续的（u.h.c）。

定义 4.7　如果 $G(x)$ 是非空的，而且对每个 $y \in G(x) y \in G(x)$ 和每个序列 $x_n \to x$，存在一个整数 $N \geqslant 1$ 和序列 y_n，其对所有的 $n \geqslant N$ 都有 $y_n \to y$ 和 $y_n \in G(x_n)$，那么在 x 上，对应函数 $G : X \to Y G : X \to Y$ 是下半连续的（l.h.c）。

定义 4.8　如果既上半连续又下半连续，那么在 x 上，对应函数 $G : X \to Y$ 是连续的。

定理 4.7　（最大值定理）给定 $X \subset \mathbb{R}^k$ 和 $Y \subset \mathbb{R}^m$。如果有一个连续函数 $u : X \times Y \to \mathbb{R}$ 和一个连续的、紧值的对应函数 $G : X \to Y$，那么如上定义的函数 $h : X \to \mathbb{R}$ 是连续的，而对应函数 $g : X \to Y$ 是非空的、紧值的和上半连续的。

现在运用假设 4.3 和假设 4.4，以及上述定理，我们可以得到 T 从 $C(x)$ 映射到自身，而且 T 有且仅有一个不动点，$g(x)$ 既是非空的，又是上半连续的。

定理 4.8　给定 X, G, U, β 满足假设 4.3 和假设 4.4。$C(X)$ 是有界连续函数 $U : X \to \mathbb{R}$ 的空间，且有上确界模。其可以得到 T 会从 $C(X)$ 空间映射到自身，即 $T : C(X) \to C(X)$，而 T 有唯一不动点在 $V \in C(X)$ 上，对于所有 $v_0 \in C(X)$，下列表述成立：

$$||T^n V_0 - V|| \leqslant \beta^n ||V_0 - V|| \tag{4-20}$$

其中，$n = 0, 1, 2, \cdots$。这也表明，给定 V，最优政策对应函数 $g : X \to X$ 如方程（4-8）所定义，既紧值又上半连续。

结合定理 4.2 和定理 4.8，可知最优政策函数的上确界 V^* 存在，而且 V^* 是连续和有界的。

定理 4.9　给定 X, G, U, β 满足假设 4.3—4.6，则满足 FE 的唯一值函数 $V : X \to \mathbb{R}$ 对其所有参数而言都是严格递增的。

定理 4.10　给定 X, G, U, β 满足假设 4.3—4.4 和 4.7—4.8，则满足 FE 的唯一值函数 $V : X \to \mathbb{R}$ 是严格凹的，而且 g 是连续和单一值的函数。

截至目前，可知的是对于方程（4-7）给出的原问题，存在唯一解 $V \in C(X)$。对政策函数表述得更确切点，我们需要更多的假设和定理。首先，我们通过 Benveniste 和 Sheinkman 定理，详见参考文献[10]，可知在一定的条件下，值函数 V 是一次可导的。但确保 V 是二次可导，而 G 是一次可导的假设过于严苛。当 g 是单调函数的时候，我们可以基于一阶条件的直接方法来确保这个要求。

定理4.11 （Benveniste和Scheinkman）给定一个凸集合 $X \subset \mathbb{R}^k$，一个凹函数 $V:X \to \mathbb{R}$。如果 $x_0 \in intX$，那么 D 是 x_0 的邻域。如果存在一个函数 $W:D \to \mathbb{R}$，其既是凹的又可导，且对所有的 $x \in D$，有 $W(x_0) = V(x_0)$ 和 $W(x) \leqslant V(x)$，那么 V 在 x_0 处可导成立，并且对于 $i = 1,2,\cdots,k$ 而言，$V_i(x_0) = W_i(x_0)$。

定理4.12 假设4.3—4.4和假设4.7—4.9成立。V 满足方程（4-7），g 满足方程（4-8）。假设 $x_0 \in intX$，而且 $g(x_0) \in IntG(x_0)$，那么，值函数 V 在 x_0 处是连续可导的，而且其导数为：

$$V_i(x_0) = U_i\big(x_0, g(x_0)\big) \tag{4-21}$$

其中，$i = 1,2,\cdots,k$。

4.2.2 数值算法和应用

1. 最优增长模型

在实际应用前，本节会简要介绍最优增长模型，该模型将被作为范例来说明如何运用数值算法求解动态优化问题。

假设一个经济体里有一个代表性家庭。其瞬时效用函数是 $u(\ )$，而 $\beta \in (0,1)$ 表示的是折现因子。代表性家庭以将其整个生命周期的效用现值最大为目标，表述如下：

$$\max_{\{c_t\}_{t=0}^{\infty}} \sum_{t=0}^{\infty} \beta^t u(c_t) \tag{4-22}$$

每一期家庭都会面临如下约束（包含了家庭预算约束和资本存量变动）：

$$k_{t+1} = f(k_t) + (1-\delta)k_t - c_t \tag{4-23}$$

而且假设初始资本存量为 k_0，以及 $k_t \geqslant 0$。

这一模型的贝尔曼方程可以写成如下形式：

$$V(k_t) = \max_{c_t}\big(u(c_t) + \beta V(k_{t+1})\big) \tag{4-24}$$

在FE表述形式中可以省略时间下标，将下一期资本存量记为 k'。用方程（4-23）中的消费进行替代后，上述表达式可以写作：

$$V(k) = \max_{k'}\big(u\big(f(k) + (1-\delta)k - k'\big) + \beta V(k')\big) \tag{4-25}$$

将构建如下算子：

$$(TV)(k) = \max_{k'}\big(u\big(f(k) + (1-\delta)k - k'\big)\big) + \beta V(k') \tag{4-26}$$

如果满足适当的性质条件，算子 T 可证明具有单调性和折现性，因此会以模为 β 的速度压缩。这表明此值函数的解不仅存在而且是唯一的。我们可以利用方程（4-26）设计算法，求解值函数。

2. 值函数迭代

值函数迭代是动态规划中最简单的算法。它充分利用了算子 T 的递归性质。只需对方程（4-26）进行不断的迭代，就能找到值函数的解。我们首先简述一下基本的值函数迭代算法，然后再演示如何在Julia中运行该算法。

（1）将连续状态变量 k 用一系列合理的离散值，即格点，来表述：$\mathcal{K} = \{k_1, \cdots, k_n\}$。

（2）对值函数赋以初始值 $V_0(x)$，并设定近似误差标准 ϵ

（3）在每一个 $k_i \in \mathcal{K}$（$i = 1, \cdots, n$）格点上进行迭代，求解 $V_{j+1}(k_i) = \max\limits_{k'} \left(u\left(f(k_i, k'), k_i\right) + +\beta V_j(k') \right)$。

（4）终止迭代，如果误差小于设定的 ϵ，即 $\left\| V_{j+1}(k) - V_j(k) \right\| < \epsilon$

（5）确定解：$f^*(k) = f(k, k')$ 且 $V^*(k) = \dfrac{u\left(f^*(k), k\right)}{1 - \beta}$

以下将参照参考文献[5]，在 Julia 中运行该算法。以最优增长模型为例，效用函数的具体函数形式如下：

$$u(c) = \frac{c^{1-\sigma} - 1}{1 - \sigma} \tag{4-27}$$

下一期的资本存量 k' 可写成如下形式：

$$k' = k^\alpha - c + (1 - \delta)k \tag{4-28}$$

这表明贝尔曼方程可以写成：

$$V(k) = \max_c \frac{c^{1-\sigma} - 1}{1 - \sigma} + \beta V(k') \tag{4-29}$$

其中，消费可以表述为：$c = k^\alpha + (1 - \delta)k - k'$。由此，贝尔曼方程又可以写成：

$$V(k) = \max_{k'} \frac{\left(k^\alpha + (1 - \delta)k - k'\right)^{1-\sigma} - 1}{1 - \sigma} + \beta V(k') \tag{4-30}$$

在每一个格点 i 上，可对值函数进行求值：

$$V_{i,h} = \frac{\left(k_i^\alpha + (1 - \delta)k_i - k'_h\right)^{1-\sigma} - 1}{1 - \sigma} + \beta V(k'_h) \tag{4-31}$$

此处 h 是指可行值，也是本算法中的核心点之一：每个 k_i 都有个数为 N 的格点，这些格点都必须为可行值。所谓的可行值是指消费必须为正且小于产出，即 $c < y$。下一期的资本存量必须满足如下条件：

$$0 \leqslant k' \leqslant k^\alpha + (1 - \delta)k \tag{4-32}$$

因为算法依赖于格点的均匀性，下一期的格点可以由 $k_h = \underline{k} + (h-1)d_k$ 确定。然后，我们就可由上述两个条件来计算格点的上限，可得：

$$\bar{h} = E\left(\frac{k_j^\alpha + (1 - \delta)k_j - \bar{k}}{d_k}\right) + 1 \tag{4-33}$$

每一期，我们试图要找到：

$$V_{i,h}^* = \max_{h=1, \cdots, \bar{h}} V_{i,h} \tag{4-34}$$

可以用 $V_{j+1}(k_i) = V_{i,h}^*$ 来更新值函数，用 h^* 来更新下一期的资本存量，使得 $k'(k_i) = k_{h^*}$。

Julia 代码如下：

```
sigma = 1.5;
delta = 0.1;
```

```
beta  = 0.95;
alpha = 0.30;
ks    = ((1-beta*(1-delta))/(alpha*beta))^(1/(alpha-1));
csy   = 1-alpha*beta*delta/(1-beta*(1-delta));
dev   = 0.9;
kmin  = (1-dev)*ks;
kmax  = (1+dev)*ks;
nbk   = 1000;
devk  = (kmax-kmin)/(nbk-1);
k     = collect(LinRange(kmin,kmax,nbk));
v0    = zeros(nbk,1);
v0    = ((csy*k.^alpha).^(1-sigma).-1)./((1-sigma)*(1-beta));
v     = zeros(nbk,1);
ik1   = zeros(nbk,1);
iter  = 1;
crit  = 1;
tol   = 1e-6;
u     = 0;

while crit>tol;
   for i=1:nbk
      imin  = max(ceil(((1-delta)*k[i]-kmin)/devk)+1.0,1);
      imax  = min(floor((k[i]^alpha+(1-delta)*k[i]-kmin)/devk)+1.0,nbk);
      imin=trunc(Int, imin);
      imax=trunc(Int, imax);
      c = k[i]^alpha+(1-delta)*k[i].-k[imin:imax];
      u = (c.^(1-sigma).-1)/(1-sigma);
      (v[i],itmp)= findmax(u+beta*v0[imin:imax]);
      ik1[i] = imin-1+itmp;
   end;
   error=abs.(v[:,1]-v0);
   crit= maximum(error);
   copy!(v0, v[:,1])
   ter= iter+1;
end

k1   = zeros(nbk,1);
for i=1:nbk
```

```
  index=trunc(Int, ik1[i]);
  k1[i]= k[index];
    end;
c = k.^alpha+(1−delta)*k−k1;
u = (c.^(1−sigma).−1)/(1−sigma);
v =u./(1−beta);
```

图 4-1 所示的是资本存量和值函数（当然，其他研究变量也很容易作图）。画图的代码如下：

```
using Plots
plotly()
plot(k,v,linewidth=1,label="Capital Stock",title="Capital stock vs Value Function")
```

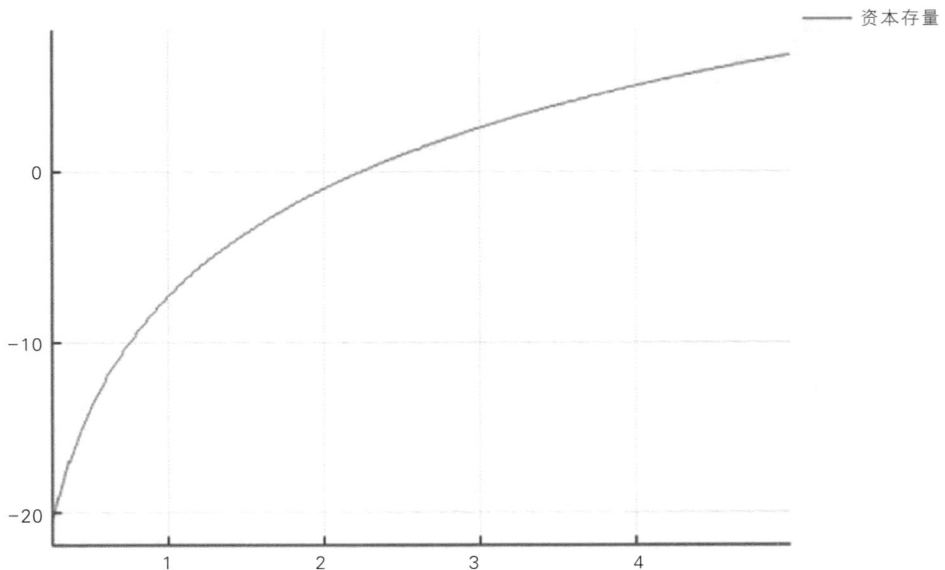

图 4-1　资本存量和值函数

3.政策函数迭代——Howard 改进算法

值函数迭代的最大优势就是其设计和编程较容易。可惜的是，这一算法的收敛速度正好等于 β。因为这个参数的值接近于 1，该算法的收敛速度将很慢。

Howard 改进算法就是解决这一缺点的算法。其基本思想很简单：选择政策函数迭代，而非值函数迭代。其算法的具体步骤，参照参考文献[5]，表述如下：

（1）利用一个猜测的控制变量 $c = f_0(k)$ 为初始值，计算其指向的值函数：$V(k_t) = \sum_{s=0}^{\infty} \beta^s u\left(f_i(k_{t+s}), k_{t+s}\right)$。此处 $k_{t+s} = h(k_t, c_t) = h\left(k_t, f_i(k_t)\right)$；

（2）根据 $c = f_{i+1}(k)$，计算新的策略规则，并验证 $f_{i+1}(k) \in \arg\max_c u(c,k) + \beta V(k')$。此处 $k' = h(k, f_i(k))$；

（3）以参数 ϵ 作为迭代终止标准，核验 $\|f_{i+1}(k) - f_i(k)\| < \epsilon$ 是否成立。如果条件不满足，算法将重返第2步。

Julia代码的实现：

```julia
# Policy Function iteration
sigma   = 1.50;              # utility parameter
delta   = 0.10;             # depreciation rate
beta    = 0.95;             # discount factor
alpha   = 0.30;             # capital elasticity of output
nbk     = 1000;              # number of data points in the grid
crit    = 1;               # convergence criterion
iter    = 1;               # iteration
tol     = 1e-6;             # convergence parameter
#steady state capital stock
ks      = ((1-beta*(1-delta))/(alpha*beta))^(1/(alpha-1));
dev     = 0.9;              # maximal deviation from steady state
kmin    = (1-dev)*ks;         # lower bound on the grid
kmax    = (1+dev)*ks;         # upper bound on the grid
devk    = (kmax-kmin)/(nbk-1);    # implied increment
kgrid   = collect(LinRange(kmin,kmax,nbk)); # builds the grid
#kgrid   = kgrid´;
v       = zeros(nbk,1);        # value function
c       = zeros(nbk,1);        # consumption
kp0     = kgrid;             # initial guess on k(t+1)
dr      = zeros(nbk,1);        # decision rule (will contain indices)
kp      = zeros(nbk,1);

while crit>tol
for i=1:nbk
    imin    = max(ceil(((1-delta)*kgrid[i]-kmin)/devk)+1,1);
  imax    = min(floor((kgrid[i]^alpha+(1-delta)*kgrid[i]-kmin)/devk)+1,nbk);
  imin=trunc(Int, imin);
  imax=trunc(Int, imax);
    c_temp    = kgrid[i]^alpha+(1-delta)*kgrid[i].-kgrid[imin:imax];
  util_temp = (c_temp.^(1-sigma).-1)./(1-sigma);
  (v1,idr)= findmax(util_temp+beta*v[imin:imax]);
```

```
    dr[i]   = imin−1+idr;
    dr[i]   = trunc(Int, dr[i]);
  end;

# decision rules
kp  = zeros(nbk,1);
for i=1:nbk
  index=trunc(Int, dr[i]);
  kp[i]= kgrid[index];
end;
  c   = kgrid.^alpha+(1−delta).*kgrid−kp;
  util= (c.^(1−sigma).−1)./(1−sigma);
  Q   = zeros(nbk,nbk);
  for i=1:nbk;
    index=trunc(Int, dr[i]);
    Q[i,index] = 1;
  end
  A=(Matrix{Float64}(I, nbk, nbk)−beta*Q);
  B=util;
  Tv  = \(A, B);
  crit= maximum(abs.(kp−kp0));
    v  = copy(Tv);
  kp0 = copy(kp);
  iter= iter+1;
end;
plotly() # Choose the Plotly.jl backend for web interactivity
plot(kp,c,linewidth=1,label="Consumption",title="Consumption vs Capital stock")
```

图4-2是消费和资本存量间的动态关系。

|4.3| 随机性动态规划

本小节主要介绍随机性动态规划。绝大多数宏观经济学应用研究都涉及不确定性，因此相比确定性动态规划，随机性动态规划的应用更为广泛。

4.3.1 理论背景

本部分内容大多基于参考文献[3]和[4]。参考文献[3]的方法主要处理的是有限随机变量值这种较为简单的情况。这么处理的原因有以下两点：一是可以使确定性动态规划的转变更为平顺；二是为了规避用到测度论。但是，我们还是倾向于参考文献[4]的方法，因为测度论更具一般性。我们也相信随着测度论在宏观经济学中的运用日益增加，

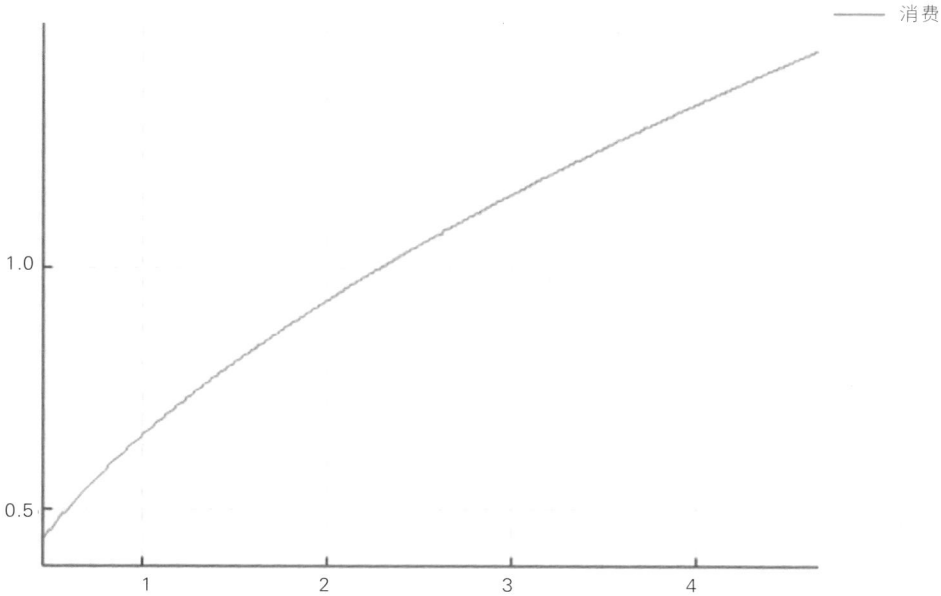

图4-2　消费和资本存量

读者或许能从这些解释中受益更多。

1. 问题表述

与确定性动态规划相似，随机性动态规划也有两种表述形式：一种是依序表述形式；另一种是泛函表述形式。在介绍以测度论为基础的递归方法之前，根据参考文献[3]，分别将两种表述形式介绍如下。

首先，引入随机变量 $z_t \in Z$，其中 $Z = z_1, z_2, \cdots, z_n$。假设集合 Z 是有限的（这也表明该集合是紧的）。由此，效用函数现在可写成如下形式：

$$U(x_t, x_{t+1}, z_t) \tag{4-35}$$

其中，效用函数的值取决于随机变量 z_t。$\beta \in (0,1)$ 是折现因子，x_t 表示的是状态变量，x_{t+1} 表示的是控制变量，两者都和时期 t 相关。假定状态变量的初始值 x_0 和随机变量的初始值 z_0 都是给定的。

其次，每一期的约束条件现在写成 $x_{t+1} \in G(x_t, z_t)$，其中对应函数 $G(x_t, z_t)$ 也取决于随机变量，函数映射可写成 $G: X \times Z \to X$。

最后，随机变量 z_t 被假定服从马尔可夫链，表明当前的 z_t 仅仅取决于上一期的值 z_{t-1}。换言之，$z_i = z_j$ 的概率仅仅依赖于 z_{t-1}。数学表述式可写成如下：

$$P[z_t = z_j | z_0, \cdots, z_{t-1}] = P[z_t = z_j | z_{t-1}] \tag{4-36}$$

随机最优问题可以很容易地写成依序表述形式和泛函表述形式。依据 参考文献[3]，我还是从依序表述形式开始：

依序表述形式

$$V^*(x_0, z_0) = \sup_{\{\tilde{x}[z^t]\}_{t=0}^{\infty}} \mathbb{E}_0 \sum_{t=0}^{\infty} \beta^t U\left(\tilde{x}[z^{t-1}], \tilde{x}[z^t], z_t\right) \tag{4-37}$$

其中，$z^t = \{z_1, \cdots, z_t\}$ 是 z_t 截止到 t 的所有历史值，而 z_0 假设为给定的。

上述目标函数受如下形式的约束：

$$\tilde{x}[z^t] \in G\left(\tilde{x}[z^{t-1}], z_t\right) \tag{4-38}$$

其中，x_0, z_0 是给定的，而且 $\tilde{x}[z^{-1}] = x_0$，$z^0 = z_0$。对应函数 $G(x,z)$ 也受随机变量的影响。函数 $U(\ )$ 是瞬时效用函数，而 β 是折现因子。E_0 是 $t=0$ 的数学期望算子，而且是基于 z_0 的。

泛函表述形式

泛函表述形式作为动态规划问题中的另一种表述方式更受青睐。在泛函表述形式中，比较简单的方法是用数学期望算子，具体表述如下。

$$V(x,z) = \sup_{y \in G(x)} \left[U(x,y,z) + \beta \mathbb{E}\left[V(y,z') | z \right] \right] \tag{4-39}$$

其中，$V(x)$ 是 $V: X \times Z \to \mathbb{R}$ 的一个实函数。我们并不关注对 $\{x_t\}_{t=0}^{\infty}$ 的选择，而是侧重选择策略函数。以此，我们可以通过 x_t 和 z_t 来确定 x_{t+1}。在此，我们去掉时间下标，因为不论是瞬时效用函数 $U(\ )$ 或是策略函数都与时间无关。与确定性表述形式（FE）最大的不同点在于，我们现在用到了数学期望算子。为了更好地理解这一函数表达式，我们记随机事件 $z \in Z$，而且 $\{z_1, z_2, \cdots, z_i, \cdots\}$ 所对应的概率分别是 $\{\pi_1, \pi_2, \cdots, \pi_i, \cdots\}$。这表明这些概率都是正的，而且加总为 1，即 $\pi_i \geqslant 0$，$\sum_{i=1}^{\infty} \pi_1 = 1$，其中 $i = 1, 2, \cdots$。由此，我们可以将数学期望算子 $\mathbb{E}$ 进行如下形式的替代，而 FE 可写成：

$$V(x,z) = \sup_{y \in G(x)} \left[U(x,y,z) + \beta \sum_{i=1}^{\infty} V(y, z_i) \pi_i \right] \tag{4-40}$$

FE 表述形式也可基于测度论。具体如下：

基于勒贝格积分的泛函方程

$$V(x,z) = \sup_{y \in G(x)} \left[U(x,y,z) + \beta \int V(y,z') Q(z, dz') \right] \tag{4-41}$$

其中，$Q(z,)$ 是转换函数，就是在给定当前 z 的情况下，下一期随机变量值 z' 的函数。而 $\int V(y,z') Q(z, dz')$ 是函数 f 有关马尔可夫过程 z 的勒贝格积分。

2.测度论和积分

这部分的一般表述主要依据参考文献[4]。然而，参考文献的有关表述并不十分直观，虽然这种情况不常见。本部分的数学表述形式也参照了部分数学教材，详见参考文献[11]、[12]和[13]。本部分主要是为了介绍如何处理有 z 的情况下马尔可夫过程的勒贝格积分。这一目标的实现主要是基于可测函数可以用一种更为一般的方式进行积分，尤其是对预期算子的处理。但在此之前，读者有必要先了解测度的概念。

从直觉而言，测度是一种对集合赋值或定量的方法。以实数轴为例，测度就相当于给线轴的长度赋值，即$[a,b]$的测度是$b-a$。对区域而言，测度就是这个区域的表面积。不过，我们更想对抽象集合进行测度。所以，我们需要从最基础的知识开始。

为了定义测度，首先需要构建可以被测度的集合或子集。假定已有了集合S，那么可以从σ-代数开始定义。

定义4.7　（σ-代数）：如果S是一个集合，且$\mathcal{S}$是所有S子集的集合，那么$\mathcal{S}$只要符合以下三个条件就可称为σ-代数：

（1）$\varnothing, S \in \mathcal{S}$

（2）$A \in \mathcal{S}$表明$A^c = S \backslash A \in \mathcal{S}$

（3）$A_n \in \mathcal{S}$其中$n = 1, 2, \cdots$表明$\bigcup_{n=1}^{\infty} A_n \in \mathcal{S}$

定义表明σ-代数在互补和可数并的运算下是可闭的。如果我们有$(S, \mathcal{S})$，其中$\mathcal{S}$是σ-代数，那么这是一个可测度空间，任何一个子集$A \in \mathcal{S}$可称为$\mathcal{S}$-可测度空间。

为了更深入地探讨这个话题，需要构建测度，即可以将概率数值映射到$\mathcal{S}$-可测度空间的函数。

定义4.8　（测度）：给定可测度空间$(S, \mathcal{S})$。我们定义测度为一种拓展的实数函数$\mu: \mathcal{S} \to [0, \infty]$，且符合如下三个条件：

（1）$\mu(\varnothing) = 0$

（2）$\mu(A) \geq 0$对所有$A \in \mathcal{S}$

（3）如果$A_n \in \mathcal{S}$是一系列在$\mathcal{S}$中的非交子集，且可数，那么$\mu\left(\bigcup_{n=1}^{\infty} A_n\right) = \sum_{n=1}^{\infty} \mu(A_n)$成立。

定义4.9　（测度空间）：S是一个集合，$\mathcal{S}$是σ-代数，μ是定义在$\mathcal{S}$上的测度。测度空间可由此三元素来表述$(S, \mathcal{S}, \mu)$。

给定$(S, \mathcal{S}, \mu)$测度空间，如果有一个集合$A \in \mathcal{S}$，$\mu(A) = 0$，μ-几乎处处（μ-a.e）成立，那么对集合A的补，其也成立。举例而言，在给定$(S, \mathcal{S}, \mu)$测度空间里，有两个函数f, g几乎处处相等，即$f = g$，如果对于$s \in A^c$而$A \in \mathcal{S}$且$\mu(A) = 0$，那么$f(s) = g(s)$。

这些定义可以让我们引入概率测度的概念。如果测度μ具备$\mu(S) = 1$的性质，那么μ可称为概率测度，$(S, \mathcal{S}, \mu)$为概率空间。

目前所给出的结论可以让我们在给定区间$[a, b]$里的子区间定义测度。但是，我们可以将其拓展到所有有关$[a, b]$的Borel子集。对$\mathbb{R}^1$的Borel代数是包含所有开集的最小σ-代数。

我们先从定义比σ-代数范畴略小的集合概念，即集代数讲起。

定义4.10　（集代数）：如果S是一个集合，$\mathcal{A}$是$\mathcal{S}$子集的集合；如果$\mathcal{A}$是集代数，那么必须下面三个条件满足：

（1）$\varnothing, S \in \mathcal{A}$

（2）$A \in \mathcal{A}$表明$\mathcal{A}^c = S \backslash A \in \mathcal{A}$

（3）$A_n \in \mathcal{A}$其中$n = 1, 2, \cdots m$表明$\bigcup_{n=1}^{m} A_n \in \mathcal{A}$

从定义而言，集代数在互补和有限并的运算下是可闭的。因为σ-代数在可数并下可闭，显然集代数要比σ-代数"小"。尽管差距不那么明显，但是当我们以集代数定义测度的时候，微小但显著的差别就会显现出来。

定义4.11 **（集代数上的测度）**：考虑（S, $\mathcal{S}$）测度空间。拓展实函数$\mu : \mathcal{S} \to [0, \infty]$在满足如下三个条件时，可定义为测度：

（1）$\mu(\varnothing) = 0$

（2）对所有$A \in \mathcal{A}$，$\mu(A) \geqslant 0$

（3）如果$\{A_n\}_{n=1}^{\infty}$是集合A里的一系列非交集合，且$\bigcup_{n=1}^{\infty} A_n \in \mathcal{S}$，那么$\mu\left(\bigcup_{n=1}^{\infty} A_n\right) = \sum_{n=1}^{\infty} \mu(A_n)$成立。

集代数上定义的测度和σ-代数上定义的测度最明显的不同在于对于特定的可数并，当且仅当可数并可被定义时，集代数上的测度才可以被定义。虽然集代数看上去更容易处理，但我们也想保留定义在σ-代数上的测度性质。要达到这个目的，需要有Caratheodory和Hahn的拓展定理。在此之前，需引入外测度的概念。

定义4.12 **（外测度）**：给定S是一个集合，$\mathcal{A}$是S子集上的集代数。B是S里的一个子集。定义μ^*为外测度，此外测度是由μ构建的，满足$\mu^*(B) = \inf \sum_{j=1}^{\infty} \mu(E_j)$。其中，下确界（infimum）对于所有在$A$集合中的序列$E_j$，$B \subseteq \bigcup_{j=1}^{\infty} E_j$成立。

虽然外测度不能一直保证是最合理的测度，但其可被证明是最接近真实测度的。

引理4.13 **（外测度性质）**：如果定义4.12中的外测度μ^*具有如下性质：

（1）$\mu^*(\varnothing) = 0$；

（2）给定$B \subseteq S$，$\mu^*(B) \geqslant 0$；

（3）如果$A \subseteq B$，那么$\mu^*(A) \leqslant \mu^*(B)$成立；

（4）如果$B \in \mathcal{A}$，则$\mu^*(B) = \mu(B)$；

（5）将S中的一系列子集定义为B_n，可数子集相加性质成立，即$\mu^*\left(\bigcup_{n=1}^{\infty} B_n\right) \leqslant \sum_{n=1}^{\infty} \mu^*(B_n)$。

我们将μ^*-可测度集合定义如下：

定义4.13 **（外可测度集合）**：如果$\mu^*(A) = \mu^*(A \cup E) + \mu^*(A \backslash E)$，那么子集$E \subset S \mu^*$-可测度。

接下来，我们将介绍Caratheodory拓展定理。该定理可揭示在集代数A上的测度μ总可以被拓展到在σ代数$\mathcal{S}^*$（其包含了A）上的测度μ^*。

定理 4.14 （Caratheodory 拓展定理）：所有 μ^*-可测度集合的集合 μ^* 是一个包含了 A 的 σ 代数。而且，对在 S 中的不相交的 E_n 集合序列，$\mu^*\left(\bigcup_{n=1}^{\infty} E_n\right) = \sum_{n=1}^{\infty} \mu^*(E_n)$ 成立。

虽然这一定理保证了至少存在一种 μ 测度的拓展，但其并不排除其他测度的存在。为确保这种测度的唯一性，我们需要 Hahn 拓展定理。在此之前，我们需要定义 σ-有限。

定义 4.14 给定一个集合 S 和记在 S 子集上的集代数为 A。我们考虑在 A 上的测度 μ。如存在可数的，在 A 里的集合序列 $\{A_i\}_{i=1}^{\infty}$，使 $\mu(A_i) < \infty$ 且 $S = \bigcup_{i=1}^{\infty} A_i$，那么就称测度 μ 是 σ-有限。

定理 4.15 （Hahn 拓展定理）：如定理 4.14，S 为一个集合，$\mathcal{A}$ 是 S 子集的集代数。在 $\mathcal{A}$ 上定义测度 μ。我们记 $\mathcal{S}$ 是包含了 $\mathcal{A}$ 的最小 σ 代数，并且假设测度 μ 是 σ-有限，那么就可以证明出在 $\mathcal{S}$ 中拓展测度 μ^* 是唯一的。

介绍可测集合和测度的主要目的，如本节的引言所述，是为了提供处理期望运算的一种方式。更宽泛地，我们希望能够处理的是实函数期望值，其一般形式为：$E(f)$。

定义可测度函数的方式有很多。我们所采用的是较为一般的形式，具体参见参考文献[11]。

定义 4.15 （可测度函数）：考虑可测度空间 $(S, \mathcal{S})$ 和 $(T, \mathcal{T})$。函数 f 定义为：$f: S \to T$。如果 $A \in T$ 能推出 $f^{-1}(A) \in \mathcal{S}$，则 $(\mathcal{S}, \mathcal{T})$ 被称为可测度。

这个定义对于动态规划应用而言，太过一般化。下面这个定义将会在本节后续内容中用到。在此，我们将 $(T, \mathcal{T})$ 拓展到 $(\mathbb{R}, \mathcal{B}, (\mathbb{R}))$。

定义 4.16 （可测度函数）：记 $(S, \mathcal{S})$ 为可测度空间。如果对所有 $a \in \mathbb{R}$，$\{s \in S : f(s) \leq a\} \in \mathcal{S}$，函数 $f: S \to \mathbb{R}$ 被称为对 $\mathcal{S}$（或 $\mathcal{S}$-可测度）可测度。

上述定义表明，只要每一个 $a \in \mathbb{R}$，集合 $\{s \in S : f(s) \leq a\}$ 都是 $\mathcal{S}$ 中的一个元素，那么定义可测度函数就足够了。由此证明我们可以等价地用如下的可测度标准：

（1）对所有的 $a \in \mathbb{R}$，$\{s \in S : f(s) \leq a\} \in \mathbb{R}$；

（2）对所有的 $a \in \mathbb{R}$，$\{s \in S : f(s) \geq a\} \in \mathbb{R}$；

（3）对所有的 $a \in \mathbb{R}$，$\{s \in S : f(s) < a\} \in \mathbb{R}$；

（4）对所有的 $a \in \mathbb{R}$，$\{s \in S : f(s) > a\} \in \mathbb{R}$；

下面的定理将用到简单函数这个概念。简单函数会在近似可测度函数中用到。所以，这个概念我会在此介绍如下。

给定一个可测度空间 $(S, \mathcal{S})$，在此定义一个指示函数 $\chi_A: S \to \mathbb{R}$ 如下：

$$\chi_A = \begin{cases} 1, & \text{如果 } s \in A \\ 0, & \text{如果 } s \notin A \end{cases}$$

如果 $A \in \mathcal{S}$，上述定义的指示函数是 $\mathcal{S}$-可测度的。现在我们可以用指示函数的加权和来构建简单函数，而这些简单函数也是可测度的。

$$\phi(s) = \sum_{i=1}^{n} a_i \chi_{A_i}(s) \tag{4-42}$$

其中，$\{A_i\}_{i=1}^{n}$ 被定义为在 S 中的子集序列，而 $\{a_i\}_{i=1}^{n}$ 是实数序列。如此构建出的函数 ϕ 是简单函数，可取到的值也是有限的。

以下是两个重要的结论。第一个结论主要是关于所有可测度函数的集合对应的可测度简单函数极限的函数集合。第二个结论主要是关于任意可测度函数 f 都可写成可测度简单函数极限序列。

定理 4.16 在测度空间 $(S, \mathcal{S})$ 上，有一系列 $\mathcal{S}$-可测度函数 $\{f_n\}$。如果这个序列是逐点收敛于 f 的，即对所有 $s \in \mathcal{S}$，存在 $\lim_{n \to \infty} f_n(s) = f(s)$，那么 f 也是 $\mathcal{S}$-可测度的。

定理 4.17 （简单函数对可测度函数的近似）：给定测度空间 $(S, \mathcal{S})$。对 $\mathcal{S}$-可测度函数 $f : S \to \mathbb{R}$，存在一系列可测度的简单函数 $\{\phi_n\}$，$\phi_n \to f$ 的收敛是逐点式的。

在讨论积分之前，非常有必要指出可测度中的基本代数运算也是可行的。

引理 4.18 给定测度空间 $(S, \mathcal{S})$。对在 S 上 $\mathcal{S}$-可测度函数 f 和 g，常数 $c \in \mathbb{R}$，函数 cf，f^2，$f+g$，fg，$|f|$ 皆是可测度的。

由此可以继续延伸到极限也是可测度的。

引理 4.19 给定测度空间 $(S, \mathcal{S})$。对在 S 上 $\mathcal{S}$-可测度函数序列 $\{f_n\}$，函数 $(sup_n f_n)(x) = sup_n(f_n(x))$，$(inf_n f_n)(x) = inf_n(f_n(x))$，$(lim_{n \to \infty} sup f_n)(x) = lim_{n \to \infty} sup_n(f_n(x))$ 和 $(lim_{n \to \infty} inf f_n)(x) = lim_{n \to \infty} inf_n(f_n(x))$ 都可测度。

有这些可测度函数的定义，我们可以讨论本小节中最核心的内容：对期望函数 $E(f)$ 的处理。为此，我们将用到测度空间和测度函数，引入勒贝格积分的概念。虽然我们不会按部就班地介绍，但勒贝格积分理论最好还是由如下顺序依次进行介绍：

（1）简单函数；

（2）支持为有限测度的有界函数；

（3）非负函数；

（4）一般可积函数。

勒贝格积分是我们所熟悉的黎曼积分的一般化。按照参考文献[11]，一个简单的例子就可以区分二者。我们从一个闭区间 $[a,b]$ 和在此定义好的函数 f 开始。黎曼积分的定义如下：

$$\sum_k f(\xi_k)\delta_k \tag{4-43}$$

其中，ξ_k 是在 $[x_k, x_{k+1}]$ 上所取的更小区间，以至于 $f(x)$ 在每点上的值可以被任意 ξ_k 对应的函数值替代。

黎曼积分的主要问题在于所取的点之间较为紧密，那么对应函数值也需比较紧密。换言之，函数必须是连续的，或者不要呈现大的跳跃或不连续。

勒贝格积分不依赖于 x 轴上的所取点之间的紧密度，而是基于 $f(x)$ 值的紧密度。这使得 x 的取点是基于 y 轴的。勒贝格积分可写成：

$$\sum_{k=1}^{\infty} y_k \lambda(A_k) \tag{4-44}$$

其中，如上所述，积分是基于函数值 y_k 的紧密度来整合定义域上的点；A_k 被定义为 $A_k = \{x : y_k \leqslant f(x) \leqslant y_{k+1}\}$，而 $\lambda(A_k)$ 是对集合 A_k 的测度。y_k 的值依次进行排序为：$0 = y_1 \leqslant \cdots \leqslant y_n$。

这种方法可以弥补黎曼积分的不足，尤其是当函数为非连续，或出现显著的非连续性时。此外，我们在更一般的测度空间里运用到勒贝格积分。给定测度空间 $(S, \mathcal{S})$，μ 是概率测度，我们就可以按照 $\int_S f(s)\mu(ds)$ 对随机变量的期望值进行计算。

如果黎曼积分存在，那么这两个积分给出的值是一致的。我们现在对简单、非负、可测度函数定义勒贝格积分。

在下面的定义中，我们会用到测度空间 $(S, \mathcal{S}, \mu)$，记 $M(S, \mathcal{S})$ 为可测度，拓展到 S 上的实函数，而 $M^+(S, \mathcal{S})$ 是仅包含了非负函数的子集。如无特殊说明，可测度函数都默认为 $\mathcal{S}$-可测度。

定义 4.17 **简单函数的勒贝格积分**：给定函数 $\phi \in M^+(S, \mathcal{S})$ 是一个可测度的简单函数。ϕ 还被假设为具有标准的表述形式，即 $\phi(s) = \sum_{i=1}^{n} a_i \chi_i(s)$。定义函数 ϕ 相对测度 μ 的积分如下：

$$\int_S \phi(s)\mu(ds) = \sum_{i=1}^{n} a_i \mu(A_i) \tag{4-45}$$

上述定义仅限于简单函数，下面的定义可将其拓展到所有在 $M^+(S, \mathcal{S})$ 上的非负函数。

定义 4.18 **非负函数的勒贝格积分**：假设函数 $f \in M^+(S, \mathcal{S})$。定义函数 f 相对测度 μ 的积分如下：

$$\int_S \phi(s)\mu(ds)f(s)\mu(ds) = \sup\int_S \phi(s)\mu(ds) \tag{4-46}$$

其中，上确界算子对所有简单函数 $\phi \in M^+S, \mathcal{S})$，$0 \leqslant \varphi \leqslant f$，适用。

当 $A \in S$ 时，我们可以定义相对测度 μ，定义域在集合 A 上函数 f 的积分如下：

$$\int_A f(s)\mu(ds) = \int_S f(s)\chi_A(s)\mu(ds) \tag{4-47}$$

上述表述可以分别简化为：$\int f d\mu$ 和 $\int_A d\mu$。

简单函数的一个主要优势在于我们可以将任何 $M^+(S, \mathcal{S})$ 上的函数表述为一系列递增简单函数 $\{\phi_n\}$ 的极限。这将意味着积分 $\int f d\mu$ 可定义为序列 $\left\{\int \phi d\mu\right\}$ 的极限。但这也可能暗示着极限依赖于序列 $\{\phi_n\}$ 的选择。我们可以用一个测度空间里的简单函数，在相同的测度空间里定义新的测度。

引理 4.20 给定函数 $\phi \in M^+(S, \mathcal{S})$，定义函数 $\lambda : S \to \mathbb{R}$，使得对所有的 $A \in \mathcal{S}$，

$\lambda(A) = \int_A \phi d\mu$。然后其可被证明 λ 也是在 S 上的一个测度。

有了这个引理，我们可以得到一个对后续内容非常有意义的重要结论，这个结论表明可获取的极限其实是唯一的。

定理 4.21 （单调收敛定理）：假定 $\{f_n\}$ 是定义在 $M^+(S, \mathcal{S})$ 上的一系列单调递增函数，对 $x \in S$，$f_n \leqslant f_{n+1}(x)$，假设这些函数会收敛于 $f \in M^+(S, \mathcal{S})$。那么下述结论成立：

$$\int f d\mu = \lim_{n \to n} \int f_n d\mu \tag{4-48}$$

截至目前，我们已经看到如何对简单函数和非负函数进行积分。现在，我们将对正函数和负函数进行积分处理。为此，我们需要加设条件，使积分和函数都取有限值。首先，我们引入函数的正数部分和负数部分，分别记为 f^+ 和 f^-。具体定义如下：

$$f^+ = \begin{cases} f(s), & \text{如果 } f(s) \geqslant 0 \\ 0, & \text{如果 } f(s) < 0 \end{cases}$$

$$f^- = \begin{cases} -f(s), & \text{如果 } f(s) \leqslant 0 \\ 0, & \text{如果 } f(s) > 0 \end{cases}$$

如果函数 f 是可测度的，那么 f^+，f^- 在 $M^+(S, \mathcal{S})$ 并且 $f = f^+ - f^-$。

定义 4.19 给定测度空间 $(S, \mathcal{S}, \mu)$ 和在 S 上的可测度函数 f。如果对 μ 而言，f^+ 和 f^- 存在有限积分，那么函数 f 相对测度 μ 可积，且：

$$\int f d\mu = \int f^+ d\mu - \int f^- d\mu \tag{4-49}$$

这对积分极限是非常有用的结论。

定理 4.22（勒贝格主导收敛定理）：考虑测度空间 $(S, \mathcal{S}, \mu)$ 和一系列可积函数序列 $\{f_n\}$，其几乎处处收敛于一个可测度函数 f。如果存在这样一个函数 g，其可积且对所有 n，$|f_n| \leqslant g$，那么 f 的可积性成立且：

$$\int f d\mu = \lim \int f_n d\mu \tag{4-50}$$

在 $(S, \mathcal{S})$ 空间上的测度 λ 也可以由非负函数 $f \in M^+(S, \mathcal{S})$ 的积分来得到，只要其基于测度 μ，即 $\lambda(A) = \int_A f d$，其中 $A \in S$。下面这个定理是该结论的逆命题。我们首先引入绝对连续测度概念。

定义 4.20 （绝对连续测度）：给定测度空间 $(S, \mathcal{S})$，并考虑其间的两个测度 μ 和 ν。如果 λ 相对 μ 是绝对连续的，记 $\lambda \ll \mu$。如果对所有的 $S \in S$，$\mu(A)$ 表明 $\lambda(A) = 0$。

定理 4.23 （Radon-Nikodym 定理）：考虑两个在 $(S, \mathcal{S})$ 上的 σ 有限且为正的测度 μ 和 ν，且 $\lambda \ll \mu$。那么，存在一个函数 h，其可积而且：

$$\lambda(A) = \int_A h\mu, A \in \mathcal{S} \tag{4-51}$$

该函数是唯一的：如果存在另一个函数 h' 也有如此性质，那么我们可得 $h' = h\mu - a.e.$。

测度也可直接在乘积空间定义。考虑 (X,X,μ) 和 (Y,Y,ν) 分别为 σ 有限测度空间，而 Z 是 X 和 Y 的笛卡尔乘积空间，即

$$Z = X \times Y = \left\{ z = (x,y) : x \in X, y \in Y \right\} \tag{4-52}$$

定义 4.21　（**可测度矩形**）：如果定义集合 C，使 $C = A \times B \subseteq Z$，那么在 $A \in \mathcal{X}$ 和 $B \in \mathcal{Y}$ 的情况下，C 是可测度矩形。

记所有可测度矩形为 C'，而 $\mathcal{Z} = \mathcal{X} \times \mathcal{Y}$ 是 C' 相关的 σ 代数生成。下面是与乘积测度相关的重要定理。

定理 4.24　（**乘积空间上的测度**）：我们定义 σ 有限测度空间如上，即 $(X,\mathcal{X},\mu)$ 和 $(Y,\mathcal{Y},\nu)$，还有与之相关的 $(C',\mathcal{Z})$。定义在 $\mathcal{Z} = \mathcal{X} \times \mathcal{Y}$ 上的测度如下：

$$\pi(A \times B) = \mu(A)\nu(B) \tag{4-53}$$

对于任意 $A \times B \in C'$，不难得出这一测度，也就是 μ 和 ν 的乘积测度存在，那么它就是唯一的且是 σ 有限的。我们现在引入分块的概念，然后再推出乘积测度的公式。

定义 4.22　（**集合的分块**）：考虑 $Z = X \times Y$ 的子集 E，且 $x \in X$。E 的 x 分块被定义为：

$$E_x = \left\{ y \in Y : (x,y) \in E \right\} \tag{4-54}$$

E 的 y 分块被定义为：

$$E_y = \left\{ x \in X : (x,y) \in E \right\} \tag{4-55}$$

定义 4.23　（**函数的分块**）：给定函数 $f:Z \to \bar{R}$ 且 $x \in X$。函数 f 的 x 分块被定义为：

$$f_x = f(x,y)，对于 \ y \in Y \tag{4-56}$$

对 $y \in Y$，函数 f 的 y 分块被定义为：

$$f_y = f(x,y)，对于 \ x \in X \tag{4-57}$$

下面的引理就是基于集合的分块和函数的分块。

引理 4.25　a）如果 E 是可测度 Z 的子集，那么每个 E 的分块都是可测度的；b）如果 $f:Z \to \bar{R}$ 是一个可测度函数，那么函数 f 的每个分块都是可测度的。

引理 4.26　给定 σ 有限测度空间 $(X,\mathcal{X},\mu)$ 和 $(Y,\mathcal{Y},\nu)$。有 $E \in \mathcal{Z} = X \times Y$，函数 $f(x) = \nu(E_x)$ 和 $g(y) = \mu(E_y)$ 可测度，且：

$$\int_x f d\mu = \pi(E) = \int_y g d\nu \tag{4-58}$$

下面我们介绍适用于非负函数的 Tonelli 定理。

定理 4.27　给定 σ 有限测度空间 $(X,\mathcal{X},\mu)$ 和 $(Y,\mathcal{Y},\nu)$。有在 $Z = X \times Y$ 到 $\bar{R}$ 上的非负可测度函数 F。定义在 X 和 Y 上的函数如：$f(x) = \int_Y F_x d\nu$，$g(y) = \int_X F^y d\mu$，都可测度，而且：

$$\int_X f d\mu = \int_Z F d\pi = \int_Y g d\nu \tag{4-59}$$

Fubini 定理更为一般化，其只要求函数被假设为可积的时候，取值可正可负。给定测度空间 (X,X,μ)，有函数 $f:A \to \mathbb{R}$ 可积，且 $\mu(X \backslash A) = 0$。如果有一个可积函数 $\tilde{f}:X \to \mathbb{R}$，

其在 $A \subset X$ 的情况下，$f = \tilde{f}$。在此情况下，$\int f = \int \tilde{f}$。

定理 4.28 给定 σ 有限测度空间 $(X, \mathcal{X}, \mu)$ 和 $(Y, \mathcal{Y}, \nu)$。我们将从 $Z = X \times Y$ 上到 $\bar{R}$ 的测度 π 引入到乘积测度 μ 和 ν 上。如果定义在 $Z = X \times Y$ 上到 $\bar{R}$ 的函数 F 对测度 π 而言是可积的，那么存在拓展的实函数，其定义为 $f(x) = \int_Y F_x d\nu$ 和 $g(y) = \int_X F^y d\mu$，存在有限积分，而且下述关系成立：

$$\int_X f d\mu = \int_Z F d\pi = \int_Y g d\nu \tag{4-60}$$

在讨论马尔可夫链之前，需要引入条件概率和条件期望这两个概念。为此，先从概率空间 $(\Omega, \mathcal{F}, \mu)$ 开始。考虑一系列子集 $\{A_\eta\} \eta \in H$。如果满足下列条件，那么这些子集是可测度的 Ω 分块：

（1）对所有 $\eta \in H$，$A_\eta \in \mathcal{F}$，其中 H 是指示集合

（2）$\bigcup_{\eta \in H} A_\eta = \Omega$

（3）对所有 $\eta \neq \eta'$，$A_\eta \cap A_{\eta'} = \varnothing$

如果指示集合 H 可数，那么可测度的分块也是可数的。

现在考虑 $\{A_i\}_{i=1}^{\infty}$ 是任意可测度 Ω 的分块，而且这些分块是可数的，对于所有的 i，有 $\mu(A_i) > 0$。某事件的条件概率可以按标准定义如下：

$$\Pr(B|A_i) = \mu_{A_i}(B) = \mu(B \cap A_i)/\mu(A_i) \tag{4-61}$$

在此，可测度集合 $B \in \mathcal{F}$。相同地，我们可以将给定可积函数 f 下的条件期望定义如下：

$$E(f|A_i) = \int f d\mu_{A_i} \tag{4-62}$$

对所有 $f \in L(\Omega, \mathcal{F}, \mu)$，其中 L 是在 F 空间上的可积函数。

我们可能会对更广义的，定义在 σ 代数上（不一定要是可数分块）和可积函数上的条件期望更感兴趣。

定义 4.24 （条件期望）：给定 $(\Omega, \mathcal{F}, \mu)$，$\mathcal{A} \subset F$ 是 σ 代数和在 $\Omega \to R$ 上的可积函数 f。相对于 A 的条件期望 f 是 $\mathcal{A}$-可测度的函数 $E(f|\mathcal{A}): \Omega \to R$：

$$\int_C E(f|\mathcal{A})(\omega)\mu(d\omega) = \int_C f(\omega)\mu(d\omega) \tag{4-63}$$

对所有 $C \in \mathcal{A}$。

上述对条件期望的定义之重要在于其可以证明 A-可测度函数 $E(f|\mathcal{A})$ 总是存在且是唯一的。

3. 马尔可夫链

这一小节的目的是介绍处理动态规划模型中引入冲击而必需的数学工具。这一小节有关马尔可夫过程的介绍是因为我们在模型中所设定的冲击是递归的，而马尔可夫过程正好符合这一要求。

给定测度空间（Z，𝒵），λ是该空间上的（Z，𝒵）概率测度。包含递归性质的冲击在内的递归表述式可写成如下形式：

$$V(x,z) = \sup_{y \in G(x,z)} \left[U(x,y,z) + \beta^* \int V(y,z')Q(z,\mathrm{d}z') \right] \tag{4-64}$$

其中，x代表的是当期的内生状态变量，z是当期的外生冲击，y是下期的内生状态变量，而z'是下期外生变量。还有$Q(z,\cdot)$是概率测度。我们首先关注的是函数Q的结构。

定义 4.25 （**转换函数**）：给定测度空间（Z，𝒵）。如果满足以下条件，函数$Q:Z \times Z \to [0,1]$就是转换函数：

（1）对任意$z \in Z$，$Q(z,\cdot)$是一个在测度空间（Z，𝒵）上的概率测度；

（2）对任意$A \in 𝒵$，$Q(\cdot,A)$是一个$𝒵$-可测度函数。

假设$Q(z,\cdot)$是转换函数。从直觉上而言，$Q(z,A)$可以被解读为在当期外生冲击为$z=a$的情况下，下一期外生冲击z'在集合A中的概率，即$Q(z,A) = Pr\{z_{t+1} \in A | z_t = a\}$。

接着定义两个非常有用的算子。第一个算子，我们可以为$𝒵$-可测度函数f定义算子Tf如下：

$$(Tf)(z) = \int f(z')Q(z,\mathrm{d}z') \tag{4-65}$$

对所有$z \in Z$。从直觉上而言，$Tf(z)$告诉我们的是基于当期值z情况下的下一期函数的预期值。

第二个算子，定义在概率测度（Z，𝒵）上。给定在（Z，𝒵）上的概率测度λ，可定义算子$T^*\lambda$如下：

$$(T^*\lambda)(A) = \int Q(z,A)\lambda(\mathrm{d}z) \tag{4-66}$$

对所有$A \in 𝒵$。如果当期状态从λ中产生，那么$(T^*\lambda)(A)$就是下一期在集合A中的概率。

接下来的两个定理有关上述两个算子T和T^*的重要性质。在此，我们将采用之前定义的集合M^+（Z，𝒵）作为非负、$𝒵$-可测度实函数。

定理 4.29 算子T定义如上将概率空间M^+（Z，𝒵）映射到自身，即$T:M^+$（Z，𝒵）$\to M^+$（Z，𝒵）。

相同的，对算子T^*，给定概率空间Λ（Z，𝒵），我们也可提出如下定理。

定理 4.30 算子T^*定义如上将概率空间Λ（Z，𝒵）映射到自身，即$T^*:\Lambda$（Z，𝒵）$\to \Lambda$（Z，𝒵）。

如果我们定义B（Z，𝒵）为有界的、$𝒵$-可测度实函数，算子依然是将此空间映射到自身。

定理 4.31 算子T定义如上将空间B（Z，𝒵）映射到自身，即$T:B$（Z，𝒵）$\to B$（Z，𝒵）。

空间为$C(Z)$的函数，其有界且连续，是B（Z，𝒵）的一个子集。在处理动态规划时，我们想确保算子T能将空间$C(Z)$映射到自身。如下定义就引入这一性质，这对后续内容非常重要。

定义 4.26 （Feller 性质）：定义在（Z，$\mathcal{Z}$）上的转换函数为，如果算子T将空间$C(Z)$映射到自身，即$T:C(z) \to C(z)$，那么函数Q就在（Z，$\mathcal{Z}$）上具备 Feller 性质。

有了上述的定义和结果，我们就可以转向对马尔可夫过程的定义。我们从定义可测度空间（Z，$\mathcal{Z}$）开始，定义乘积空间如下：

$$(Z^t, \mathcal{Z}) = (Z \times \cdots \times Z, \mathcal{Z} \times \cdots \times \mathcal{Z}) \tag{4-67}$$

在可测度空间（Z，$\mathcal{Z}$）上，我们有转换函数Q，并假定$z_0 \in Z$给定。我们现在可定义概率测度$\mu^t(z_0, \cdot):Z^t \to [0,1]$在此空间上。对任意矩形$B = A_1 \times \cdots \times A_t \in \mathcal{Z}^t$，我们定义：

$$\mu^t(z_0, B) = \int_{A_1} \cdots \int_{A_{t-1}} \int_{A_t} Q(z_{t-1}, dz_t) Q(z_0, dz_1) \tag{4-68}$$

我们可证明其满足以下三个条件：

（1）$\mu^t(z_0, \phi) = 0$

（2）如果$\{B_i\} = \left\{ (A_{1i} \times \cdots \times A_{ti}) \right\}_{i=1}^{\infty}$是一系列在$\mathcal{Z}^t$非交集合，而且$\bigcup_{i=1}^{\infty} B_i$在$\mathcal{Z}^t$，那么$\mu^t\left(z_0, \bigcup_{i=1}^{\infty} B_i\right) = \sum_{i=1}^{\infty} \mu^t(z_0, B_i)$

（3）$\mu^t(z_0, Z^t) = 1$

如此，$\mu^t(z_0, \cdot)$是一个概率测度。根据 Caratheodory 和 Hahn 的拓展定理，$\mu^t(z_0, \cdot)$可被证明在Z^t上具有唯一的概率测度。同样，我们可定义无限序列上的概率。

现在，我们定义随机过程和马尔可夫过程如下。给定一个概率空间（Ω，$\mathcal{F}$，P）。

定义 4.27 （随机过程）：在概率空间（Ω，$\mathcal{F}$，P）上，定义一个随机过程，如递增的σ代数序列，即$\mathcal{F}_1 \subseteq \mathcal{F}_2 \subseteq \cdots \subseteq \mathcal{F}$，一个可测度空间（$Z$，$\mathcal{Z}$），以及一系列函数$\sigma_t:\Omega \to Z$，其中，$t = 1,2,\cdots$且每个函数$\sigma_t$都是$F$-可测度的。

在特殊情况下，当函数σ_t取值为$Z = R$时，函数就是在给定概率空间（Ω，$\mathcal{F}$，P）中的随机变量。

定义 4.28 （一阶马尔可夫过程）：在概率空间（Ω，$\mathcal{F}$，P）中，具备如下性质的马尔可夫过程就是一个随机过程：

$$P_{t+1 \cdots t+n}(C|a_{t-s}, \cdots, a_{t-1}, a_t) = P_{t+1 \cdots t+n}(C|a_t) \tag{4-69}$$

在此$t = 2,\cdots,n$；$n = 1,2,\cdots$；$s = 1,2,\cdots,t-1$而$C \in \mathcal{Z}^n$。简言之，马尔可夫过程即$\sigma_t = a_t$。如果条件概率$P_{t+1}(A|a)$对所有$a \in Z$和$A \in \mathcal{Z}$，都独立于时间t，那么马尔可夫过程具有稳态转换。

采用测度$\mu^t(z_0, \cdot)$，我们可以将预期值定义得更为直接。如果$z^t = (z_1, \cdots)$是Z^t的一个元素，其中t取值从$t = 1,2,\cdots$，任意函数U的预期值相对测度$\mu^t(z_0, \cdot)$是可积的，并可写成如下形式：

$$E(U|z_0) = \int_{Z^t} U(z^t) \mu^t(z_0, dz^t) \tag{4-70}$$

参考文献[4]进一步展示了（但是这些结果如果在此展开就会占据太多篇幅）上述积分可用迭代积分表述。当$t \in \{2,3,\cdots\}$时，函数$U:Z^t \to \bar{\mathbb{R}}$是$Z^t$–可测度的。进一步假设$U$是$\mu^t(z_0,\cdot)$–可积的。记$U$的分块$z^{t-1}$为$U(z^{t-1},\cdot):Z \to \mathbb{R}$。由此，可得：

$$\int_{Z^t} U(z^t)\mu^t(z_0,dz^t) = \int_{Z^{t-1}} \left[\int_Z U(z^{t-1},z_t)Q(z_{t-1},dz_t)\mu^{t-1}(z_0,dz^{t-1}) \right] \tag{4-71}$$

4.假设

我们假设$(X,\mathcal{X})$，$(Y,\mathcal{Y})$和$(Z,\mathcal{Z})$都是可测度空间，而$(S,\mathcal{S}) = (X \times Z, \mathcal{X}, \mathcal{Z})$是一个乘积空间（$S$表述的是状态值集合）。内生状态变量取值在集合$X$中，而集合$Z$是所有外生冲击的取值。我们以$Y$来表述决策者会采取的决策行为。随机冲击会按照稳态转换方程$Q(Z,\mathcal{Z})$而演变。

如上所述，有约束的对应函数$G(x,z)$现在也依赖于随机冲击，即$G:X \times Z \to Y$。而$A = \{(x,y,z) \in X \times Y \times Z:y \in G(x,z)\}$。

我们首先将随机情况下的计划和可行计划概念拓展一下。给定乘积空间$(Z^t,\mathcal{Z}^t)$，且记$z^t = (z_1,\cdots,z_t) \in Z^t$为从1期到$t$期发生过的冲击历史。

定义在集合A上的效用函数$U(x,y,z)$，即$U:A \to \mathbb{R}$。为描述变量x的动态变化，我们记集合D为$D = \{(x,y) \in X \times Y:y \in G(x,z)\}$，其中$z \in Z$。$x$的变动规律由函数$\phi$来描述$\phi:D \times Z \to X$，而$x' = \phi(x,y,z')$。$x'$是$x$未来的值，其是由当前的值，决策行为$y$和下一期会发生的随机冲击$z'$共同决定的。

定义4.29 计划被定义为一系列可测度函数$\pi = \{\pi_t\}_{t=0}^\infty$，而$\pi_t:Z^t \to X$是$Z^t$–可测度的。

定义4.30 如果符合如下两个条件，则计划π被称为可行（其初始状态为$s_0 \in S$）：

（1）$\pi_0 \in G(s_0)$

（2）对所有$z^t \in Z^t$，$\pi^t(z_t) \in G(x^\pi(z^t),z_t)$，其中$t = 1,2,\cdots$

函数$x_t^\pi:Z^t \to X$，其中$t = 1,2,\cdots$可以定义如下：

$$\begin{aligned} x_1^\pi(z_1) &= \phi(x_0,\pi_0,z_1),z_1 \in Z \\ x_t^\pi(z^t) &= \phi(x_{t-1}^\pi(z^{t-1}),\pi_{t-1}(z^{t-1}),z_t),z_t \in Z^t,t = 2,\cdots \end{aligned} \tag{4-72}$$

在讨论有关动态规划的主要结果之前，我们将列举如下假设。这些假设一般都是和确定性情况相对应的，除了少数需要补充的，特别针对随机性质处理的假设。为了方便作对比，我们会标注一撇符号以区别随机情况。有些与动态规划相关的内容作如下约定$(X,\mathcal{X})$，$(Y,\mathcal{Y})$，$(Z,\mathcal{Z})$，$(S,\mathcal{S})$ Q,G,U,β,ϕ。

假设4.1' 对应函数$G(x)$假定为非空集合。G是$(\mathcal{X} \times \mathcal{Y} \times \mathcal{Z})$–可测度的。$G$假设为可测度选择（measurable selection）；换言之，有一个可测度函数$h:S \to X$，对所有$s \in S$，$h(s) \in G(s)$，而且$\phi:D \times Z \to X$是可测度的。

接下来是在给定可行计划情况下的折现预期收益加总。我们有概率测度$\mu^t(z_0,\cdot)$，且定义集合A为$\mathcal{A} = \{C \in \mathcal{X} \times \mathcal{Y} \times \mathcal{Z}:C \subset A\}$。

假设 4.2' 函数 $U:A \rightarrow \mathbb{R}$ 是 $\mathcal{A}$-可测度的，那么以下两个条件之一成立：

（1）$U \geqslant 0$ 或 $U \leqslant 0$

（2）对任一个 $(x_0,z_0) = s_0 \in S$，和任一计划 $\pi \in \Pi(s_0)$，

$U\left[x_t^\pi(z^t), \pi_t(z^t), z_t\right]$ 是 $\mu^t(z_0, \cdot)$-可积，而且下述极限成立：

$$U(x_0, \pi_0, z_0) + \lim_{n \to \infty} \sum_{t=1}^{n} \int_{Z^t} \beta^t U\left[x_t^\pi(z^t), \pi_t(z^t), z_t\right] \mu^t(z_0, dz^t)$$

假设 4.3' 假设函数 U 可正可负，则存在一系列非负可测度函数 $L_t:S \rightarrow \mathbb{R}_+$，其对所有 $\pi \in \Pi(s_0)$ 和所有 $s_0 \in S$，具有如下性质：

（1）$\left|U(x_0, \pi_0, z_0)\right| \leqslant L_0(s_0)$

（2）对所有 $z^t \in Z^t$，$\left|U\left[x_t^\pi(z^t), \pi_t(z^t), z_t\right]\right| \leqslant L_t$

（3）$\sum_{t=0}^{\infty} \beta^t L_t(s_0) < \infty$

为让这些假定和之前的确定性情况有可比性，我们下面假定回报函数 U 是有界的且连续的，折现因子 β 小于 1，而转换函数 Q 具备 Feller 性质。

相较于确定性情况，我们先在 X 上增设条件，然后针对随机情况，对 Z,Q 增设条件。

假设 4.4' X 是在 $\mathbb{R}^k$ 中的 Borel 集合，且是凸集。Borel 子集集合可记为 $\mathcal{X}$。

假设 4.5' 以下两个声明表示假定成立：

（1）Z 是一个可数集合，而 $\mathcal{Z}$ 是包括了所有 Z 子集的 σ 代数；

（2）Z 是一个在 R^k 中的 Borel 紧集，其所有的 Borel 子集集合可记为 $\mathcal{Z}$，在 $(Z, \mathcal{Z})$ 上的转换函数 Q 具备 Feller 性质。

以下假设与确定性情况下的假设类似。

假设 4.6' 对应函数 $G:X \times Z \rightarrow X$ 是非空的，连续且紧值的。

假设 4.7' 回报函数 $U:A \rightarrow \mathbb{R}$ 是有界的，连续的。折现因子 β 取值在 $(0,1)$。

以下两个假设是在对应函数 G 和回报函数 U 上增设单调性。

假设 4.8' 对每个 $(y,z) \in Y \times Z$，回报函数 $U(\cdot, y, z):A_{yz} \rightarrow \mathbb{R}$ 是严格递增的。

假设 4.9'：对应函数 $G(\cdot, z):X \rightarrow X$ 是增函数，如果 $x \leqslant x'$，其表明对每一个 $z \in Z$，$G(x,z) \subseteq G(x',z)$。

进一步对 U 和 G 的凹性进行设定。

假设 4.10' 对每一个 $z \in Z$，回报函数 $U(\cdot, \cdot, z):A_z \rightarrow \mathbb{R}$ 是凹的，即对有所 $\theta \in (0,1)$，以及 $(x,y),(x',y') \in A_z$，以下表述成立：

$$U\left[\theta(x,y) + (1-\theta)(x',y'), z\right] \geqslant \theta U(x,y,z) + (1-\theta)U(x',y',z) \qquad (4\text{-}73)$$

假设 4.11' 对每一 $z \in Z$ 和 $x,x' \in X$，对应函数 G 是凸的，即：

$$\theta y + (1-\theta)y' \in G\left[\theta x + (1-\theta)x', z\right] \qquad (4\text{-}74)$$

对所有 $\theta \in [0,1]$，以及每一个 $y \in G(x,z)$ 和 $y' \in G(x',z)$。

为了使值函数具有可微性，我们需要进一步对回报函数的可微性作出假设。

假设4.12' 对每一个 $z \in Z$，回报函数 $U(\cdot, \cdot, z): A_z \to R$ 都在 A_z 内部 (x, y) 上连续可微。

5. 定理

结合上述假设，我们可以得到一系列的定理。当假设4.1'成立的时候，最直接的一个结果如下：

引理4.32 如果假设4.1'成立，且给定 $(X, \mathcal{X})$，$(Z, \mathcal{Z})$，有一个对应函数 G，如上所假设，那么对每一个 $s \in S$，$\Pi(s)$ 是非空的。

如果假设4.2'也成立，那么，对于每一个 $s_0 \in S$，也可以定义函数 $u_n(\cdot, s_0): \Pi \to \mathbb{R}$ 和 $u(\cdot, s_0): \Pi \to \mathbb{R}$ 如下：

（1）$u_0(\pi, s_0) = U[x_0, \pi_0, z_0]$

（2）$u_n(\pi, s_0) = U[x_0, \pi_0, z_0] + \sum_{t=1}^{n} \int_{Z^t} \beta^t U[x_t^\pi(z^t), \pi(z^t), z_t] \mu^t(z_0, dz^t)$

（3）$u(\pi, s_0) = \lim_{n \to \infty} u_n(\pi, s_0)$

在此，$u_n(\pi, s_0)$ 是初始状态为 s_0，从0期到 n 期的计划为 π 的预期折现回报加总。如果假设4.1'和4.2'成立，那么函数 $u(\cdot, s_0)$ 是给定任何 $s_0 \in S$，在集合 $\Pi(s)$ 上定义的函数。上界函数 $V^*: S \to \mathbb{R}$ 可以定义如下：

$$V^*(s) = \sup_{\pi \in \Pi(s)} u(\pi, s) \tag{4-75}$$

对应的泛函表述可以写作如下形式：

$$V(s) = \sup_{y \in G(s)} \left[U(x, y, z) + \beta \int V[\phi(x, y, z'), z'] Q(z, dz') \right] \tag{4-76}$$

如果函数 v 满足方程（4-76），那么相关的政策对应函数 g 就可以写成如下形式：

$$g(s) = \left\{ y \in G(s) : V(s) = \left[U(x, y, z) + \beta \int V[\phi(x, y, z'), z'] Q(z, dz') \right] \right\} \tag{4-77}$$

对于非空 g，如果从 g 可测度选择，那么 π 就是从 s_0 开始由 g 生成的。定义 $g_0, g_1, \cdots$ 作为由 g 生成的可测度选择。

（1）$\pi_0 = g_0(x_0, z_0)$

（2）对所有 $z^t \in Z$，$\pi_t(z^t) = g_t[x_t^\pi(z^t), z_t]$

因为每个 g_t 都是可测度的，而且 π 都满足上述条件，那么 π 也是可测度的，由此任何计划只要从 s_0 开始由 g 生成，都是可行计划。

如果假设4.1'和4.2'成立，且 V^* 被定义，那么下面的结论也就成立。

定理4.33 给定 $(X, \mathcal{X})$，$(Y, \mathcal{Y})$，$(Z, \mathcal{Z})$，Q、G、U、β 和 ϕ。假设4.1'和4.2'成立，依据方程（4-75）定义函数 V^*。如上定义对应函数 g，如果 g 非空，且允许其有可测度选择，如方程（4-76）定义的可测度函数 V，其满足：

$$\lim_{t \to \infty} \int_{Z^t} \beta^t V[x_t^\pi(z^t), z_t] \mu^t(z_0, dz^t) = 0 \tag{4-78}$$

对所有 $\pi \in \Pi(x_0, z_0)$ 和 $(x_0, z_0) \in X \times Z$。那么，可以证明：由对应函数 g 生成的 $V = V^*$ 和任意的计划 π^* 可以得到如方程（4-75）的上确界。

定理 4.33 有部分可逆，如定理 4.35 所述。定理 4.35 的主要结论是在一些较严苛的假设中，那么仅当由 g 生成的时候，计划才是最优的。在此之前，需要引入一个新的概念。

给定 $s_0 \in S$，$\pi \in \Pi(s_0)$ 和 $z_1 \in Z$，即在 z_t 下的连续 π 记为 $C(\pi, z_1)$，其定义如下：

（1）$C_0(\pi, z_1) = \pi_1(z_1)$

（2）对所有 $z_2^{t+1} \in Z^T$，$C_t(z_2^{t+1}; \pi, z_1) = \pi_{t+1}(z^{t+1})$，其中 $t = 1, 2, \cdots$

根据定义，每个函数 $C_t(\cdot; \pi, z_1): Z^t \to X$ 是函数 π_{t+1} 的 z_1-分块。如前所述，这些函数都是可测度的，它们也符合可行性约束条件。在假设 4.1'—4.3' 成立的情况下，下面的结论也成立。

引理 4.34 如果假设 4.1'—4.3' 成立，给定 $(X, \mathcal{X})$，$(Y, \mathcal{Y})$，$(Z, \mathcal{Z})$，Q, G, U, β 和 ϕ 如前。那么，对于任意 $(x_0, z_0) = s_0 \in S$ 和任意 $\pi \in \Pi(s_0)$，如下方程成立：

$$u(\pi, s_0) = U(x_0, \pi_0, z_0) + \beta \int_Z u\left[C(\pi, z_1), (\pi_1^\pi(z_1), z_1)\right] Q(z_0, dz_1) \tag{4-79}$$

对任意 $z_1 \in Z$，$C(\pi, z_1)$ 是给定 z_1 下连续 π 的表述。

一旦引理 4.34 中的部分主要结论成立，我们就可进一步构建任何计划 π^*，只要能够取到如方程（4-75）所示的上确界，那么这种计划就是由 g 生成的。

定理 4.35 给定 $(X, \mathcal{X})$，$(Y, \mathcal{Y})$，$(Z, \mathcal{Z})$，Q, G, U 和 β。假设 4.1'—4.3' 都适用，考虑函数 V^* 如方程（4-75）所示，具有可测度性并满足方程（4-76）。对应函数 g 如方程（4-77）定义，其被设定为非空且允许可测度选择。同时，我们记 $(x_0, z_0) = s_0 \in S$，并且 $\pi^* \in \Pi(s_0)$ 如方程（4-75）那样可以取到上确界的计划，其初始条件为 s_0。在如下条件下，存在一个从 s_0 开始由 g 生成的计划，记为 π^g：

（1）$\pi_0^g = \pi_0^*$

（2）$\pi_t^g(z^t) = \pi^*(z^t)$，其中 $\mu^t(z_0, \cdot)$ 几乎处处可测度，而 $t = 1, 2, \cdots$

假设 4.4' 和 4.5' 允许我们得到确定性情况下可类比的结论，因为在上述两个假设下，积分的应用还是保留了方程（4-75）被积函数的性质。这些性质包括有界性、连续性、单调性和连续性。进一步假设，如下结论就很有必要：

定理 4.36 假设 $(X, \mathcal{X})$，$(Z, \mathcal{Z})$，和转换函数 Q 满足假设 4.4' 和 4.5'，进一步假设一个函数 $u: X \times Z \to \mathcal{R}$。我们定义函数 Mu 如下：

$$(Mu)(y, z) = \int u(y, z') Q(z, dz') \tag{4-80}$$

对所有 $(y, z) \in X \times Z$，使 $M: C(S) \to C(S)$。如此，如果函数 u 对其每第 k 个元素递增，那么 Mu 也是如此。我们继续用假设 4.6' 和 4.7' 来得到下述结论。

定理 4.37 给定 $(X, \mathcal{X})$，$(Y, \mathcal{Y})$，$(Z, \mathcal{Z})$，Q, G, U 和 β，并假设它们符合假设 4.6' 和 4.7'。进一步定义在 $C(S)$ 上的算子 T 如下：

$$(TU)(x,z) = sup_{y \in G(x,z)} \left\{ U(x,y,z) + \beta \int U(y,z')Q(z,dz') \right\} \qquad (4-81)$$

我们进而可证明 T 将 $C(S)$ 映射到自身，即 $T:C(S) \to C(S)$。因此，T 会有一个唯一的不动点 $V \in C(S)$，而对于 $V_0 \in C(S_0)$，如下结论成立：

$$\left\| T^n V_0 - V \right\| \leq \beta^n \left\| V_0 - V \right\| \qquad (4-82)$$

此外，对应函数 $g:S \to X$，定义如下：

$$g(x,z) = \left\{ y \in (G,z): V(x,z) = U(x,y,z) + \beta \int V(y,z')Q(z,dz') \right\}$$

其非空性、紧值性和上半连续性都符合。

如果我们进而假设回报函数 U 和对应函数 G 的单调性，那么下面的结论让算子 T 更具有不动点的特性。

定理 4.38 给定 $(X, \mathcal{X})$，$(Z, \mathcal{Z})$，Q, G, U 和 β，假设其满足假设 4.4'—4.9'。记 V 是不动点算子 T，具体如方程（4-81）所示。对任意 $z \in Z$，函数 $V(\cdot, z):X \to \mathbb{R}$ 是严格递增的。

一旦加入函数为凹的假设，值函数就是凹的。

定理 4.39 给定 $(X, \mathcal{X})$，$(Z, \mathcal{Z})$，Q, G, U 和 β，假设其满足假设 4.4'—4.7' 和 4.10'—4.11'。记 V 是不动点算子 T，具体如方程（4-81）所示。对应函数 g 定义如上。对于任意 $z \in Z$，函数 $V(\cdot, z):X \to \mathbb{R}$ 是严格凹的，而对应函数 $g(\cdot, z):X \to X$ 是连续性函数。

函数为凹的假设也表明一系列近似政策函数 g_n 会收敛于最优政策函数 g。具体表述如下：

定理 4.40 给定 $(X, \mathcal{X})$，$(Z, \mathcal{Z})$，Q, G, U 和 β，假设其满足假设 4.4'—4.7' 和 4.10'—4.11'。记 $C'(S) \subset C(S)$ 为在 S 上的有界连续函数，其前 k 个元素呈弱凹性。$V \in C'(S)$ 是方程（4-81）的唯一不动点算子，而函数 $g = G$ 定义如上。如果 $V_0 \in C'(S)$，那么我们定义 (V_n, g_n) 如下：

（1）$V_n = TV_{n-1}$

（2）$g_n(x,z) = \arg\max_{v \in G(x,z)} \left\{ U(x,y,z) + \beta \int V_n(y,z')Q(z,dz') \right\}$

这表明 $g_n \to g$ 是逐点收敛的，而且，如果 X 和 Z 都是紧集合，那么收敛是一致的。

当假设回报函数 U 是可微的时候，值函数的可微性如下所述：

定理 4.41 给定 $(X, \mathcal{X})$，$(Z, \mathcal{Z})$，Q, G, U 和 β，假设其满足假设 4.4'—4.7' 和 4.10'—4.12'。$V \in C'(S)$ 是方程（4-81）的唯一不动点算子，而函数 $g = G$ 定义如上。如果 $x_0 \in int(X)$ 且 $g(x_0, z_0) \in int(G(x_0, z_0))$，那么可以证明对 x 函数 $V(\cdot, z_0)$ 是连续可微的，其导数可写成如下形式：

$$V_i(x_0, z_0) = U_i \left[x_0, g(x_0, z_0), z_0 \right] \qquad (4-83)$$

其中，$i = 1, \cdots, k$。

4.3.2 数值算法和应用

1.随机最优增长模型

在介绍实际应用前，我们先介绍一下随机最优增长模型，该模型会作为动态规划数值应用的案例。模型设定主要参照的是参考文献[4]和 [5]。

我们选择一个代表性家庭作为经济部门的考量对象。$u(\ )$是瞬时效用函数，$\beta \in (0,1)$是折现因子。代表性家庭将整个生命周期的效用最大化如下：

$$\max_{\{c_t\}_{t=0}^{\infty}} \mathbb{E}_0 \sum_{t=0}^{\infty} \beta^t u(c_t) \tag{4-84}$$

其表述和确定性情况下的最优增长模型相似，k_t、c_t分别是资本存量和消费。在每一期，家庭要面对如下约束：

$$k_{t+1} = exp(a_t) f(k_t) + (1-\delta) k_t - c_t \tag{4-85}$$

a_t是生产率。我们进一步假设资本存量的初始状态为k_0而$k_t \geqslant 0$。与之前一样，我们将时间标识去掉，生产函数设定为$f(k_t) = k^\alpha$，上述约束可写成如下形式：

$$k' = exp(a) k^\alpha + (1-\delta) k - c \tag{4-86}$$

在此，生产率根据$a' = \rho a + \epsilon'$这一规则演进。与上面一样，我们假定效用函数如下：

$$u(c) = \frac{c^{1-\sigma} - 1}{1-\sigma} \tag{4-87}$$

给定这些假设，我们可以把Bellman方程写成如下形式：

$$V(k,a) = \max_c \frac{c^{1-\sigma} - 1}{1-\sigma} + \beta \int V(k',a') d\mu(a'|a) \tag{4-88}$$

方程（4-86）决定了消费方程如下：

$$c = exp\ (a) k^\alpha + (1-\delta) k - k' \tag{4-89}$$

由此，我们可将Bellman方程写成：

$$V(k,a) = \max_{k'} \frac{\left(exp\ (a) k^\alpha + (1-\delta) k - k'\right)^{1-\sigma} - 1}{1-\sigma} + \beta \int V(k',a') d\mu(a'|a) \tag{4-90}$$

2.冲击的离散化

数值求解随机性动态规划问题中的一个重要问题就是如何处理由冲击生成的空间。从理论上讲，随机冲击的支集是连续的。但在数值处理中，我们需要将这些冲击转换为离散的，并让其保持连续的性质。

幸运的是，在参考文献中有不少不错的解决此问题的方法。在本小节中，我们将介绍一种算法（详见参考文献[8]）。其重点在较为简单的 AR（1）过程中，当然其最初的贡献也涵盖了更为一般的 VAR 冲击。

具体的表述见 Tauchen 和 Hussey（详见参考文献[8]）和 Collard（详见参考文献[5]）。我们主要就以下形式展开说明：

$$s_{t+1} = \rho s_t + (1-\rho)^* \bar{s} + \epsilon_{t+1} \tag{4-91}$$

其中，冲击ϵ_{t+1}被设定为服从正态分布，如$\mathcal{N}(0,\sigma^2)$。

s 是连续随机变量，所以我们可写成：

$$\frac{1}{\sigma \sqrt{2\pi}} \int_{-\infty}^{\infty} exp\left\{-\frac{1}{2}\left(\frac{s_{t+1} - \rho s_t - (1-\rho)\bar{s}}{\sigma}\right)^2\right\} ds_{t+1} = \int f(s_{t+1}|s_t) ds_{t+1} = 1 \qquad (4-92)$$

在 Tauchen 和 Hussey 的算法中，右边的积分可以由如下形式替代：

$$\int \Phi(s_{t+1}; s_t, \bar{s}) f(s_{t+1}|\bar{s}) ds_{t+1} = \int \frac{f(s_{t+1}|s_t)}{f(s_{t+1}|\bar{s})} f(s_{t+1}|\bar{s}) ds_{t+1} = 1 \qquad (4-93)$$

其中，$f(s_{t+1}|s_t)$ 可被理解为基于 $s_t = \bar{s}$ 的 s_{t+1} 的分布。由此，可得

$$\Phi(s_{t+1}; s_t, \bar{s}) = \frac{f(s_{t+1}|s_t)}{f(s_{t+1}|\bar{s})} = exp\left\{-\frac{1}{2}\left[\left(\frac{s_{t+1} - \rho s_t - (1-\rho)\bar{s}}{\sigma}\right)^2 - \left(\frac{s_{t+1} - \bar{s}}{\sigma}\right)^2\right]\right\} \qquad (4-94)$$

用标准的线性转换，记 $z_t = (s_t - \bar{s})/\sigma\sqrt{2}$，则

$$\frac{1}{\sqrt{\pi}} \int_{-\infty}^{\infty} exp\left\{-\left((z_{t+1} - \rho z_t)^2 - z_{t+1}^{2j}\right)\right\} exp(-z_{t+1}^2) \, dz_{t+1} \qquad (4-95)$$

对于这种设定，可以用 Gauss-Hermite 求积方法（详见第 2 章数值积分部分）。下列公式可以应用于：

$$\frac{1}{\sqrt{\pi}} \sum_{j=1}^{n} \omega_j \Phi(z_j; z_i; \bar{x}) \approx 1 \qquad (4-96)$$

其中，求积的节点 z_i 和权重 ω_i 都已给定，$i = 1, \cdots, n$。

上述公式的简便解释如下。表达式 $\omega_j \Phi(z_j; z_i; \bar{x})$ 可理解为从状态 i 到状态 j，马尔可夫链中的转换概率的估计，即 $\hat{\pi}_{ij} = Prob(s_{t+1} = s_j | s_t = s_i)$。因为上面的表述仅仅是近似值，所以在一般情况下，$\sum_{j=1}^{n} \hat{\pi}_{ij} = 1$ 也仅在近似的时候成立。为了解决这个问题，Tauchen 和 Hussey 采用如下公式：

$$\hat{\pi}_{ij} = \frac{\omega_j \Phi(z_j; z_i; \bar{s})}{\sqrt{\pi} \xi_i} \qquad (4-97)$$

其中，$\xi_i = \frac{1}{\sqrt{\pi}} \sum_{j=1}^{n} \omega_j \Phi(z_j; z_i; \bar{x})$。

对上面这个公式，我们假定生产率冲击可以由两个状态的马尔可夫链来近似（即生产率 a 会取到 a_1，a_2 两个值，且 $a_1 < a_2$）。进一步假设转换矩阵是对称的，如此，转换矩阵可以写成 $\Pi = \begin{bmatrix} \pi & 1-\pi \\ 1-\pi & \pi \end{bmatrix}$。

a_1 和 a_2 的取值，符合 AR（1）中的条件一阶矩和条件二阶矩，这非常关键。

条件一阶矩分别是 $\pi a_1 + (1-\pi) a_2 = \rho a_1$ 和 $(1-\pi) a_2 + \pi a_2 = \rho a_2$，而条件二阶矩分别是 $\pi a_1^2 + (1-\pi) a_2^2 - (\rho a_1)^2 = \sigma_\epsilon^2$ 和 $(1-\pi) a_2^2 + \pi a_2^2 - (\rho a_2)^2 = \sigma_\epsilon^2$。利用这些表述式，我们可以得到 a_1 和 a_2 之间的如下关系：$a_1 = -a_2$，而且我们可得到 $\pi = (1+\rho)/2$。这就允许我们可用最后一个公式去求得 a_1，即 $a_1 = \sqrt{\sigma_\epsilon^2/(1-\rho^2)}$。

给定这样的马尔可夫链的设定，在编程的时候，我们可以用下述方程确定值函数：

$$V(k, a_k) = \max_c \frac{c^{1-\sigma} - 1}{1 - \sigma} + \beta \sum_{j=1}^{2} \pi_{kj} V_j(k', a'_j) \tag{4-98}$$

3.值函数迭代

随机情况下的值函数迭代算法和确定性情况下的值函数迭代算法思想是一致的。收敛还是基于压缩映射定理。当然在此，算法会更为复杂一些，因为我们需要应对的是概率测度的收敛。

在使用Julia编程最优增长模型之前，我们先将值函数迭代算法简要说明如下。

（1）为状态变量 k，以 $\mathcal{K} = k_1, \cdots, k_n$ 这种形式，构建一系列网格可允许值。此外，在 $\mathcal{S} = [s_1, \cdots, s_M]$ 中，考虑冲击 s，而其转换矩阵如 $\Pi = (\pi_{ij})$。

（2）考虑值函数 $V_0(x)$ 作为起始点，并设定近似误差标准 $\epsilon > 0$。

（3）在网格点上进行迭代，每一个 $k_l \in \mathcal{K}$，其中 $l = 1, \cdots, N$，$s_k \in \mathcal{S}$，$k = 1, \cdots, M$，并求得 $V_{j+1}(k_l, s_k) = \max_{k'}(u(f(k_l, k', s_k), k_l, s_k) + \beta \sum_{i=1}^{M} \pi_{ki} V_j(k', s'_i))$。

（4）如果近似误差小于设定标准 ϵ，即 $\|V_{j+1}(k, s) - V_j(k, s)\| < \epsilon$，终止迭代。

（5）求得 $f^*(k, s) = f(k, k', s)$。

Julia代码如下：

```julia
sigma = 1.5;
delta = 0.1;
beta = 0.95;
alpha = 0.30;
p = 0.9;
PI = [p 1-p;1-p p];
se = 0.2;
ab = 0;
am = exp(ab-se);
as = exp(ab+se);
A = [am as];
nba = 2;
ks = ((1-beta*(1-delta))/(alpha*beta))^(1/(alpha-1));
csy = 1-alpha*beta*delta/(1-beta*(1-delta));
dev = 0.9;
kmin = (1-dev)*ks;
kmax = (1+dev)*ks;
nbk = 1000;
devk = (kmax-kmin)/(nbk-1);
k = collect(linspace(kmin,kmax,nbk));
kp = zeros(nbk, nba);
```

```
c = zeros(nbk,nba);
u = zeros(nbk,nba);
v = zeros(nbk,nba);
Tv = zeros(nbk,nba);
iter = 1;
crit = 1;
tol = 1e−6;
dr = zeros(nbk,nba); # decision rule (will contain indices)
while crit>tol
for i=1:nbk
for j=1:nba
c = A[j]*k[i]^alpha+(1−delta)*k[i]−k;
neg = find(x −> x <=0.0,c);
c[neg] = NaN;
u[:,j] = (c.^(1−sigma)−1)/(1−sigma);
u[neg,j] = −1e12;
end;
(Tv[i,:],dr[i,:]) = findmax(u+beta*(v*PI),1);
dr[i,2]=dr[i,2]−nbk;
end;
error = abs.(Tv−v);
crit = maximum((error));
v = copy(Tv);
iter = iter+1;
end;
for i=1:nbk
for j=1:nba
index=trunc(Int, dr[i,j]);
kp[i,j]= k[index];
end;end;
c = zeros(nbk,nba);
for j=1:nba;
c[:,j] = A[j]*k.^alpha+(1−delta)*k−kp[:,j];
end
u = (c.^(1−sigma)−1)/(1−sigma);
v = u/(1−beta);
using Plots
plotly() # Choose the Plotly.jl backend for web interactivity
```

第4章 动态规划 ◇ 167 ◇

```
plot(k,c, linewidth=1,title="Consumption vs Capital Stock", label="Consumption")
```

4.策略函数迭代——Howard改进

因为随机情况下的值函数迭代算法基于压缩映射定理，这和确定性情况类似，算法收敛得比较慢。我们可以使用政策函数迭代，以加速计算。

（1）从猜测的控制变量 $c = f_0(k, s_n)$ 开始，其中 $n = 1, \cdots, M$，来计算这个猜测的初始值的值函数。在此，我们用 $k' = h(k, c, s) = h(k, f_j(k, s), s)$，其中 $j = 0$。

（2）我们计算新的策略规则 $c = f_{j+1}(k, s_n)$ 以验证其是否满足如下条件：$f_{j+1}(k, s_n) \in \arg\max_c u(c, k, s_n) + \beta \sum_{i=1}^{M} \pi_{ki} V(k', s'_i)$，而在此，我们所需的条件为 $k' = h(k, f_j(k, s_n), s_n)$。

（3）利用参数 ϵ，$\epsilon > 0$，作为终止计算的标准，我们要检验 $\left\| f_{j+1}(k, s) - f_j(k, s) \right\| < \epsilon$ 是否成立。如果这个条件未达到，那么计算回到第2步继续。

计算值函数，我们用的是 $V_{j+1}(k_l, s_n) = u(f_{j+1}(k_l, s_n), k_l, s_n) + \beta \Pi_k \cdot Q V_{j+1}(k_l, \cdot)$。其中，矩阵 $Q(N \times N)$ 设定如下：

$$Q_{li} = \begin{cases} 1, \text{如果 } k'_i = h(f_{j+1}(k_l), k_l) = k_l \\ 0, \quad\quad \text{否则} \end{cases}$$

Julia代码如下：

```
sigma = 1.50; # utility parameter
delta = 0.10; # depreciation rate
beta = 0.95; # discount factor
alpha = 0.30; # capital elasticity of output
p = 0.9;
PI = [p 1−p;1−p p];
se = 0.2;
ab = 0;
am = exp(ab−se);
as = exp(ab+se);
A = [am as];
nba = 2;
nbk = 1000; # number of data points in the grid
crit = 1; # convergence criterion
iter = 1; # iteration
tol = 1e−6; # convergence parameter
ks = ((1−beta*(1−delta))/(alpha*beta))^(1/(alpha−1));
kmin = 0.2; # lower bound on the grid
kmax = 6; # upper bound on the grid
```

```
devk = (kmax−kmin)/(nbk−1); # implied increment
kgrid = collect(linspace(kmin,kmax,nbk)); # builds the grid
v = zeros(nbk,nba); # value function
u = zeros(nbk,nba); # utility function
u_temp = zeros(nbk,nba);
c_temp = zeros(nbk,1);
c = zeros(nbk,1);
Tv = zeros(nbk,nba);
Ev = zeros(nbk,nba);
kp0 = repmat(kgrid,1,nba); # initial guess on k(t+1)
kp = zeros(nbk,nba)
dr = zeros(nbk,nba); # decision rule (will contain indices)
#Main loop
while crit>tol
for i=1:nbk;
for j=1:nba;
c_temp = A[j]*kgrid[i]^alpha+(1−delta)*kgrid[i]−kgrid;
neg = find(x −> x <=0.0,c_temp);
c_temp[neg] = NaN;
u_temp[:,j] = (c_temp.^(1−sigma)−1)/(1−sigma);
u_temp[neg,j] = −1e30;
Ev[:,j] = v*PI[j,:];
end
(Tv[i,:],dr[i,:]) = findmax(u_temp+beta* Ev,1);
dr[i,2]=dr[i,2]−nbk;
end;
#decision rules
for i=1:nbk
for j=1:nba
index=trunc(Int, dr[i,j]);
kp[i,j]= kgrid[index];
end;
end;
Q = spzeros(nbk*nba,nbk*nba);
for j=1:nba;
c = A[j]*kgrid.^alpha+(1−delta)*kgrid−kp[:,j];
#update the value
u[:,j]= (c.^(1−sigma)−1)/(1−sigma);
```

```
Q0 = spzeros(nbk,nbk);
for i=1:nbk;
index=trunc(Int, dr[i,j]);
Q0[i,index] = 1;
end;
Q[(j−1)*nbk+1:j*nbk,:]= kron(PI[j,:]',Q0);
end;
AA = (speye(nbk*nba)−beta*Q);
BB = vec(u);
Tvv = \(AA, BB);
crit = maximum(abs.(kp−kp0));
vv = reshape(Tvv,nbk,nba);
v = copy(vv);
kp0 = copy(kp);
iter = iter+1;
end;
```

|4.4| 线性二次型动态规划

之前两小节内容主要介绍的是在处理确定性和随机性动态规划时的标准技巧。这些技巧都以最优增长模型中的应用为例。但是，随着状态变量的数量增加，这些技巧就会受到"维度约束"（dimensionality curse），即计算成本会呈指数级增长。幸运的是，有很多动态规划模型可以用较为简单的计算框架来实现，运用线性代数进行迭代计算就是这种框架的主要思想。

在本节我们将介绍一种既快且易入手的解法技巧。这一技巧可以运用到很多经济学模型中，而经济学模型只需要符合两个要求：回报函数是二次型（quadratic）和转换方程是线性的。介绍还是从确定性和随机性两方面展开，Julia 的相关代码也会附上。理论解释主要参考的是参考文献[2]，而本小节涉及的例子主要来自参考文献[6]和[7]。

4.4.1 确定性最优线性调整问题

1.理论部分

无折现线性调整问题

我们首先介绍确定性情况下的非折现线性调整问题。该问题主要是将下述方程最大化：

$$-\sum_{t=0}^{\infty}\left\{ x'_t R_t x_t + u'_t Q u_t \right\} \tag{4-99}$$

其中，$\{u_t\}_{t=0}^{\infty}$ 是维度为（$k\times1$）的控制变量，而 x_t 是维度为（$n\times1$）的状态变量。有关状态变量的转换方程是线性的，其维度为 $n\times1$，其表达式为 Ax_t+Bu_t，而且初始条件 x_0

已给定。矩阵 R 是正半定对称的，而 Q 是正定对称矩阵。A 的维度是（$n \times n$），而 B 的维度是（$n \times k$）。

我们猜测值函数的表述形式为 $V(x) = -x'Px$，其中 P 是一个正半定对称矩阵。矩阵求导需要用到以下法则：

$$\frac{\partial x'Ax}{\partial x} = (A + A')x$$

$$\frac{\partial y'Bz}{\partial y} = Bz \quad\quad\quad (4\text{-}100)$$

$$\frac{\partial y'Bz}{\partial z} = B'y$$

值函数表述式如上，那么 Bellman 方程就可写成如下形式：

$$-x'Px = \max_u \{-x'Rx - u'Qu - (Ax + Bu)'P(Ax + Bu)\} \quad\quad (4\text{-}101)$$

运用上述矩阵求导法则，可知其一阶条件为：

$$(Q + B'PB)u = -B'PAx \quad\quad\quad (4\text{-}102)$$

我们可得到 u 的解，如下所示：

$$u = -(Q + B'PB)^{-1}B'PAx \quad\quad\quad (4\text{-}103)$$

我们可进一步将其简化为 $u = -Fx$，记作 $F = (Q + B'PB)^{-1}B'PA$。将方程（4-103）中的最优值 u 代入到 Bellman 方程中，可得：

$$P = R + A'PA - A'PB(Q + B'PB)^{-1}B'PA \quad\quad\quad (4\text{-}104)$$

这就是 Riccati 矩阵型差分方程的代数形式。我们可以用迭代的方法求解，则上式可写成差分方程的矩阵形式：

$$P_{j+1} = R + A'P_jA - A'P_jB(Q + B'P_jB)^{-1}B'P_jA \quad\quad\quad (4\text{-}105)$$

假设初始点 P_0，其中 $j \to \infty$。在特定的条件下，我们可得到唯一的正半定的解。我们可迭代 j 次获取相应的策略方程：

$$F_{j+1} = (Q + B'P_jB)^{-1}B'P_jA \quad\quad\quad (4\text{-}106)$$

折现线性调整问题

现在讨论折现线性调整问题，这一问题在宏观建模中更为常见。该问题针对下述问题进行最优化：

$$-\sum_{t=0}^{\infty} \beta^t \{x'_t R_t x_t + u'_t Q u_t\} \quad\quad\quad (4\text{-}107)$$

其中，$\{u_t\}_{t=0}^{\infty}$ 是控制变量，维度是（$k \times 1$），而 $0 < \beta < 1$ 是折现因子。状态变量（x_{t+1}）的转换方程是线性的，其表述式为 $Ax_t + Bu_t$，且初始值 x_0 已给定。矩阵 A, B, P, Q 与之前的非折现问题一样。

在此案例下，Riccati 矩阵型差分方程就变成如下形式：

$$P_{j+1} = R + \beta A'P_jA - \beta^2 A'P_jB(Q + \beta B'P_jB)^{-1}B'P_jA \quad\quad\quad (4\text{-}108)$$

其中，假设 P_0 为初始值。在一定条件符合的情况下，详见参考文献[2]，矩阵型差分方程可以有唯一解。记最优政策函数为 $u_t = -Fx_t$，其中，

$$F = \beta(Q + \beta B'PB)^{-1}B'PA \quad\quad\quad (4\text{-}109)$$

Kydland 和 Prescott 方法

在此，我们将介绍另一种求解线性二次型动态规划模型的方法。这种方法由 Kydland 和 Prescott 提出，参见参考文献[9]。他们采用二阶泰勒展开式来近似折现二次型目标函数。

所需求解的问题表述如下。我们依然按照参考文献[6]将简化的表述展示如下，其本身是一个简化了的 Hansen 模型。折现二次型目标函数给定如下：

$$\sum_{t=0}^{\infty} \beta^t F(x_t, y_t) \tag{4-110}$$

在此问题中，变量 x_t 是状态变量，而变量 y_t 是控制变量。x_{t+1} 的动态过程可以写作 $x_{t+1} = Ax_t + By_t$ 这一形式。Kydland 和 Prescott 方法中最特殊的就是对函数 $F(x_t, y_t)$ 进行二阶泰勒展开式。我们可以将其写成如下形式：

$$F(x_t, y_t) \approx F(\bar{x}, \bar{y}) + \left[F_x(\bar{x} + \bar{y})' F_y(\bar{x} + \bar{y})' \right] \begin{bmatrix} x_t - \bar{x} \\ y_t - \bar{y} \end{bmatrix}$$

$$\left[(x_t - \bar{x})' (y_t - \bar{y})' \right] \begin{bmatrix} \dfrac{F_{xx}(\bar{x}, \bar{y})}{2} & \dfrac{F_{xy}(\bar{x}, \bar{y})}{2} \\ \dfrac{F_{yx}(\bar{x}, \bar{y})}{2} & \dfrac{F_{yy}(\bar{x}, \bar{y})}{2} \end{bmatrix} \begin{bmatrix} x_t - \bar{x} \\ y_t - \bar{y} \end{bmatrix} \tag{4-111}$$

下一步就是把上述的泰勒近似整合成为一个二次型形式。为此，我们定义一组新的变量 z_t，$z_t = \begin{bmatrix} 1 \\ x_t \\ y_t \end{bmatrix}$。我们定义 z_t 的稳态值为 $\bar{z} = \begin{bmatrix} 1 \\ \bar{x} \\ \bar{y} \end{bmatrix}$。

新变量 z_t 的维度是状态变量 x_t 和控制变量 y_t 的函数。因为变量 x_t 的维度是 k，而 y_t 的维度是 l，那么 z_t 的维度就是 $1 + k + l$。我们记矩阵 M 的维度为 $(1 + k + l) \times (1 + k + l)$，具体表述如下：

$$M = \begin{bmatrix} m_{11} & m_{12} & m_{13} \\ m_{21} & m_{22} & m_{23} \\ m_{31} & m_{32} & m_{33} \end{bmatrix} \tag{4-112}$$

元素被设置成如此形式是为了让乘积 $z_t' M z_t$ 成为二次型泰勒展开式，如方程（4-111）。具体地，$z_t' M z_t$ 可写成：

$$z_t' M z_t = m_{11} + (m_{12} + m'_{21})x_t + (m_{13} + m'_{31})y_t$$
$$+ x_t' m_{22} x_t + x_t'(m_{23} + m'_{32} y_t) + y_t' m_{33} y_t \tag{4-113}$$

所有的常数项被整合到一起，成为上式中的常数项，即 m_{11}。具体地，我们写成：

$$m_{11} = F(\bar{x}, \bar{y}) - \bar{x}' F_x(\bar{x}, \bar{y}) - \bar{y}' F_y(\bar{x}, \bar{y}) + \frac{\bar{x}' F_{xx}(\bar{x}, \bar{y}) \bar{y}}{2} + \bar{x}' F_{xy}(\bar{x}, \bar{y}) + \frac{\bar{y}' F_{yy}(\bar{x}, \bar{y}) \bar{y}}{2} \tag{4-114}$$

进而，我们将所有的线性元素整合成为矩阵 M，并使其是对称的，具体形式如下：

$$m_{12} = m_{21} = \frac{F_x(\bar{x}, \bar{y})' - \bar{x}' F_{xx}(\bar{x}, \bar{y}) - \bar{y}' F_{yx}(\bar{x}, \bar{y})}{2} \tag{4-115}$$

$$m_{13} = m_{31} = \frac{F_y(\bar{x}, \bar{y}) - \bar{x}' F_{xy}(\bar{x}, \bar{y}) - \bar{y}' F_{yy}(\bar{x}, \bar{y})}{2} \tag{4-116}$$

最后，我们以相同的方式对二次项进行处理，得到：

$$m_{22} = \frac{F_{xx}(\bar{x}, \bar{y})}{2} \tag{4-117}$$

$$m_{23} = m_{32} = \frac{F_{xy}(\bar{x}, \bar{y})}{2} \tag{4-118}$$

$$m_{33} = \frac{F_{yy}(\bar{x}, \bar{y})}{2} \tag{4-119}$$

根据如上定义的矩阵 M，我们可以将上述表述重新整理为一个线性二次型问题，其目标函数可以重新写作如下形式：

$$\sum_{t=0}^{\infty} \beta^t z_t' M z_t \tag{4-120}$$

其中，$z_t' = \begin{bmatrix} 1 & x_t & y_t \end{bmatrix}$，而其约束条件如下：

$$\begin{bmatrix} 1 \\ x_{t+1} \end{bmatrix} = A \begin{bmatrix} 1 \\ x_t \end{bmatrix} + B y_t \tag{4-121}$$

2. 一个以 Julia 为例的案例

本节介绍一个用最优 LQ 方法来求解的模型案例，求解方法参照的是 Kydland 和 Prescott 方法（详见参考文献[9]）。这是 Hansen 实际周期模型的基准模型，详见参考文献[4]，而表述形式详见参考文献 [6]。本节还描述了如何用 Julia 编程。

代表性家庭在每一期都会选择消费和工作时间，以优化其以一生为周期的效用函数，具体如下：

$$\sum_{t=0}^{\infty} \beta u(c_t, h_t) \tag{4-122}$$

家庭需要面对的是如下预测约束：

$$c_t = f(k_t, h_t) + (1 - \delta) k_t - k_{t+1} \tag{4-123}$$

标准型的效用函数设定如下：

$$u(c_t, h_t) = \ln c_t + A \ln(1 - h_t) \tag{4-124}$$

由此，我们可将效用函数重写如下：

$$u(k_t, k_{t+1}, h_t) = \ln(f(k_t, h_t) + (1 - \delta) k_t - k_{t+1}) + A \ln(1 - h_t) \tag{4-125}$$

生产函数是以 Cobb-Douglas 函数，具体形式如下：

$$f(k_t, h_t) = k_t^\theta h_t^{1-\theta} \tag{4-126}$$

运用 LQ 方法的第一步就是对目标函数进行泰勒二阶展开。

$$u(k_t, k_{t+1}, h_t) \approx \ln\left(f(\bar{k}, \bar{h}) - \delta\bar{k} \right) + A \ln\left(1 - \bar{h}\right) + \frac{1}{c}\left[\theta \frac{\bar{y}}{\bar{k}} + (1 - \delta) \right](k_t - \bar{k}) - \frac{1}{c}(k_{t+1} - \bar{k})$$

$$+ \left[(1 - \theta) \frac{1}{c} \frac{\bar{y}}{\bar{h}} - \frac{A}{1 - \bar{h}} \right](h_t - \bar{h}) + \begin{bmatrix} (k_t - \bar{k}) \\ (k_{t+1} - \bar{k}) \\ (h_t - \bar{h}) \end{bmatrix}' \begin{bmatrix} a_{11} & a_{12} & a_{13} \\ a_{21} & a_{22} & a_{23} \\ a_{31} & a_{32} & a_{33} \end{bmatrix} \begin{bmatrix} (k_t - \bar{k}) \\ (k_{t+1} - \bar{k}) \\ (h_t - \bar{h}) \end{bmatrix} \tag{4-127}$$

在此，矩阵中的常数元素 $\left(a_{ij}\right) \in \mathbb{R}^{3\times3}$，具体定义如下：

$$a_{11} = -\frac{1}{2\bar{c}^2}\left[\theta\frac{\bar{y}}{\bar{k}} + 1 - \delta\right]^2 - \frac{1}{2\bar{c}}\theta\left(1-\theta\right)\frac{\bar{y}}{2\bar{k}^2} \tag{4-128}$$

$$a_{12} = a_{21} = \frac{1}{2\bar{c}^2}\left[\theta\frac{\bar{y}}{\bar{k}} + 1 - \delta\right] \tag{4-129}$$

$$a_{22} = -\frac{1}{2\bar{c}^2} \tag{4-130}$$

$$a_{13} = a_{31} = -\frac{1}{2\bar{c}^2}\left[\theta\frac{\bar{y}}{\bar{k}} + 1 - \delta\right]\left(1-\theta\right)\frac{\bar{y}}{\bar{h}} + \frac{1}{2\bar{c}}\theta\left(1-\theta\right)\frac{\bar{y}}{\bar{k}\bar{h}} \tag{4-131}$$

$$a_{23} = a_{32} = \frac{1}{2\bar{c}^2}\left(1-\theta\right)\frac{\bar{y}}{\bar{h}} \tag{4-132}$$

$$a_{33} = -\frac{1}{2\bar{c}^2}\left[\left(1-\theta\right)\frac{\bar{y}}{\bar{h}}\right]^2 - \frac{1}{2\bar{c}}\theta\left(1-\theta\right)\frac{\bar{y}}{\bar{h}^2} - \frac{A}{2\left(1-\bar{h}\right)^2} \tag{4-133}$$

为进一步采用如上一小节中介绍的 LQ 方法，我们需要定义函数 M。z_t 可以被定义为有四个元素的向量，即 $z_t = \begin{bmatrix} 1 & k_t & k_{t+1} & h_t \end{bmatrix}'$。这使得 M 是一个维度为 4×4 的矩阵。

$$M = \begin{bmatrix} m_{11} & m_{12} & m_{13} & m_{14} \\ m_{21} & a_{11} & a_{23} & a_{13} \\ m_{31} & a_{21} & a_{33} & a_{23} \\ m_{41} & a_{31} & a_{32} & a_{33} \end{bmatrix} \tag{4-134}$$

因为 $\left(a_{ij}\right)$ 已经被定义如上，现在只需定义 m_{ij} 即可。我们按照理论表述式，逐一将 $\left(m_{ij}\right)$ 定义如下：

$$m_{11} = \ln\left(f\left(\bar{k},\bar{h}\right) - \delta\bar{k}\right) + A\ln(1-\bar{h}) - \frac{1}{\bar{c}}\left[\theta\frac{\bar{y}}{\bar{k}} + (1-\delta) - 1\right]\bar{k} - \left[\left(1-\theta\right)\frac{1}{\bar{c}}\frac{\bar{y}}{\bar{h}} - \frac{A}{1-\bar{h}}\right]\bar{h} + \begin{bmatrix} \bar{k} \\ \bar{k} \\ \bar{h} \end{bmatrix}'\begin{bmatrix} a_{11} & a_{12} & a_{13} \\ a_{21} & a_{22} & a_{23} \\ a_{31} & a_{32} & a_{33} \end{bmatrix}\begin{bmatrix} \bar{k} \\ \bar{k} \\ \bar{h} \end{bmatrix} \tag{4-135}$$

$$m_{12} = m_{21} = \frac{1}{\bar{c}}\left[\theta\frac{\bar{y}}{\bar{k}} + (1-\delta)\right] - \begin{bmatrix} \bar{k} & \bar{k} & \bar{h} \end{bmatrix}\begin{bmatrix} a_{11} \\ a_{21} \\ a_{31} \end{bmatrix} \tag{4-136}$$

$$m_{13} = m_{31} = -\frac{1}{\bar{c}} - \begin{bmatrix} \bar{k} & \bar{k} & \bar{h} \end{bmatrix}\begin{bmatrix} a_{11} \\ a_{22} \\ a_{32} \end{bmatrix} \tag{4-137}$$

$$m_{14} = m_{41} = \left[\left(1-\theta\right)\frac{1}{\bar{c}}\frac{\bar{y}}{\bar{h}} - \frac{A}{1-\bar{h}}\right] - \begin{bmatrix} \bar{k} & \bar{k} & \bar{h} \end{bmatrix}\begin{bmatrix} a_{13} \\ a_{23} \\ a_{33} \end{bmatrix} \tag{4-138}$$

现在我们可以把问题写成一个线性二次型动态规划问题。这个问题主要是对下述的二次型进行最大化：

$$\sum_{t=0}^{\infty} \beta^t z'_t M z_t \tag{4-139}$$

而这个目标函数所受的约束条件为：

$$\begin{bmatrix} 1 \\ k_{t+1} \end{bmatrix} = A \begin{bmatrix} 1 \\ k_t \end{bmatrix} + B \begin{bmatrix} k_{t+1} \\ h_t \end{bmatrix} \qquad\qquad (4-140)$$

其中矩阵 A 和 B 定义如下，$A = \begin{bmatrix} 1 & 0 \\ 0 & 0 \end{bmatrix}$，$B = \begin{bmatrix} 0 & 0 \\ 1 & 0 \end{bmatrix}$。

Julia 代码如下：

```julia
#calibration
theta =.36;
beta =.99;
delta =.025;
A =1.72;
#steady state
kbar =12.6695;
hbar =.3335;
ybar =kbar^theta*hbar^(1-theta);
cbar =ybar-delta*kbar;
aa =(theta*ybar/kbar+1-delta);
#setup matrices
a=zeros(3,3);
a[1,1]=-1/(2*cbar*cbar)*aa*aa-1/(2*cbar)*theta*(1-theta)*ybar/(kbar*kbar);
a[1,2]=1/(2*cbar*cbar)*aa;
a[2,1]=1/(2*cbar*cbar)*aa;
a[1,3]=-1/(2*cbar*cbar)*aa*(1-theta)*ybar/hbar;
a[1,3]=a[1,3]+1/(2*cbar)*theta*(1-theta)*ybar/(kbar*hbar);
a[3,1]=a[1,3];
a[2,2]=-1/(2*cbar*cbar);
a[2,3]=1/(2*cbar*cbar)*(1-theta)*ybar/hbar;
a[3,2]=a[2,3];
a[3,3]=-1/(2*cbar*cbar)*(1-theta)*ybar/hbar*(1-theta)*ybar/hbar;
a[3,3]=a[3,3]-1/(2*cbar)*theta*(1-theta)*ybar/(hbar*hbar);
a[3,3]=a[3,3]-A/(2*(1-hbar)*(1-hbar));
x=[kbar kbar hbar]';
m=zeros(4,4)
m[1,1]=log(kbar^theta*hbar^(1-theta)-delta*kbar)+A*log(1-hbar);
mm1=1/cbar*(theta*ybar/kbar+1-delta);
mm2=(1-theta)*ybar/(cbar*hbar)-A/(1-hbar);
m[1,1]=m[1,1]-mm1*kbar+kbar/cbar-mm2*hbar;
e=m[1,1]+(x')*a*x;
m[1,1]=e[1]
```

```
e=mm1/2-1*a[1:3,1]'*x;
m[1,2]=e[1];
m[2,1]=m[1,2];
e=-1/(2*cbar)-1*a[1:3,2]'*x;
m[1,3]=e[1]
m[3,1]=m[1,3];
e=mm2/2-1*a[1:3,3]'*x;
m[1,4]=e[1];
m[4,1]=m[1,4];
m[2:4,2:4]=a;
AA=[1 0; 0 0];
B=[0 0; 1 0];
R=m[1:2,1:2];
Q=m[3:4,3:4];
W=m[1:2,3:4]';
P=[1 0 ;0 1];
inv(Q+beta*B'*P*B);
#Iteration
zinv=zeros(2,2)
for i=1:1000
zinv=inv(Q+beta*B'*P*B);
z2=beta*AA'*P*B+W';
P=R+beta*AA'*P*AA-z2*zinv*z2'
end
# Display results
println("The matrix P is:", P)
F=-zinv*(W+beta*B'*P*AA)
println("The matrix F is:", F)
The matrix P is:[-96.3655 0.87792; 0.87792 -0.0258972]
The matrix F is:[0.586944 0.953674; 0.414565 -0.00639755]
```

4.4.2 随机最优线性调整问题

1.理论部分

这里考虑的随机情况也需要折现。具体地，就是选择决策规则 u_t 的下列表述最大化：

$$-E_0\sum_{t=0}^{\infty}\beta^t\{x'_t R_t x_t + u'_t Q u_t\} \tag{4-141}$$

其中，x 的初始值 x_0 是给定的，而 x 的演变规则如下 $x_{t+1}=Ax_t+Bu_t+C\epsilon_{t+1}$。$\epsilon_{t+1}$ 被假定为使维度 $n\times1$ 的随机独立同分布变量，均值为零，而协方差矩阵为 $E_t\epsilon_t\epsilon'_t=I$。

值函数可以写成如下形式：

$$v(x) = -x'Px - d \tag{4-142}$$

其中，矩阵 P 和折现线性调整问题所出现的 Riccati 矩阵方程一致。值函数中的标量 d 可以用如下形式表述：

$$d = \beta(1-\beta)^{-1} trace(PCC') \tag{4-143}$$

最优政策函数为 $u_t = -Fx_t$，其中：

$$F = \beta(Q + \beta B'P'B)^{-1}B'PA \tag{4-144}$$

这一决策规则和之前折现最优线性调整问题一样。这一结果可以由确定等价原则来解释。

确定等价原则 给定一个最优调整问题，随机最优线性调整问题所得的决策规则和非随机情况下的一致。

具体证明参见参考文献[2]。

2.以 Julia 为例

在本小节中，我们引入一个简单的模型，用 LQ 动态规划求解。这个模型是基于 Ellison 有关最优线性二次型控制的，具体参见参考文献[7]。这个模型受到青睐是因为其非常简单，而且 Matlab 代码也可得。

我们假定央行将以当前的利率 r_t 作为政策工具来调控通胀 π_t 和产出 y_t。央行被假设需要考虑下述两个直接回报函数（对三个变量而言都是二次型）：

$$\ell_t = \pi_t^2 + y_t^2 + 0.1r_t^2 \tag{4-145}$$

在设定回报函数中，对产出率和通胀率都给予了相同的权重，但利率的权重较小。央行的主要目标是使预期损失的现值最小化，而 β 是折现因子。我们进一步设定内生变量 π_t 和 y_t 的相互关系如下：

$$\pi_{t+1} = 0.75\pi_t - 0.5r_t + \epsilon_t^\pi \tag{4-146}$$

$$y_{t+1} = 0.25y_t - 0.5r_t + \epsilon_t^y \tag{4-147}$$

给定这些假设条件，LQ 动态规划就可以写成如下形式：

$$\min_{r_t} E \sum_{t=0}^{\infty} \beta^t [\pi_t^2 + y_t^2 + 0.1r_t^2] \tag{4-148}$$

通胀率和产出率的线性约束如方程（4-146）和方程（4-147）所示。我们也可将其写成更一般的形式：

$$\min_{u_t} E \sum_{t=0}^{\infty} \beta^t [x_t'R_t x_t + u_t'Qu_t] \tag{4-149}$$

其约束条件为 $x_{t+1} = Ax_t + Bu_t + \epsilon_t$。在此，我们定义状态变量为 $x_t = (\pi_t \ \ y_t)'$，控制变量为 $u_t = r_t$，而扰动项为 $\epsilon_t = (\epsilon_t^\pi \ \ \epsilon_t^y)'$。

矩阵 R, Q, A, B 具体定义如下：$R = \begin{bmatrix} 1 & 0 \\ 0 & 1 \end{bmatrix}$，$Q = 0.1$，$A = \begin{bmatrix} 0.75 & 0 \\ 0 & 0.75 \end{bmatrix}$，$B = \begin{bmatrix} -0.5 \\ 0.5 \end{bmatrix}$。

Julia 代码如下：

```
beta =0.99;
Q =zeros(1,1);
```

```
R =zeros(2,2);
A =zeros(2,2);
B =zeros(2,1);
Q[1,1]=0.1;
R[1,1]=1;
R[1,2]=0;
R[2,1]=0;
R[2,2]=1;
A[1,1]=0.75;
A[1,2]=0;
A[2,1]=0;
A[2,2]=0.25;
B[1,1]=-0.5;
B[2,1]=-0.5;
d=1;
D=0;
I=0;
i=0;
#Iterate on Ricatti equation
while d>0.0000000001
P1=R + beta*A' *P0*A - (beta*A' *P0*B)*(inv(Q + beta*B' *P0*B))*(beta*B'
*P0*A);
Pd=P1-P0;
d=maximum(abs.(Pd));
d=maximum(d' );
D=[D d];
P0=P1;
i=i+1;
I=[I i];
println("Iteration:",i,"d:",d)
end
P=P0;
# Display results
F=-inv(Q+beta*B' *P*B)*(beta*B' *P*A);

println("P matrix:")
println(P)
println("F matrix:")
```

println(F)
P matrix:
[1.43029 −0.106183; −0.106183 1.04419]
F matrix:
[0.744954 0.17591]

参考文献

[1]   K. Judd, Numerical Methods in Economics, MIT Press, 1998.

[2]   L. Ljungqvist, Th. Sargent, Recursive Macroeconomic Theory, 3rd edition, MIT Press, 2012.

[3]   D. Acemoglu, Introduction to Modern Economic Growth, Princeton University Press, 2009.

[4]   N. Stokey, R. Lucas, Recursive Methods in Economic Dynamics, Harvard University Press, 1989.

[5]   F. Collard, Notes on numerical methods, Mimeo, 2015.

[6]   G. McCandless, The ABCs of RBCs: An Introduction to Dynamic Macroeconomic Models, Harvard University Press, 2008.

[7]   M. Ellison, Recursive methods for macroeconomics, Mimeo, University of Oxford.

[8]   G. Tauchen, R. Hussey, Quadrature-based methods for obtaining approximate solutions to nonlinear asset pricing models, Econometrica 59 (1991) 371-396.

[9]   F. Kydland, R. Prescott, Time to build and aggregate fluctuations, Econometrica 50 (1982) 1345-1371.

[10]   L.M. Benveniste, J.A. Scheinkman, On the differentiability of the value function in dynamic models of economics, Econometrica 47 (1979) 727-732.

[11]   A.M. Kolmogorov, S.V. Fomin, Elements of the Theory of Functions and Functional Analysis, Dover Books, 1999.

[12]   E.M. Stein, R. Shakarchi, Real Analysis. Measure Theory, Integration & Hilbert Spaces, Princeton University Press, 2005.

[13]   R.G. Bartle, The Elements of Integration, John Wiley & Sons, 1966.

[14]   G. Hansen, Indivisible labour and the business cycle, Journal of Monetary Economics 16 (1985) 309-328.

## 第 5 章

高级数值技术

｜5.1｜ 引言

本章在向读者介绍应用于量化宏观经济学的现代工具方面又迈出了一步。本章我们介绍了三种更先进的技术用于计算动态随机一般均衡模型：扰动法、参数化期望算法和加权残差法或投影法。重点关注 Julia 中基线 DSGE 模型的理论和实践。求解 DSGE 模型的最新技术，详见参考文献［10］中介绍的专著。这些专著涉及本章中的求解方法。

｜5.2｜ 扰动法

我们首先讨论一种被广泛使用的技术，即扰动法。传统上，宏观经济学学科依赖更一般的扰动理论的特殊情况，例如，围绕稳态线性化。但是，正如参考文献［1］所强调的，这种方法不够严谨。

出于这些原因，在介绍 DSGE 模型的特定应用之前，我们首先介绍扰动法的一般框架。

5.2.1 一般框架

在本节中，我们将重点介绍扰动技术的一般概念以及其背后的基本原理。详见参考文献［1］。

扰动技术（也称为渐进技术）是用于求近似解的方法。从直观上讲，它们很简单。假设一般问题出现了特殊情况，我们可以找到一个解。然后，以特解为起点，找到一般问题的近似解。

在应用该技术方面，尤其是隐函数定理和泰勒级数展开式方面，很少有至关重要的运算结论。在正式地描述基线扰动方法之前，我们先简单了解一下它们。

定理 5.1 隐函数定理：定义一个函数 $H(x,y):\mathbb{R}^n \times \mathbb{R}^m \to \mathbb{R}^m$ 为 C^k，进一步假定 $H(x_0,y_0)=0$ 且 $H_y(x_0,y_0)$ 是非奇异的，则可以证明存在一个函数 $h:\mathbb{R}^n \to \mathbb{R}^m$ 以及 C^0 都是唯一的，对于 $y_0 = h(x_0)$，当 x 接近 x_0 时，始终有 $H(x,h(x))=0$。如果函数 H 为 C^k，则

进一步认为 h 为 C^k，我们可以使用 $H(x,h(x))=0$ 的隐式微分来确定后者的导数。

隐函数定理以及泰勒规则，用于计算函数 h 在 x_0 处相对于 x 的导数。

近似

理解扰动技术在何种意义上使用近似概念是很重要的。一般来说，如果 $f(x_0)=g(x_0)$，那么函数 $f(x)$ 就是函数 $g(x)$ 在 x 接近 x_0 时的近似值。然而，这只是一个必要条件。另一个函数在 x_0 点近似函数的一个充分条件（和前一个必要条件同时成立）是：

$$f'(x_0)=g'(x_0) \tag{5-1}$$

当这两个条件都成立时，我们说" f 是 g 在 $x=x_0$ 处的一阶近似"。

当满足以下条件时，这可以推广到用 f 逼近 g 的 n 阶情况：

$$lim_{x\to x_0}\frac{\|f(x)-g(x)\|}{\|x-x_0\|^n}=0 \tag{5-2}$$

假定函数 f，g 均为 C^n，则后一个条件为真，当且仅当如下关系成立：

$$f^{(k)}(x_0)=g^{(k)}(x_0) \tag{5-3}$$

其中，$k=0,\cdots,n$。

正式分解

遵循参考文献［1］，我们更正式地提出了扰动的概念。假设我们感兴趣的问题可以写成：

$$f(x,\epsilon)=0 \tag{5-4}$$

这里 x 是一个变量，而 ϵ 是一个参数。假设对于参数 ϵ 的每个值，上述方程都有一个唯一的解，则可以将每个这样的解参数化为 $x(\epsilon)$。我们假设这样的函数是平滑的，并且 $f(x(\epsilon),\epsilon)=0$。

尽管上面的方程可能无法对任何 ϵ 求解，但我们仍然可以找到一些方程求解 ϵ 的值。让我们进一步假设函数 f 是可微的，x，ϵ 是标量，$x(\epsilon)$ 是唯一的，而 $x(0)$ 是已知的。使用隐函数定理并将其应用于上面的方程，我们得到：

$$f_x(x(\epsilon),\epsilon)x'(\epsilon)+f_\epsilon(x(\epsilon),\epsilon)=0 \tag{5-5}$$

为了改进，我们可以设置 $\epsilon=0$，并且因为 $x(0)$ 是已知的，所以我们可以使用以下方程来评估 $x'(0)$：

$$x'(0)=-\frac{f_\epsilon(x(0),0)}{f_x(x(0),0)} \tag{5-6}$$

然后，我们可以通过写出关于 ϵ 的 $x(\epsilon)$ 的线性近似值：

$$x(\epsilon)=x'(0)-\frac{f_\epsilon(x(0),0)}{f_x(x(0),0)}\epsilon \tag{5-7}$$

我们可以使用类似的方法依靠 $x(\epsilon)$ 的高阶导数来计算更精确的近似值。当再次微分方程（5-5）时，得到：

$$f_x x''+f_{xx}(x')^2+2f_{x\epsilon}x'+f_{\epsilon\epsilon}=0 \tag{5-8}$$

再次设定 $\epsilon = 0$，可以导出如下所示的 $x''(0)$ 的解：

$$x''(0) = -\frac{f_{xx}(x(0),0)(x'(0))^2 + 2f_{x\epsilon}(x(0),0)x'(0) + f_{\epsilon\epsilon}(x(0),0)}{f_x(x(0),0)} \tag{5-9}$$

我们现在可以写出一个二阶近似值，如下所示：

$$x(\epsilon) = x(0) + \epsilon x'(0) + \frac{1}{2}\epsilon^2 x''(0) \tag{5-10}$$

在针对 ϵ 得到 $x(\epsilon)$ 的近似值之后，需要检查导出的近似值是否适合参数 ϵ 的任何值。实践中，要检查某个值 $\epsilon = a$，我们可以将该参数的近似值计算为 $residual = f(x^k(a),a)$。较小的残差意味着该近似值对于 $x(a)$ 是可靠的。

5.2.2 扰动法求解DSGE模型

DSGE模型的一般形式

我们将在本节中重点介绍使用扰动法求解DSGE模型，详见参考文献［4］和［3］。许多DSGE模型的平衡条件可以使用以下形式表示：

$$E_t f(y_{t+1}, y_t, x_{t+1}, x_t) = 0 \tag{5-11}$$

其中，E_t 是期望符号，取决于代理人在时间 t 的处置信息。x_t 是维度为 $n_x \times 1$ 的前置变量向量，而 y_t 是维度为 $n_y \times 1$ 的非前置变量向量。此外，n 定义为 $n = n_x + n_y$。另外，$f: \mathbb{R}^{n_y} \times \mathbb{R}^{n_y} \times \mathbb{R}^{n_x} \times \mathbb{R}^{n_x} \to \mathbb{R}^n$。

由于这是一个随机模型，因此状态变量向量可以进一步分为内生和外生的前置变量。我们写成 $x_t = [x_t^1; x_t^2]$。外生状态变量遵循自回归运动定律：

$$x_{t+1}^2 = \Lambda x_t^2 + \tilde{\eta}\sigma\epsilon_{t+1} \tag{5-12}$$

向量 x_t^2 和 ϵ_t 的大小均为 $n_\epsilon \times 1$。假定向量 ϵ_t 是独立同分布的，零均值且以协方差矩阵为单位阵。此外，参数 $\sigma \gg 0$，矩阵 $\tilde{\eta}$ 已知。矩阵 $\tilde{\eta}$ 的维度为 $n_\epsilon \times n_\epsilon$。

方程（5-11）的解可以写成：

$$y_t = g(x_t, \sigma) \tag{5-13}$$

$$x_{t+1} = h(x_t, \sigma) + \eta\sigma\epsilon_{t+1} \tag{5-14}$$

函数 g 是一个从 $\mathbb{R}^{n_x} \times \mathbb{R}^+$ 到 $\mathbb{R}^{n_y}$ 的映射，函数 h 是一个从 $\mathbb{R}^{n_x} \times \mathbb{R}^+$ 到 $\mathbb{R}^{n_x}$ 的映射，矩阵 η 可以写成：

$$\begin{bmatrix} \phi \\ \hat{\eta} \end{bmatrix} \tag{5-15}$$

我们感兴趣的是在非随机稳态附近的一阶和二阶的解，由向量 $(\bar{x}, \bar{y})$ 定义，函数 f 修正为：

$$f(\bar{y}, \bar{y}, \bar{x}, \bar{x}) = 0 \tag{5-16}$$

这一结果暗示 $\bar{y} = g(\bar{x}, 0)$ 和 $\bar{x} = h(\bar{x}, 0)$。

近似求解

给定方程（5-13）和（5-14），结果可以代入原始方程（5-11），针对 $t+1$ 使用最优解并除去时间下标，我们可以得到：

$$F(x,\sigma) = E_t f\Big(g\big(h(x,\sigma) + \eta\sigma\epsilon',\sigma\big), g(x,\sigma), h(x,\sigma) + \eta\sigma\epsilon', x\Big) = 0 \qquad (5\text{-}17)$$

因为 $F(x,\sigma)$ 对于任何变量 x 和参数 σ 都等于 0，也同样遵循 F 的微分（对于任何阶数）等于 0，我们可以正式写成：

$$F_{x^k,\sigma^j}(x,\sigma) = 0, \forall x, \sigma, j, k \qquad (5\text{-}18)$$

标注 F_{x^k,σ^j} 暗示我们计算 F 关于 x 的 k 阶微分，关于 σ 的 j 阶微分。

一阶近似

一阶近似意味着在点 $(x,\sigma)=(\bar{x},0)$ 周围找到函数 h，g 的近似解，使得以下关系成立：

$$g(x,\sigma) = g(\bar{x},0) + g_x(\bar{x}0)(x-\bar{x}) + g_\sigma(\bar{x},0)\sigma \qquad (5\text{-}19)$$

$$h(x,\sigma) = h(\bar{x},0) + h_x(\bar{x},0)(x-\bar{x}) + h_\sigma(\bar{x},0)\sigma \qquad (5\text{-}20)$$

这些关系可以简化，因为我们已经知道：$g(\bar{x},0)=\bar{y}$ 以及 $h(\bar{x},0)=\bar{x}$。为了进一步近似，我们利用方程（5-17）的结果表示为：$F_x(\bar{x},0)=0$ 和 $F_\sigma(\bar{x},0)=0$。

通过求解以下方程组，我们可以使用第一个表达式来计算 g_x 和 h_x：

$$\big[F_x(\bar{x},0)\big]_j^i = \big[f_{y'}\big]_\alpha^i \big[g_x\big]_\beta^\alpha \big[h_x\big]_j^\beta + \big[f_y\big]_\alpha^i \big[g_x\big]_j^\alpha + \big[f_{x'}\big]_\beta^i \big[h_x\big]_j^\beta + \big[f_x\big]_j^i = 0 \qquad (5\text{-}21)$$

其中，$i=1,\cdots,n$，$\alpha=1,\cdots,n_x$ 以及 $\beta=1,\cdots,n_x$，此方程是 $n\times n_x$ 个未知数中 $n\times n_x$ 个方程的系统，它们是函数 g_x 和 h_x 的元素。遵循参考文献［5］，元素 $\big[f_{y'}\big]_\alpha^i$ 是矩阵的第 i 行第 α 列，这个矩阵是由对于 y' 的函数 f 求微分得到的。

可以使用类似的策略来识别 f 和 g 的近似值的其余两个系数，即 g_σ 和 h_σ。我们用：

$$\big[F_\sigma(\bar{x},0)\big]^i = E_t\Big\{ \big[f_{y'}\big]_\alpha^i \big[g_x\big]_\beta^\alpha \big[h_\sigma\big]^\beta + \big[f_{y'}\big]_\alpha^i \big[g_x\big]_\beta^\alpha \big[\eta\big]_\phi^\beta \big[\epsilon'\big]^\phi + \big[f_{y'}\big]_\alpha^i \big[g_\sigma\big]^\alpha +$$

$$\big[f_y\big]_\alpha^i \big[g_\sigma\big]^\alpha + \big[f_{x'}\big]_\beta^i \big[h_\sigma\big]^\beta + \big[f_{x'}\big]_\beta^i \big[\eta\big]_\phi^\beta \big[\epsilon'\big]^\phi \Big\} \qquad (5\text{-}22)$$

$$= \big[f_{y'}\big]_\alpha^i \big[g_x\big]_\beta^\alpha \big[h_\sigma\big]^\beta + \big[f_{y'}\big]_\alpha^i \big[g_\sigma\big]^\alpha + \big[f_y\big]_\alpha^i \big[g_\sigma\big]^\alpha + \big[f_{x'}\big]_\beta^i \big[h_\sigma\big]^\beta$$

$$= 0$$

其中，$i=0,\cdots,n$，$\alpha=1,\cdots,n_y$，$\beta=1,\cdots,n_x$ 以及方程 $\phi=1,\cdots,n_\epsilon$。方程（5-22）是关于 g_σ 和 h_σ 线性与齐次的，给定一个特解，必须保证，$g_\sigma = h_\sigma = 0$。

二阶近似

通过下式 $(x,\sigma)=(\bar{x},0)$ 给出的相同稳态值，我们对函数 g，h 进行二阶近似。

g 和 h 的二阶近似如下所示：

$$\big[g(x,\sigma)\big]^i = \big[g(\bar{x},0)\big]^i + \big[g_x(\bar{x},0)\big]_\alpha^i \big[(x-\bar{x})\big]_\alpha + \big[g_\sigma(\bar{x},0)\big]^i \big[\sigma\big]$$

$$+ \frac{1}{2}\big[g_{xx}(\bar{x},0)\big]_{ab}^i \big[(x-\bar{x})\big]_a \big[(x-\bar{x})\big]_b$$

$$+ \frac{1}{2}\big[g_{x\sigma}(\bar{x},0)\big]_a^i \big[(x-\bar{x})\big]_a \big[\sigma\big] \qquad (5\text{-}23)$$

$$+ \frac{1}{2}\big[g_{\sigma x}(\bar{x},0)\big]_a^i \big[(x-\bar{x})\big]_a \big[\sigma\big]$$

$$+ \frac{1}{2} \left[g_{\sigma\sigma}(\bar{x},0) \right]_a^i [\sigma][\sigma]$$

$$\left[h(x,\sigma) \right]^i = \left[h(\bar{x},0) \right]^j + \left[h_x(\bar{x},0) \right]_\alpha^j \left[(x-\bar{x}) \right]_\alpha + \left[h_\sigma(\bar{x},0) \right]^j [\sigma]$$

$$+ \frac{1}{2} \left[h_{xx}(\bar{x},0) \right]_{ab}^j \left[(x-\bar{x}) \right]_\alpha \left[(x-\bar{x}) \right]_b$$

$$+ \frac{1}{2} \left[h_{x\sigma}(\bar{x},0) \right]_a^j \left[(x-\bar{x}) \right]_\alpha [\sigma] \qquad\qquad (5\text{-}24)$$

$$+ \frac{1}{2} \left[h_{\sigma x}(\bar{x},0) \right]_a^j \left[(x-\bar{x}) \right]_\alpha [\sigma]$$

$$+ \frac{1}{2} \left[h_{\sigma\sigma}(\bar{x},0) \right]_a^j [\sigma][\sigma]$$

其中，$i = 1,\cdots,n_y$，$a,b = 1,\cdots,n_x$，而 $j = 1,\cdots,n_x$。我们获得了两个方程组，其中未知数是 $\left[g_{xx} \right]_{ab}^i$，$\left[g_{x\sigma} \right]_a^i$，$\left[g_{\sigma x} \right]_a^i$，$\left[g_{\sigma\sigma} \right]^i$，$\left[h_{xx} \right]_{ab}^j$，$\left[h_{x\sigma} \right]_a^j$，$\left[h_{\sigma x} \right]_a^j$，$\left[h_{\sigma\sigma} \right]^j$，使用相同的策略可以求解，关于一阶近似，即取关于 x，σ 的二阶导数 F，并计算它们在 $(x,\sigma) = (\bar{x},0)$ 处的值。同样，这些导数等于零，由于与一阶近似相同，它们的参数相同。基于 $F_{xx}(\bar{x},0)$，我们可以同时识别 $g_{xx}(\bar{x},0)$ 和 $h_{xx}(\bar{x},0)$，如下所示：

$$\left[F_{xx}(\bar{x},0) \right]_{jk}^i = \left(\left[f_{y'y'} \right]_{\alpha\gamma}^i \left[g_x \right]_\delta^\gamma \left[h_x \right]_k^\delta + \left[f_{y'y'} \right]_{\alpha\gamma}^i \left[g_x \right]_k^\gamma \right.$$

$$+ \left[f_{y'x'} \right]_{\alpha\delta}^i \left[h_x \right]_k^\delta + \left[f_{y'x} \right]_{\alpha k}^i \right) \left[g_x \right]_\beta^\alpha \left[h_x \right]^{\beta j}$$

$$+ \left[f_{y'} \right]_\alpha^i \left[g_{xx} \right]_{\beta\delta}^\alpha \left[h_x \right]_k^\delta \left[h_x \right]_j^\beta$$

$$+ \left[f_{y'} \right]_\alpha^i \left[g_x \right]_\beta^\alpha \left[h_{xx} \right]_{jk}^\delta$$

$$+ \left[\left[f_{yy'} \right]_{\alpha\gamma}^i \left[g_x \right]_\delta^\gamma \left[h_x \right]_k^\delta + \left[f_{yy} \right]_{\alpha\gamma}^i \left[g_x \right]_k^\gamma + \left[f_{yx'} \right]_{\alpha\delta}^i \left[h_x \right]_k^\delta + \left[f_{yx} \right]_{\alpha k}^i \right) \left[g_x \right]_j^\alpha$$

$$+ \left[f_y \right]_\alpha^i \left[g_{xx} \right]_{jk}^\alpha \qquad\qquad (5\text{-}25)$$

$$+ \left(\left[f_{x'y'} \right]_{\beta\gamma}^i \left[g_x \right]_\delta^\gamma \left[h_x \right]_k^\delta + \left[f_{x'y} \right]_{\beta\gamma}^i \left[g_x \right]_k^\gamma + \left[f_{x'x'} \right]_{\beta\delta}^i \left[h_x \right]_k^\delta + \left[f_{x'x} \right]_{\beta k}^i \right) \left[h_x \right]_j^\beta$$

$$+ \left[f_{x'} \right]_\beta^i \left[h_{xx} \right]_{jk}^\beta$$

$$+ \left[f_{xy'} \right]_{j\gamma}^i \left[g_x \right]_\delta^\gamma \left[h_x \right]_k^\delta + \left[f_{xy} \right]_{j\gamma}^i \left[g_x \right]_k^\gamma + \left[f_{xx'} \right]_{j\delta}^i \left[h_x \right]_k^\delta + \left[f_{xx} \right]_{jk}^i$$

我们得到的是一个 $n \times n_x \times n_x$ 的方程组，在 g_{xx} 和 h_{xx} 中代表 $n \times n_x \times n_x$ 个未知元素，这是基于以下事实：f，g 和 h 关于 $(y',y,x',x) = (\bar{y},\bar{y},\bar{x},\bar{x})$ 的导数是已知的。

为了确定系数 $g_{\sigma\sigma}$，$h_{\sigma\sigma}$，我们使用导数 $F_{\sigma\sigma}(\bar{x},0) = 0$ 的如下方程组结果：

$$\left[F_{\sigma\sigma}(\bar{x},0) \right]^i = \left(\left[f_{y'} \right]_\alpha^i \left[g_x \right]_\beta^\alpha \left[h_{\sigma\sigma} \right]^\beta \right.$$

$$+ \left[f_{y'y'} \right]_{\alpha\gamma}^i \left[g_x \right]_\delta^\gamma [\eta]_\xi^\delta \left[g_x \right]_\beta^\alpha [\eta]_\phi^\beta [I]_\xi^\phi$$

$$+ \left[f_{y'x'} \right]_{\alpha\delta}^i [\eta]_\xi^\delta \left[g_x \right]_\beta^\alpha [\eta]_\phi^\beta [I]_\xi^\phi$$

$$+ \left[f_{y'} \right]_{\alpha}^{i} \left[g_{xx} \right]_{\beta\delta}^{\alpha} \left[\eta \right]_{\xi}^{\delta} \left[\eta \right]_{\phi}^{\beta} \left[I \right]_{\xi}^{\phi}$$

$$+ \left[f_{y'} \right]_{\alpha}^{i} \left[g_{\sigma\sigma} \right]^{\alpha}$$

$$+ \left[f_{y} \right]_{\alpha}^{i} \left[g_{\sigma\sigma} \right]^{\alpha}$$

$$+ \left[f_{x'} \right]_{\alpha}^{i} \left[h_{\sigma\sigma} \right]^{\beta} \tag{5-26}$$

$$+ \left[f_{x'y'} \right]_{\beta\gamma}^{i} \left[g_{x} \right]_{\delta}^{\gamma} \left[\eta \right]_{\xi}^{\delta} \left[\eta \right]_{\phi}^{\beta} \left[I \right]_{\xi}^{\phi}$$

$$+ \left[f_{x'x'} \right]_{\beta\delta}^{i} \left[\eta \right]_{\xi}^{\delta} \left[\eta \right]_{\phi}^{\beta} \left[I \right]_{\xi}^{\phi}$$

$$= 0$$

其中，$i = 1,..n, \alpha, \gamma = 1,.., n_y, \beta, \delta = 1, \cdots, n_x$，而 $\phi, \xi = 1, \cdots, n_\epsilon$。上面的方程组由 n 个线性方程组和 n 个未知数组成，其中未知数由 $g_{\sigma\sigma}$ 和 $h_{\sigma\sigma}$ 的元素给出。

还可以证明，当我们在 $(\bar{x}, 0)$ 处求出交叉导数 $g_{x\sigma}$ 和 $h_{x\sigma}$ 也是零时，我们可以这样写 $F_{\sigma x}(\bar{x}, 0)$：

$$\left[F_{\sigma x}(\bar{x}, 0) \right]_{j}^{i} = \left[f_{y'} \right]_{\alpha}^{i} \left[g_{x} \right]_{\beta}^{\alpha} \left[h_{\sigma x} \right]_{j}^{\beta} + \left[f_{y'} \right]_{\alpha}^{i} \left[g_{\sigma x} \right]_{\gamma}^{\alpha} \left[h_{x} \right]_{j}^{\gamma} + \left[f_{y} \right]_{\alpha}^{i} \left[g_{\sigma x} \right]_{j}^{\alpha} + \tag{5-27}$$
$$\left[f_{x'} \right]_{\beta}^{i} \left[h_{\sigma x} \right]_{j}^{\beta} = 0$$

这里将 $F_{\sigma x}(\bar{x}, 0)$ 设置为零会产生一个维度为 $n \times n_x$ 的方程组，未知数为 $g_{\sigma x}$ 和 $h_{\sigma x}$。由于方程组是齐次的，因此如果存在唯一解，则从以下方程求出：

$$g_{\sigma x} = 0$$
$$h_{\sigma x} = 0 \tag{5-28}$$

上面的方程暗示，直到二阶近似，状态向量中线性项的政策函数系数都不取决于冲击的方差。以下定理总结了到目前为止我们获得的主要理论结果：

定理 5.2 假设一个模型表示方程（5-11），解由方程（5-13）和（5-14）给出：

$$g_{\sigma}(\bar{x}, 0) = 0$$
$$h_{\sigma}(\bar{x}, 0) = 0$$
$$g_{x\sigma}(\bar{x}, 0) = 0$$
$$h_{x\sigma}(\bar{x}, 0) = 0 \tag{5-29}$$

该定理的主要含义是，随机模型政策函数的二阶近似可以通过常数项（1/2）用于控制变量的 $(1/2) g_{\sigma\sigma} \sigma^2$ 和用于状态变量的 $(1/2) h_{\sigma\sigma} \sigma^2$，表示为方程（5-11）那样，不同于非随机版本。

同时前两个方程隐含着，在一阶近似时，冲击函数方差的大小，无须考虑策略函数近似中的常数项。

5.2.3 在 Julia 中的应用

1.最优增长模型

作为第一个应用程序，我们考虑实现最佳增长的二阶近似，详见参考文献［4］和［3］。该模型已经在前面的章节中讨论过了（在求解 DSGE 模型的背景下或在提供动态编程时）。这就是为什么我们在这里集中介绍模型的一阶条件。由家庭的优化问题得出的最佳条件由下式给出：

$$\beta E_t \left[\left(c_{t+1}^{-\sigma} \right) \left(\alpha exp \left(a_{t+1} \right) k_{t+1}^{\alpha-1} + 1 - \delta \right) - c_t^{-\sigma} \right] = 0 \tag{5-30}$$

资本存量如下：

$$k_{t+1} = exp \left(a_t \right) k_t^{\alpha} - c_t + \left(1 - \delta \right) k_t \tag{5-31}$$

我们的目的是通过找到函数 $g(\cdot)$ 和 $h(\cdot)$ 来求解上面的两个方程，使以下方程成立：

$$c_t = g \left(k_t, a_t \right) \tag{5-32}$$

$$k_{t+1} = h \left(k_t, a_t \right) = exp \left(a_t \right) k_t^{\alpha} - c_t + \left(1 - \delta \right) k_t \tag{5-33}$$

但是，一旦求解 $g(k_t, a_t)$，也得到了 $h(k_t, a_t)$ 的解。这表示 DSGE 模型在方程（5-11）中可以写成：

$$E_t \left[G \left(c_{t+1}, k_{t+1}, a_{t+1}, c_t \right) \right] = 0 \tag{5-34}$$

可以求解函数 $g(k_t, a_t)$。同时，我们可以使用 $c_{t+1} = g \left(k_{t+1}, a_{t+1} \right) = g \left(h \left(k_t, a_t \right), a_{t+1} \right) = f \left(k_t, a_t, \epsilon_{t+1} \right)$，这样我们将模型写为：

$$E_t \left[G \left(f \left(k_t, a_t, \sigma \right), h \left(k_t, a_t \right), \rho a_{t+1} + \left(1 - \rho \right) \bar{a} + \sigma \epsilon_{t+1}, g \left(k_t, a_t \right) \right) \right] = 0 \tag{5-35}$$

这等价于更紧凑的形式：

$$E_t \left[F \left(k_t, a_t, \sigma \right) \right] = 0 \tag{5-36}$$

方程（5-36）的二阶泰勒展开式围绕稳态 $(\bar{k}, \bar{a}, 0)$ 的写法如下：

$$E_t \big[F \left(\bar{k}, \bar{a}, 0 \right) + F_k \left(\bar{k}, \bar{a}, 0 \right) \tilde{k}_t + F_a \left(\bar{k}, \bar{a}, 0 \right) \tilde{a}_t + F_\sigma \left(\bar{k}, \bar{a}, 0 \right) \tilde{\sigma} +$$

$$1/2 F_{kk} \left(\bar{k}, \bar{a}, 0 \right) \tilde{k}_t^2 + 1/2 F_{aa} \left(\bar{k}, \bar{a}, 0 \right) \tilde{a}_t^2 + 1/2 F_{\sigma\sigma} \left(\bar{k}, \bar{a}, 0 \right) \tilde{\sigma}^2 + F_{ka} \left(\bar{k}, \bar{a}, 0 \right) \tilde{k}_t \tilde{a}_t + \tag{5-37}$$

$$F_{k\sigma} \left(\bar{k}, \bar{a}, 0 \right) \tilde{k}_t \tilde{\sigma} + F_{a\sigma} \left(\bar{k}, \bar{a}, 0 \right) \tilde{a}_t \tilde{\sigma} \big]$$

$$= 0$$

我们可能会注意到，当代表性消费者做决定时，k_t 和 a_t 都是已知的，因此可以删除期望运算符，并且上式变为：

$$F \left(\bar{k}, \bar{a}, 0 \right) + F_k \left(\bar{k}, \bar{a}, 0 \right) \tilde{k}_t + F_a \left(\bar{k}, \bar{a}, 0 \right) \tilde{a}_t + F_\sigma \left(\bar{k}, \bar{a}, 0 \right) \tilde{\sigma} + 1/2 F_{kk} \left(\bar{k}, \bar{a}, 0 \right) \tilde{k}_t^2 +$$

$$1/2 F_{aa} \left(\bar{k}, \bar{a}, 0 \right) \tilde{a}_t^2 + 1/2 F_{\sigma\sigma} \left(\bar{k}, \bar{a}, 0 \right) \tilde{\sigma}^2 + F_{ka} \left(\bar{k}, \bar{a}, 0 \right) \tilde{k}_t \tilde{a}_t + F_{k\sigma} \left(\bar{k}, \bar{a}, 0 \right) \tilde{k}_t \tilde{\sigma} + \tag{5-38}$$

$$F_{a\sigma} \left(\bar{k}, \bar{a}, 0 \right) \tilde{a}_t \tilde{\sigma} = 0$$

同时，我们也可以使用以下公式近似 g：

$$g \left(k_t, a_t, \sigma \right) \cong g \left(\bar{k}, \bar{a}, 0 \right) + g_k \left(\bar{k}, \bar{a}, 0 \right) \tilde{k}_t + g_a \left(\bar{k}, \bar{a}, 0 \right) \tilde{a}_t + g_\sigma \left(\bar{k}, \bar{a}, 0 \right) \tilde{\sigma} +$$

$$1/2 g_{kk} \left(\bar{k}, \bar{a}, 0 \right) \tilde{k}_t^2 + 1/2 g_{aa} \left(\bar{k}, \bar{a}, 0 \right) \tilde{a}_t^2 + 1/2 g_{\sigma\sigma} \left(\bar{k}, \bar{a}, 0 \right) \tilde{\sigma}^2 + g_{ka} \left(\bar{k}, \bar{a}, 0 \right) \tilde{k}_t \tilde{a}_t + \tag{5-39}$$

$$g_{k\sigma} \left(\bar{k}, \bar{a}, 0 \right) \tilde{k}_t \tilde{\sigma} + g_{a\sigma} \left(\bar{k}, \bar{a}, 0 \right) \tilde{a}_t \tilde{\sigma}$$

我们已经知道 $g_\sigma \left(\bar{k}, \bar{a}, 0 \right)$，$g_{k\sigma} \left(\bar{k}, \bar{a}, 0 \right)$ 和 $g_{a\sigma} \left(\bar{k}, \bar{a}, 0 \right)$ 为零。为了找到其余项，我们求解以下方程组：

$$F \left(\bar{k}, \bar{a}, 0 \right) = 0$$

$$F_k \left(\bar{k}, \bar{a}, 0 \right) = 0$$

$$F_a\left(\bar{k},\bar{a},0\right)=0$$
$$F_{kk}\left(\bar{k},\bar{a},0\right)=0 \qquad\qquad\qquad (5-40)$$
$$F_{aa}\left(\bar{k},\bar{a},0\right)=0$$
$$F_{\sigma\sigma}\left(\bar{k},\bar{a},0\right)=0$$
$$F_{ka}\left(\bar{k},\bar{a},0\right)=0$$

第一个方程已经解出来了，它实际上是模型的稳态。

我们在 Julia 中实现了最优增长模型的二阶近似。在应用扰动法进行精确测量时所采用的模拟方法是比较标准的。资本份额设为 $\alpha=0.3$，折旧率 $\delta=0.1$，折现系数 $\beta=0.95$。对于生产率冲击，我们使用 $\rho=0.9$ 的自相关系数和 0.1 的波动系数。最后，我们设 $\sigma=2.5$。

```
#Setup the model
# number of backward，forward looking variables and shocks
nx = 2；# backward variables
ny = 1；# forward and static variables
ne = 1；# shocks
# calibration
alpha = 0.3；
sigma = 1.5；
beta = 0.95；
delta = 0.1；
as = 0；
rhoa = 0.9；
eta1 = 0.01；
ETA = ［0；eta1］；
s2 = 1；
#steady state
ksy=alpha*beta/（1-beta*（1-delta））；
ysk=（1-beta*（1-delta））/（alpha*beta）；
ys=ksy^（alpha/（1-alpha））；
ks=ksy*ys；
cs=ys*（1-delta*ksy）；
# vector of parameters
param=［beta sigma alpha delta rhoa as］
# vector of steady state
xs=［ks as cs ks as cs］；
xs=vec（xs）；
#compute Jacobian and Hessian matrices
```

```
using Calculus
#define the model
# k' a' c' k a c
# 1 2 3 4 5 6
#eq（1）= kp−exp（a）*k^alpha+c−（1−delta）*k；
#eq（2）= ap−ra*a−（1−ra）*ab；
# Forward variables
#eq（3）= c^（−sigma）−beta*（cp^（−sigma））*（alpha*exp（ap）*（kp^
（alpha−1））+1−delta）；
#Jacobian
gr1 = Calculus.gradient（x -> x［1］−exp（x［5］）*x［4］^alpha+x［6］−（1−
delta）*x［4］, xs）；
gr2 = Calculus.gradient（x -> x［2］−rhoa*x［5］−（1−rhoa）*as, xs）；
gr3 = Calculus.gradient（x -> x［6］^（−sigma）−beta*（x［3］^（−sigma））*
（alpha*exp（x［2］）*（x［1］^（alpha−1））+1−delta）, xs）；
#define the Jacobian
J =［gr1'；gr2'；gr3'］
#Hessian
h1 = hessian（x -> x［1］−exp（x［5］）*x［4］^alpha+x［6］−（1−delta）*x
［4］, xs）；
h2 = hessian（x -> x［2］−rhoa*x［5］−（1−rhoa）*as, xs）；
h3 = hessian（x -> x［6］^（−sigma）−beta*（x［3］^（−sigma））*（alpha*exp
（x［2］）*（x［1］^（alpha−1））+1−delta）, xs）；
h1=vec（h1）；
h2=vec（h2）；
h3=vec（h3）；
#define the Hessian
H = ˉh1 h2 h3]
function solve（xs, J, H, ETA, nx, ny, ne）；
Hs=xs［1：nx］；
Gs=xs［nx+1：nx+ny］；
# Order 1
J0=J［:, 1：nx+ny］；
J1=−J［:, nx+ny+1：end］；
r = schurfact（J0, J1）
s = r［: S］
t = r［: T］
q = r［: Q］'  # So now q*a*z = s and q*b*z = t
```

```
z = r [:, Z]
s, t, q, z=reorder (s, t, q, z)
z21 = z [nx+1: end, 1: nx];
z11 = z [1: nx, 1: nx]; Advanced Numerical Techniques Chapter | 5 16
if rank (z11) <nx;
error ("Invertibility condition violated")
end
z11i = \ (z11, eye (nx) );
s11 = s [1: nx, 1: nx];
t11 = t [1: nx, 1: nx];
#if abs (t [nx, nx] ) >abs (s [nx, nx] ) | abs (t [nx+1, nx+1] ) <abs (s
[nx+1, nx+1] );
#warning ("Wrong number of stable eigenvalues");
#end
#compute Gx and Hx
dyn = \ (s11, t11);
Gx = z21*z11i;
Hx = z11*dyn*z11i;
tol=1e-6;
if maximum (maximum (imag (Gx) ) ) <tol;
Gx=real (Gx);
end
if maximum (maximum (imag (Gx) ) ) <tol;
Hx=real (Hx);
end;
# Computes Gxx and Hxx
Zx = [Hx; Gx*Hx; eye (nx); Gx];
Jxp= J [:, 1: nx];
Jyp= J [:, nx+1: nx+ny];
Jx = J [:, nx+ny+1: 2*nx+ny];
Jy = J [:, 2*nx+ny+1: 2* (nx+ny) ];
XX1 = [kron ( (Jxp + Jyp*Gx), eye (nx*nx) ) kron (Jyp, kron (Hx',
Hx') ) +kron (Jy, eye (nx*nx) ) ];
XX0 = -kron (Zx', Zx') *H;
XX0 = vec (XX0);
HGXX= \ (XX1, XX0);
Hxx = HGXX [1: nx*nx*nx];
if maximum (maximum (imag (Hxx) ) ) <tol
```

```
Hxx=real（Hxx）；
end
Gxx = HGXX［nx*nx*nx+1：end］；
if maximum（maximum（imag（Gxx）））<tol
Gxx=real（Gxx）；
end；
# Computes Gss and Hss
SS0= 0；
for i=1：ne；
Zs = ［ETA［:, i］; Gx*ETA［:, i］; zeros（nx, 1）; zeros（ny, 1）］；
TEMP0 = −kron（Zs', Zs'）*H；
TEMP0 = vec（TEMP0）；
TEMP1 = −Jyp*kron（eye（ny）, kron（ETA［:, i］', ETA［:, i］'））*Gxx；
TEMP1 = vec（TEMP1）；
SS0 = SS0+TEMP0+TEMP1；
end
SS1 = ［Jxp+Jyp*Gx（Jyp+Jy）］；
HGSS = \（SS1, SS0）；
Hss = HGSS［1：nx］；
Gss = HGSS［nx+1：nx+ny］；
if maximum（maximum（imag（Hss）））<tol
Hss=real（Hss）；
end
if maximum（maximum（imag（Gss）））<tol
Gss=real（Gss）；
end
Hxx = reshape（Hxx, nx*nx, nx）'；
Gxx = reshape（Gxx, nx*nx, ny）'；
return Gs, Hs, Gx, Hx, Gxx, Hxx, Gss, Hss；
end；
function reorder（s, t, q, z）；
nsize = size（s, 1）；
i = 1；
while i<=nsize−1；
if 1+abs（t［i, i］*s［i+1, i+1］）>1+abs（s［i, i］*t［i+1, i+1］）；
A=s; B=t; Q=q; Z=z；
s, t, q, z = qzswitch（i, A, B, Q, Z）；
i=i+1；
```

```
end;
end;
return s, t, q, z;
end;
function qzswitch (i, A, B, Q, Z);
a = A [i, i]; d = B [i, i]; b =A [i, i+1]; e = B [i, i+1]; c = A [i+1, i+1]; f =
B [i+1, i+1];
wz = [c*e-f*b, (c*d-f*a) ' ];
xy = [ (b*d-e*a) ', (c*d-f*a) ' ];
n = sqrt (wz' *wz);
m = sqrt (xy' *xy);
if n == 0
return
else
wz = \ (n, wz);
xy = \ (m, xy);
wz = [wz [1]  wz [2]; -wz [2]  wz [1] ]
xy = [xy [1]  xy [2]; -xy [2]  xy [1] ]
A [i: i+1,:]  = xy*A [i: i+1,:];
B [i: i+1,:]  = xy*B [i: i+1,:];
A [:, i: i+1]  = A [:, i: i+1] *wz;
B [:, i: i+1]  = B [:, i: i+1] *wz;
Z [:, i: i+1]  = Z [:, i: i+1] *wz;
Q [i: i+1,:]  = xy*Q [i: i+1,:];
end;
if ~ (i==1); i = i-2; end
return A, B, Q, Z;
end;
#the solution
Gs, Hs, Gx, Hx, Gxx, Hxx, Gss, Hss = solve (xs, J, H, ETA, nx, ny, ne);
# compute the variables
long = 1000;
tronc = 100;
slong = long+tronc;
T = tronc+1: slong;
e = randn (ne, slong) *sqrt (s2);
S1=zeros (nx, slong);
S2=zeros (nx, slong);
```

```
X1=zeros（ny, slong）；
X2=zeros（ny, slong）；
S1［:, 1］=ETA*e［:, 1］'；
S2［:, 1］=ETA*e［:, 1］'；
tmp=S2［:, 1］*S2［:, 1］'；
tmp=vec（tmp）；
X1［:, 1］=Gx*S1［:, 1］；
X2［:, 1］=X1［:, 1］+0.5*Gxx*tmp［:］；
for i=2: slong
S1［:, i］=Hx*S1［:, i-1］+ETA*e［:, i］'；
X1［:, i］=Gx*S1［:, i］；
S2［:, i］=S1［:, i］+0.5*Hxx*tmp+0.5*Hss*s2；
tmp2=S2［:, i］*S2［:, i］'；
tmp2=vec（tmp2）；
X2［:, i］=Gs+0.5*Gss*s2+X1［:, i］+0.5*Gxx*tmp2；
X1［:, i］=Gs+X1［:, i］；
end；
```

我们可以绘制消费模拟路径，如图5-1所示。

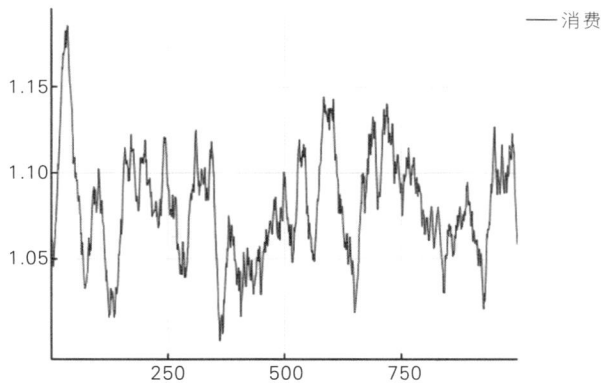

图5-1　消费

```
#plot series
using Plots
plotly（）# Choose the Plotly.jl backend for web interactivity
plot（X2［1,:］, linewidth=1, label="Consumption"
```

2.资产定价模型

模型

基于早期的版本（详见参考文献［12］），我们现在按照最近的版本（详见参考文献〔11〕），介绍资产定价模型。该演示来自参考文献〔3〕和〔4〕。

经济环境是无摩擦的纯交换型经济。有一种易耗品，代表性家庭最大化预期寿命期间的效用折现：

$$E_t \sum_{t=0}^{\infty} \beta^t \frac{c_t^{\theta}}{\theta} \tag{5-41}$$

其中，$\theta \in (-\infty, 0) \cup (0, 1]$ 和 $\beta \in (0, 1)$ 是折现因子，家庭面临以下预算约束：

$$p_t e_{t+1} + c_t = (p_t + d_t) e_t \tag{5-42}$$

c_t 是消费，p_t 是资产价格，而 e_t 代表代表家庭持有的资产，d_t 是每次交易的红利。进一步假设分红遵循以下过程：

$$d_t = exp(x_t) d_{t-1} \tag{5-43}$$

此处 x_t 是假定遵循 AR（1）过程的红利增长率：

$$x_t = (1-\rho) \bar{x} + \rho x_{t-1} + \epsilon_t \tag{5-44}$$

我们将创新强加于独立同分布的股息 x_t，并服从正态分布 $N(0, \sigma^2)$。用 y_t 定义的价格分红比率 $y_t = p_t / d_t$，我们将家庭的最优条件写为：

$$y_t = E_t \left[exp(\theta x_{t+1})(1 + y_{t+1}) \right] \tag{5-45}$$

遵循参考文献〔11〕，可以证明该模型具有解析解，可以写成：

$$y_t = \sum_{i=1}^{\infty} \beta^i exp \left[a_i + b_i (x_t - \bar{x}) \right] \tag{5-46}$$

这里的系数 a_i，b_i 由下式给出：

$$a_i = \theta \bar{x}_i + \frac{\theta^2 \sigma^2}{2(1-\rho)^2} \left[i - \frac{2\rho(1-\rho^i)}{1-\rho} + \frac{\rho^2(1-\rho^{2i})}{1-\rho^2} \right] \tag{5-47}$$

$$b_i = \frac{\theta \rho (1-\rho^i)}{1-\rho} \tag{5-48}$$

为了使用扰动法求解模型，我们首先重写两个表征模型的方程，如下所示：

$$y_t = E_t \left[exp(\theta x_{t+1})(1 + y_{t+1}) \right]$$
$$x_t = (1-\rho) \bar{x} + \rho x_{t-1} + \sigma \epsilon_t \tag{5-49}$$

综上所述，可以使用政策函数 $g(\cdot)$ 和 $h(\cdot)$ 编写模型解决方案（对于最佳增长模型），如下所示：

$$x_{t+1} = h(x_t, \sigma)$$
$$y_t = E_t \left[f(y_{t+1}, x_{t+1}) \right] \tag{5-50}$$

然后，与最佳增长模型的情况类似，采用二阶扰动法。我们使用类似于参考文献〔12〕中的校准方法。稳态股息增长设置为 $\bar{x} = 0.0179$。股息增长的持久性定为 $\rho = 0.139$，而创新的波动率定为 $\sigma = 0.0348$。折现系数设置为 $\beta = 0.95$，而我们使用 θ 的标准值为 -1.5。

下面介绍 Julia 的实现。我们没有提供用于求解模型或对特征值排序的函数的代码，这些代码保持不变。

```
#calibrate
nx = 1;  # backward variables
ny = 1;  # static variables
ne = 1;  # shocks
rhox = −0.139;
eta = 0.0348;
sx = eta/sqrt (1−rhox*rhox);
beta = 0.950;
theta = −1.500;
xb = 0.0179;
rhox = −0.139;
eta = 0.0348;
ETA = [eta];
s2 = 1;
sx = eta/sqrt (1−rhox*rhox);
ys = beta*exp (theta*xb) / (1−beta*exp (theta*xb) );
param = [beta theta rhox xb];
# steady state
devx = 5;
nbx = 200;
xmin = xb−devx*sx;
xmax = xb+devx*sx;
xgrid = collect (linspace (xmin, xmax, nbx) )
xs= [xb ys xb ys];
xs=vec (xs)
#compute Jacobian and Hessian matrices
using Calculus
#define the model
# variables (leads and lags)
#xp = xx (1);
#yp = xx (2);
#x = xx (3);
#y = xx (4);
#Jacobian
gr1 = Calculus.gradient (x −> x [1] −rhox*x [3] − (1−rhox) *xb, xs);
gr2 = Calculus.gradient (x −> x [4] −beta*exp (theta*x [1] ) * (1+x [2] ),
xs);
#define the Jacobian
```

```
J = [gr1'; gr2' ];
#Hessian
h1 = hessian (x -> x [1] -rhox*x [3] - (1-rhox) *xb, xs);
h2 = hessian (x -> x [4] -beta*exp (theta*x [1] ) * (1+x [2] ), xs);
h1=vec (h1);
h2=vec (h2);
#define the Hessian
H = [h1 h2]
Gs, Hs, Gx, Hx, Gxx, Hxx, Gss, Hss = solve (xs, J, H, ETA, nx, ny, ne);
```

　　对比近似的准确性的一个关键方面是得到尽可能接近解析解的结果。我们在这里研究资产定价模型的扰动近似的准确性，并将其与解析解比较。我们从基础模型开始校准，然后考虑校准中的一些变化。基准校准与上一节中的校准相对应。Julia代码如下所示：

```
nx = 1; # backward variables
ny = 1; # static variables
ne = 1; # shocks
rhoxx = -0.139;
etax = 0.0348;
sxx = etax/sqrt (1-rhoxx*rhoxx);
EP=[
0.950 -1.500 0.0348 -0.139;
0.500 -1.500 0.0348 -0.139;
0.990 -1.500 0.0348 -0.139;
0.950 -10.00 0.0348 -0.139;
0.950 0.100 0.0348 -0.139;
0.950 0.500 0.0348 -0.139;
0.950 -1.500 0.0010 -0.139;
0.950 -1.500 0.1000 -0.139;
0.950 -1.500 sxx 0;
0.950 -1.500 sxx*sqrt (0.75) 0.5;
0.950 -1.500 sxx*sqrt (0.19) 0.9];
#define vectors
E1 = zeros (size (EP, 1), 3);
Ei = zeros (size (EP, 1), 3);
#iterate
#k=10
for k=1: size (EP, 1);
beta = EP [k, 1];
```

```
theta = EP [k, 2];
xb = 0.0179;
rhox = EP [k, 4];
eta = EP [k, 3];
ETA = [eta];
s2 = 1;
sx = eta/sqrt (1−rhox*rhox);
ys = beta*exp. (theta*xb) / (1−beta*exp. (theta*xb) );
param = [beta theta rhox xb];
# steady state
devx = 5;
nbx = 200;
xmin = xb−devx*sx;
xmax = xb+devx*sx;
xgrid = collect (linspace (xmin, xmax, nbx) );
xs = [xb ys xb ys];
xs = vec (xs)
# True rule
nb=1000;
ri=rhox;
ri2=rhox;
ai= theta*xb+ (theta*theta*eta*eta) /2;
bi= theta*rhox;
bti=beta;
tsol=bti*exp. (ai+bi* (xgrid−xb) );
for i=2: nb;
ri = rhox*ri;
ri2 = rhox*rhox*ri2;
ai = theta*xb*i + (theta*theta*eta*eta) * (i−2*rhox* (1−ri) / (1−rhox) +
rhox*rhox* (1−ri2) / (1−rhox*rhox) ) / (2* (1−rhox) * (1−rhox) );
bi = theta*rhox* (1−ri) / (1−rhox);
bti = bti*beta;
tsol = tsol+bti*exp. (ai+bi* (xgrid−xb) );
end
# Jacobian matrix
using Calculus
#define the model
# variables (leads and lags)
```

```
#xp = xx (1);
#yp = xx (2);
#x = xx (3);
#y = xx (4);
#Jacobian
gr1 = Calculus.gradient (x -> x [1] -rhox*x [3] - (1-rhox) *xb, xs);
gr2 = Calculus.gradient (x -> x [4] -beta*exp. (theta*x [1] ) * (1+x [2] ),
xs);
#define the Jacobian
J = [gr1'; gr2']
# Hessian
h1 = hessian (x -> x [1] -rhox*x [3] - (1-rhox) *xb, xs);
h2 = hessian (x -> x [4] -beta*exp. (theta*x [1] ) * (1+x [2] ), xs);
h1=vec (h1);
h2=vec (h2);
#define the Hessian
H = [h1 h2]
Gs, Hs, Gx, Hx, Gxx, Hxx, Gss, Hss = solve (xs, J, H, ETA, nx, ny, ne);
asol1 =Gs.+ (Gx.* (xgrid-xb) );
asol2 =Gs.+0.5*Gss.+Gx.* (xgrid-xb) +0.5*Gxx.* (xgrid-xb) .* (xgrid-xb);
asoleq=Gs.+Gx.* (xgrid-xb) +0.5*Gxx.* (xgrid-xb) .* (xgrid-xb);
Err1=abs. ( (tsol-asol1) ./tsol);
Err2=abs. ( (tsol-asol2) ./tsol);
Erreq=abs. ( (tsol-asoleq) ./tsol);
E1 [k,:] =100*mean ( [Err1 Erreq Err2], 1)
Ei [k,:] =100*maximum ( [Err1 Erreq Err2], 1);
end;
```

我们在表 5-1 中总结了结果，介绍了从基准校准开始使用的各种校准的近似误差。近似值有三种类型：线性的（一阶近似值），二次方的 CE（确定性当量二次近似，其中忽略了波动率所隐含的校准）和二次方的（包括校准）。

表 5-1 显示了基准情况下的准确性误差和参数值的不同、折扣系数的变化（代理商或多或少的耐心程度）、更大的波动性、更高的股息增长持续性以及效用的更大曲率函数。结果非常有趣，因为它们表明线性近似仅适用于标准校准和小波动。为了增加股息的波动性或持续性，线性的和二次方的 CE 均无法很好地发挥作用。

表 5-1 　　　　　　　　　　　　　准确性检查

	线性的		二次方的 CE		二次方的	
	E_1	E_∞	E_1	E_∞	E_1	E_∞
基准	1.4414	1.4774	1.4239	1.4241	0.0269	0.0642
$\beta = 0.5$	0.2537	0.2944	0.2338	0.2343	0.0041	0.0087
$\beta = 0.99$	2.9414	2.9765	2.9243	2.9244	0.0833	0.1737
$\theta = -10$	23.7719	25.3774	23.1348	23.1764	4.5777	8.388
$\theta = 0.1$	0.0098	0.01002	0.0097	0.0097	1.06E-05	2.16E-05
$\theta = 0.5$	0.2865	0.2904	0.2845	0.2845	0.0016	2.2265
$\sigma = 0.001$	0.0012	0.0012	0.0012	0.0012	0	0
$\sigma = 0.1$	11.82	12.1078	11.6901	11.6901	1.2835	2.2265
$\rho = 0.0$	1.8469	1.8469	1.8469	1.8469	0.0329	0.0329
$\rho = 0.5$	5.9148	8.277	4.9136	5.2081	0.71	1.564
$\rho = 0.9$	57.5112	226.203	31.8128	146.6219	36.8337	193.1591

| 5.3 | 参数化期望算法

在本节中，我们重点介绍参数化期望算法（以下简称 PEA）。与其他处理决策规则的方法相比，该算法的主要思想着重于逼近期望函数。PEA 也可以看作不确定系数的通用方法，代理人可以在算法的每次迭代中学习决策规则。

5.3.1 理论

PEA 方法可以追溯到参考文献［6］。这一问题也可以在参考文献［1］或者［3］中找到好的解释方法。在本节中，我们将详细介绍参考文献［3］。

PEA 用于求解可以使用以下形式编写的模型：

$$F\left(E_t\left(\varepsilon\left(y_{t+1}, x_{t+1}, y_t, x_t \right) \right), y_t, x_t, \epsilon_t \right) = 0 \qquad (5-51)$$

函数 $F:\mathbb{R}^m \times \mathbb{R}^{n_y} \times \mathbb{R}^{n_x} \times \mathbb{R}^{n_x} \to \mathbb{R}^{n_x + n_y}$ 对应于该模型，函数 $\varepsilon:\mathbb{R}^{n_y} \times \mathbb{R}^{n_x} \times \mathbb{R}^{n_y} \times \mathbb{R}^{n_x} \to \mathbb{R}^m$ 代表应用了期望算子的已转换变量。E_t 是常规的期望算子，而 ϵ_t 是对经济结构性冲击的创新。

为了便于理解，我首先描述了最佳增长模型，然后使用 PEA 算法进行求解。最佳增长模型的解可以写为：

$$\lambda_t - \beta E_t\left[\lambda_{t+1}\left(\alpha z_{t+1} k_{t+1}^{\alpha-1} + 1 - \delta \right) \right] = 0 \qquad (5-52)$$

$$c_t^{-\sigma} - \lambda_t = 0 \qquad (5-53)$$

$$k_{t+1} - z_t k_t^\alpha + c_t - \left(1 - \delta \right) k_t = 0 \qquad (5-54)$$

$$z_{t+1} - \rho z_t - \epsilon_{t+1} = 0 \tag{5-55}$$

这里变量分组如下：向量 y_t 包含控制变量，使得 $y_t = \{c_t, \lambda_t\}$，向量 x_t 包含状态变量，我们写成 $x_t = \{k_t, z_t\}$。最后，ϵ_t 是冲击。基于上面的表示，还可以使用函数 F 和 ε 编写模型，如下所示：

$$\varepsilon(\{c, \lambda\}_{t+1}, \{k, z\}_{t+1}, \{c, \lambda\}_t, \{k, z\}_t) = \lambda_{t+1}(\alpha z_{t+1} k_{t+1}^{\alpha-1} + 1 - \delta) \tag{5-56}$$

$$F(\cdot) = \begin{cases} \lambda_t - \beta E_t\big[\varepsilon(\{c, \lambda\}_{t+1}, \{k, z\}_{t+1}, \{c, \lambda\}_t, \{k, z\}_t)\big] \\ c_t^{-\sigma} - \lambda_t \\ k_{t+1} - z_t k_t^{\alpha} + c_t - (1-\delta)k_t \\ z_{t+1} - \rho z_t - \epsilon_t \end{cases} \tag{5-57}$$

介绍中已经强调，PEA 并不专注于近似决策规则，而是专注于近似期望函数。在这种特殊情况下，PEA 将提供 $\varepsilon(x_{t+1}, y_{t+1}, x_t, y_t)$ 的近似，使用多项式近似 $\Phi(x, \theta)$，其中 x 代表变量，而 θ 代表参数。近似值验证以下条件：

$$F(\Phi(x_t, \theta), y_t, x_t, \epsilon_t) = 0 \tag{5-58}$$

在优化方面，有几种方法可以解决问题。首先，可以这样写问题：选择向量 θ，同时确保理性预期假说被验证：

$$\text{argmin}_{\theta \in \Phi} \left\| \Phi(x_t, \theta) - E_t(\varepsilon((y_{t+1}, x_{t+1}, y_t, x_t))) \right\|^2 \tag{5-59}$$

其次，此优化问题取决于使用的二次范数。或者，可以写成如下形式将优化重组为矩框架分析的一般方法：

$$\text{argmin}_{\theta \in \Phi} \mathbb{R}(x_t, \theta)' \Omega \mathbb{R}(x_t, \theta) \tag{5-60}$$

最后，此处的 $\mathbb{R}(x_t, \theta) = \Phi(x_t, \theta) - E_t(\varepsilon(y_{t+1}, x_{t+1}, y_t, x_t))$，而 Ω 是权重矩阵。

现在，我们可以正式提出算法，如下所示：

（1）初始化 θ 并为函数 $\Phi(x_t, \theta)$ 设置一个猜测值。设置一个停止标准（用 η 表示），保证充足的样本量用于绘制一系列冲击 $\{\epsilon_t\}_{t=0}^T$。

（2）用 i 表示每次迭代，并在此迭代中给定参数值 θ^i，我们模拟 $\{y_t(\theta^i)\}_{t=0}^T$ 和 $\{x_t(\theta^i)\}_{t=0}^T$。

（3）使用基于二次范数的默认最佳化问题设置，我们求解 $G(\theta^i)$：

$$\hat{\theta} \in \text{argmin}_{\theta \in \Phi} \frac{1}{T} \sum_{t=0}^T \left\| \varepsilon(y_{t+1}(\theta), x_{t+1}(\theta), y_t(\theta), x_t(\theta)) - \Phi(x_t(\theta), \theta) \right\|^2 \tag{5-61}$$

（4）我们使用以下递归方程更新下一个周期 $i+1$ 中的参数向量：$\theta^{i+1} = \gamma \hat{\theta} + (1-\gamma)\theta^i$。此处，$\gamma$ 是控制更新参数向量的程度或平滑度的预设参数。

（5）使用 $|\theta^{i+1} - \theta^i| < \eta$ 检查收敛性，并且如果尚未实现收敛，请返回到步骤2。

我们应该注意，通常除高度非线性模型外，平滑参数 γ 可以设置为接近1。较低的值通常有助于实现收敛，但是会以较高的计算负担为代价。

5.3.2 Julia 示例

我们按照参考文献［3］的应用标准 PEA 方法求解最优增长模型。让我们首先写下最佳增长模型的关键方程式，以简化表示过程：

$$\lambda_t - \beta E_t \left[\lambda_{t+1} \left(\alpha z_{t+1} k_{t+1}^{\alpha-1} + 1 - \delta \right) \right] = 0 \qquad (5\text{-}62)$$

$$c_t^{-\sigma} - \lambda_t = 0 \qquad (5\text{-}63)$$

$$k_{t+1} - z_t k_t^{\alpha} + c_t - (1-\delta)k_t = 0 \qquad (5\text{-}64)$$

$$log(z_{t+1}) - \rho log(z_t) - \epsilon_{t+1} = 0 \qquad (5\text{-}65)$$

如前所述，PEA 的重点不是近似决策规则，而是近似期望函数。在这里，我们需要在方程（5-62）中近似期望函数，即 $\beta E_t \left[\lambda_{t+1} \left(\alpha z_{t+1} k_{t+1}^{\alpha-1} + 1 - \delta \right) \right]$。标准 PEA 方法依赖于简单的多项式逼近。由于此期望函数涉及两个状态变量，即 k_t 和 z_t，因此我们依赖于以下多项式作为猜测：

$$\Phi(k_t, z_t; \theta) = exp\Big(\theta_0 + \theta_1 log(k_t) + \theta_2 log(z_t) + \theta_3 log(k_t)^2 + \theta_4 log(z_t)^2 +$$
$$\big(\theta_5 log(k_t) log(z_t) \big) \qquad (5\text{-}66)$$

其中，$\theta = \{\theta_0, \theta_1, \theta_2, \theta_3, \theta_4, \theta_5\}$ 是未知参数的向量。

给定该向量 θ，方程（5-62）将使我们能够根据 θ 向量函数来计算 λ 的值，即 $\lambda(\theta) = \Phi(k_t(\theta), z_t(\theta); \theta)$。然后，我们在模型中使用第二个方程，即方程（5-63），以根据 θ 向量的值来计算消费条件的值：

$$c_t(\theta) = \lambda_t(\theta)^{-1/\sigma} \qquad (5\text{-}67)$$

这进一步允许以 θ 向量为条件计算下一个时期的资本存量 k_{t+1}：

$$k_{t+1}(\theta) = z_t k_t(\theta)^{\alpha} - c_t(\theta) + (1-\delta)k_t(\theta) \qquad (5\text{-}68)$$

现在可以计算完整序列 $\{k_t(\theta)\}_{t=0}^T$，$\{z_t(\theta)\}_{t=0}^T$，$\{c_t(\theta)\}_{t=0}^T$ 和 $\{\lambda_t(\theta)\}_{t=0}^T$。我们在第一个变量的帮助下计算期望函数的下一个周期值：

$$\varphi_{t+1}(\theta) = \lambda_{t+1}(\theta)\left(\alpha z_{t+1} k_{t+1}(\theta)^{\alpha-1} + 1 - \delta \right) \qquad (5\text{-}69)$$

为了获得向量 θ 的近似值，即计算 $\hat{\theta}$，我们可以运行以下指数回归：

$$\varphi(k_t, z_t; \theta) = \theta_0 + \theta_1 log(k_t(\theta)) + \theta_2 log(z_t) + \theta_3 log(k_t(\theta))^2 +$$
$$\theta_4 log(z_t)^2 + \theta_5 log(k_t(\theta)) log(z_t) \qquad (5\text{-}70)$$

该估计值 $\hat{\theta}$ 用于步骤 4 的更新方程中，然后重新运行算法，直到收敛。

该算法在下面实现。为了对比检查参考文献［3］的结果，我们用同样的冲击。另外，我们画一组不同的冲击，结果会略有不同。

```
# set algorithm parameters
long = 200；
init = 50；
slong = init+long；
T = init+1：slong-1；
T1 = init+2：slong；
tol = 1e-6；
crit = 1；
```

```
#set model parameters
gam = 1;
sigma = 1;
delta = 0.1;
beta = 0.95;
alpha = 0.3;
ab = 0;
rho = 0.9;
se = 0.01;
#steady state
ksy = (alpha*beta) / (1-beta* (1-delta) );
yss = ksy^ (alpha/ (1-alpha) );
kss = yss^ (1/alpha);
iss = delta*kss;
css = yss-iss;
csy = css/yss;
lss = css^ (-sigma);
#generate shocks
srand (1)
e = se*randn (slong, 1);
#or load shocks from Collard (2015)
e=readdlm ("e1_noise.csv");
#productivity series a
a = zeros (slong, 1);
a [1] = ab+e [1];
for i=2: slong;
a [i] =rho*a [i-1] + (1-rho) *ab+e [i];
end
#initial solution
ncont = 3; # of static equations
nbend = 1; # endogenous predetermined variables
nshoc = 1; # of shocks
nback = nbend+nshoc; # of state variables
nforw = 1; # of costate variables
nstat = nback+nforw; # of state and costate variables
Mcc = zeros (ncont, ncont);
Mcs = zeros (ncont, nstat);
Mss0 = zeros (nstat, nstat);
```

```
Mss1 = zeros (nstat, nstat);
Msc0 = zeros (nstat, ncont);
Msc1 = zeros (nstat, ncont);
Mse = zeros (nstat, nshoc);
#setup the matrices
# Output
Mcc [1, 1]  = 1;
Mcs [1, 1]  = alpha;
Mcs [1, 2]  = 1;
# investment
Mcc [2, 1]  = 1;
Mcc [2, 2]  = -iss/yss;
Mcc [2, 3]  = -css/yss;
# consumption
Mcc [3, 3]  = -sigma;
Mcs [3, 3]  = 1;
# capital
Mss0 [1, 1]  = 1;
Mss1 [1, 1]  = delta-1;
Msc1 [1, 2]  = delta;
# technology shock
Mss0 [2, 2]  = 1;
Mss1 [2, 2]  = -rho;
Mse [2, 1]  = 1;
# Euler
Mss0 [3, 1]  = (1-beta* (1-delta) );
Mss0 [3, 3]  = -1;
Mss1 [3, 3]  = 1;
Msc0 [3, 1]  = (1-beta* (1-delta) );
# Solving the system
M0=inv (Mss0-Msc0*inv (Mcc) *Mcs);
M1= (Mss1-Msc1*inv (Mcc) *Mcs);
W=-M0*M1;
# MU -> eigenvalues, P -> eigenvectors
v, w = eig (W)
r= [abs. (v) w' ]
vsize=size (v, 1)
for i = 1; vsize
```

```
for j = i+1： vsize
if real （r [i, 1] ） > real （r [j, 1] ）
tmp = r [i, :];
r [i, :] =r [j, :];
r [j, :] =tmp；
elseif real （r [i, 1] ） == real （r [j, 1] ）
if imag （r [i, 1] ） > imag （r [j, 1] ）
tmp = r [i, :];
r [i, :] =r [j, :];
r [j, :] =tmp；
end；
end；
end；
end；
lam= r [:, 1];
P=r [:, 2: 4] ';
Q=inv （P）；
lam=diagm （lam）；
#Direct solution
Gamma=−inv （Q [nback+1: nstat, nback+1: nstat] ） *Q [nback+1: nstat, 1:
nback];
MSS=W [1: nback, 1: nback] +W [1: nback, nback+1: nstat] *Gamma；
PI=inv （Mcc） * （Mcs [:, 1: nback] +Mcs [:, nback+1: nstat] *Gamma）；
MSE= [zeros （nbend, nshoc）; eye （nshoc） ];
S = zeros （nback, long+init）；
S [:, 1] = MSE*e [1];
for i = 2： long+init；
S [:, i] = MSS*S [:, i−1] +MSE*e [i];
end；
lb = Gamma*S；
lb = lss*exp. （lb）；
lbv= vec （lb）；
k = log （kss） +S [1,:];
kv = vec （k）；
ek = exp. （kv）；
a = S [2,:];
av = vec （a）；
ea = exp. （av）；
```

```
T = init+1： init+long-1；
T1 = init+2： init+long；
XX = ［ones （long-1，1） kv ［T］ av ［T］ kv ［T］ .*kv ［T］ av ［T］ .*av ［T］ kv
［T］ .*av ［T］ ］；
yy = log. （beta*lb ［T1］ .* （alpha*ea ［T1］ .*ek ［T1］ .^ （alpha-1） +1-delta） ）；
b0 = \ （XX，yy）
#Main Loop
iter=1；
crit=1；
while crit>tol
k = zeros （slong+1，1）；
lb = zeros （slong，1）；
X = zeros （slong，length （b0） ）；
k ［1］ = kss；
for i= 1： slong；
X ［i，:］ = ［1 log. （k ［i］ ） a ［i］ log （k ［i］ ） *log （k ［i］ ） a ［i］ *a ［i］ log （k
［i］ ） *a ［i］ ］；
lb ［i］ = exp. （X ［i，:］ ' *b0）；
k ［i+1］ = exp. （a ［i］ ） *k ［i］ ^alpha+ （1-delta） *k ［i］ -lb ［i］ ^ （-1/sigma）；
end
y = beta*lb ［T1］ .* （alpha*exp. （a ［T1］ ） .*k ［T1］ .^ （alpha-1） +1-delta）；
bt = X ［T,:］ \log. （y）；
b = copy （gam*bt+ （1-gam） *b0）；
crit = maximum （abs. （b-b0） ）；
b0 = copy （b）；
println （"solution"，b0）
iter=iter+1；
end；
```

决策规则如表5-2所示。

决策规则

	θ_0	θ_1	θ_2	θ_3	θ_4	θ_5
最初的	1.36	−2.43	1.43	0.98	1.37	−2.01
最终的	2.01	−3.77	1.21	1.66	1.63	−1.78

预期资本存量 k_{i+1} 对当前资本存量 k_i 的结果如图5-2所示。

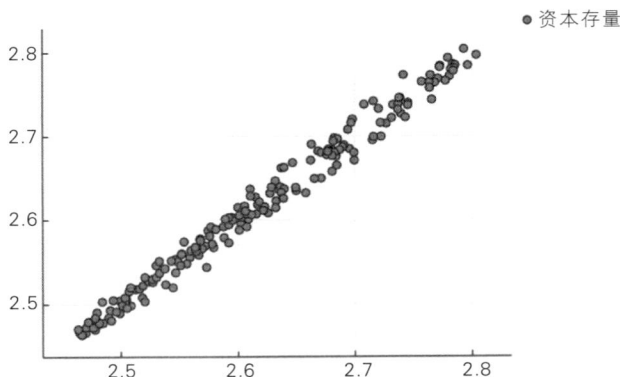

图 5-2　预期资本存量与当前资本存量

```
using Plots
plotly （） # Choose the Plotly.jl backend for web interactivity
scatter （k ［T］, k ［T1］, label="Capital Stock", title="k （t+1） vs. k （t） ")
33333999922
```

|5.4| 投影法

在求解经济模型的背景下，投影法（或最小加权残差法）的首次应用参见参考文献
［7］。先前讨论的算法 PEA 和正交方法（PM）具有一些共同点。简而言之，可以使用广
义矩方法框架来理解它们。尽管 PEA 方法依赖于用参数函数逼近期望函数，但在 PM 方
法中，我们既可以使用近似决策规则，如参考文献［7］，又可以使用改进的期望函数的
参考文献［8］。

5.4.1　理论

为了介绍该方法，我们从参考文献［9］的一个例子开始，接下来，我们将按照参
考文献［3］来介绍通用方法。

基本例子

让我们从一个基本的一阶微分方程开始。假设以下等式：

$$d'(x) + d(x) = 0 \tag{5-71}$$

此处设初始点 $d(0)$ 是已知的。此外，它还认为 $x \in [0, \bar{x}]$。解决此问题需要以下方
程：$d(x) = exp(-x)$。为了便于进行介绍，我们还可以按照以下函数方程式来编写：

$$F(d)(x) = d'(x) + d(x) = 0 \tag{5-72}$$

我们可以提出一种简化的解法，其中包含以下形式的多项式：x^i, $i = 1, \cdots, n$。在这
种特殊情况下，我们可以使用以下多项式来近似 $d(x)$：

$$d^n(x; \theta) = 1 + \theta_1 x + \theta_2 x^2 + \cdots + \theta_n x^n \tag{5-73}$$

该表示法隐含地假设基本函数的第一个元素等于 1，即 $\psi_0(x) = 1$，从而满足 $x = 0$
的边界条件。进行近似处理意味着找到 i（$i = 1, \cdots, n$）的 θ_i 系数。为了找到系数，我们

可以采用加权残差法，并针对 θ 求解线性方程组 $A\theta = b$。

通用方法

根据参考文献［3］，我们来描述投影法的一般框架。最小加权残差法可以应用于动态一般均衡模型，表示如下：

$$E_t F\left(y_{t+1}, x_{t+1}, y_t, x_t, \epsilon_{t+1}\right) = 0 \qquad (5-74)$$

此处模型方程式由 $F: \mathbb{R}^{n_y} \times \mathbb{R}^{n_x} \times \mathbb{R}^{n_y} \times \mathbb{R}^{n_x} \times \mathbb{R}^{n_\epsilon} \to \mathbb{R}^{n_y + n_x}$。向量 ϵ 包括模型中的冲击。

求解该模型包括找到以下方程式给出的决策规则：

$$y_t = g\left(x_t; \theta\right) \qquad (5-75)$$

在下一个周期中，状态变量可以写为：

$$x_{t+1} = h\left(x_t, y_t, \epsilon_{t+1}\right) = h\left(x_t, g\left(x_t, \theta\right), \epsilon_{t+1}\right) \qquad (5-76)$$

然后，可以用以下形式编写模型：

$$E_t R\left(x_t, \epsilon_{t+1}; g, \theta\right) = 0 \qquad (5-77)$$

投影法旨在基于状态变量 x_t 的当前值和参数 θ 的向量，用近似函数 $\phi\left(x_t; \theta\right)$ 代替决策规则。参数 θ 的向量必须选择为使初始方程 $E_t F\left(x_t, \epsilon_{t+1}; g, \theta\right)$ 最小化。

投影法旨在找到参数 θ 的向量，从而假设权重函数 $\omega_i(x)$，以下等式成立：

$$\left\| E_t R_t\left(x_t, \epsilon_{t+1}; g, \{\theta\}_{i=0}^n\right) \right\|_\omega = 0 \qquad (5-78)$$

可以等价表示为：

$$\int_\chi E_t R_t\left(x_t, \epsilon_{t+1}; g, \theta\right) \omega_i(x) dx = 0 \qquad (5-79)$$

其中，$i = 0, \cdots, n$。

实施投影法

投影法的实现依赖于三个关键建模问题的一些假设：

（1）近似函数

（2）权重函数

（3）积分的近似方法

近似函数：关于设置近似函数族，参考文献中有两种截然不同的方法。一方面，我们可以使用有限元法；另一方面，我们可以依赖光谱法。

有限元法是一种逼近函数的分段方法。这种方法依赖于以不相交的区间划分状态空间，并为这些子区间中的每一个拟合低阶多项式。因此，初始函数通过称为有限元的小维多项式的集合来近似。例如，参考文献［9］将加权残差法中的有限元法引入宏观经济学。

光谱法是一种替代方法，它依赖于在整个初始区间内完成的高阶多项式的近似值。这意味着所得的逼近函数既是连续的又是连续可微分的，即不具有前一种方法的特征属性。在这种特定方法中，假设逼近阶为 p，我们可以将决策函数近似写为：

$$y_i = \sum_{i=0}^p \theta_i \psi_i\left(x_i\right) \qquad (5-80)$$

这里 $\left\{ \psi_i(\cdot) \right\}_{i=0}^n$ 是正交多项式的族。

在第 2 章"基础数值计算法"的第 2.4 节中，我们在更大的函数逼近范围内讨论了这两种方法。

权重函数：另一个关键选择是权重函数。由于权重函数的选择会影响残差函数的评估方式，因此这也是设计不同方法以实施最小加权残差法必不可少的步骤。可以使用三种基本方法选择权重函数，如下所述：

（1）最小二乘法：这相当于将权重函数设置为：

$$\omega_i = \frac{\partial R\left(x_t, \epsilon_{t+1}; g, \theta \right)}{\partial \theta_i} \tag{5-81}$$

参数 $\hat\theta$ 的向量满足以下条件：

$$\hat\theta \in argmin_\theta \int_\chi E_t R\left(x_t, \epsilon_{t+1}; \theta \right)^2 dx_t \tag{5-82}$$

（2）搭配方法：这里使用狄拉克（Dirac）函数设置加权函数。我们正式将权重写为：

$$\omega(x) = \delta(x - x_i) = \begin{cases} 1 & \text{如果 } x = x_i \\ 0 & \text{如果 } x \neq x_i \end{cases} \tag{5-83}$$

换句话说，该技术意味着将节点 $x_1, \cdots, x_n$ 的残差设置为零。

（3）Galerkin 法：

在这种方法中，权重函数是使用基本函数设置的，有关基本函数的更详细介绍，请参见第 2 章"基础数值算法"的第 2.4 节。换句话说，当假设基于 0 到 p 阶的切比雪夫多项式的近似值时，也将使用 0 到 p 阶的切比雪夫多项式来设置权重函数。然后，我们将这样写：

$$\omega_i = \psi_t(x) \tag{5-84}$$

积分的近似方法：这里有两个问题。第一个问题是关于冲击过程规范所使用的假设。一方面，假设马尔可夫链的简单情况将通过一个简单的总和大大简化积分的逼近。另一方面，对于持续支持冲击的情况，假设高斯冲击，我们将依靠高斯-赫尔姆特正交方法对其进行近似。

第二个问题是计算由误差函数产生的内积。在这种情况下，求解方法取决于设置的权重。对于特定情况，由于残差设置为零，因此不使用积分。对于最小二乘法，通常首选勒让德正交多项式，对于 Galerkin 法，可以应用切比雪夫正交多项式。

数值积分的主题，包括上述各种方法，已在第 2 章"数值积分法"的第 2.6 节中详细讨论。

5.4.2 投影法的算法与应用

在本节中，我将在 Julia 中介绍并实现两种最广泛使用的最小加权残差法：排列法和 Galerkin 法。在每种情况下，我首先介绍通用算法，然后讨论最佳增长模型的算法的实际实现。展示详见参考文献 [3]。

这两种实现都是光谱方法的一部分（请参见前面关于逼近函数的讨论），它们都依赖于切比雪夫多项式。

1.排列法

我们首先考虑可以使用以下形式编写的 DSGE 模型的解决方案：

$$E_t R\left(x_{t+1}, \epsilon_{t+1}; g, \theta\right) = 0 \qquad (5-85)$$

求解此模型需要在域 $\left[\underline{x}, \bar{x}\right]$ 上近似决策规则 $g\left(x_t\right)$。我们提出以下近似表达式：

$$\Phi\left(x_t, \theta\right) = \sum_{i=0}^{n} \theta_i T_i\left(\varphi\left(x_t\right)\right) \qquad (5-86)$$

$T_i\left(\cdot\right)$ 代表阶次为 i 的切比雪夫多项式，其中 $i = 0, \cdots, n$。在这些假设下，问题就在于找到向量 θ，从而验证以下条件：

$$E_t R\left(x_i, \epsilon_{t+1}; \Phi, \theta\right) = 0 \qquad (5-87)$$

对于 $i = 0, \cdots, n$。为了简化表示，单变量情况的算法可能如下所示：

（1）我们设置一个近似阶数 n。然后我们使用以下公式确定阶数 $n+1$ 的切比雪夫多项式的 $n+1$ 个根：

$$z_i = \cos\frac{\left(2i-1\right)\pi}{2\left(n+1\right)} \qquad (5-88)$$

我们还为 θ 设置了一个初始值。

（2）使用根，我们使用以下公式计算值 x_i：

$$x_i = \underline{x} + \left(z_i + 1\right)\frac{\bar{x} - \underline{x}}{2} \qquad (5-89)$$

其中，$i = 1, \cdots, n+1$。这也确保 $x_i \in \left[\underline{x}, \bar{x}\right]$。

（3）我们现在可以计算：

$$E_t R\left(x_i, \epsilon_{t+1}; g, \theta\right) \qquad (5-90)$$

其中，$i = 1, \cdots, n+1$。

（4）如果以上表达式近似为零，则算法停止，我们可以使用以下方法确定近似决策规则：

$$\Phi\left(x_t, \theta\right) = \sum_{i=0}^{n} \theta_i T_i\left(\varphi\left(x_t\right)\right) \qquad (5-91)$$

如果不是这种情况，则我们使用非线性求解器更新 θ 的值，然后返回步骤 3。

遵循参考文献［3］，我们根据随机过程的假设，考虑了随机增长模型的两种替代实现，即随机过程是马尔可夫链或 AR（1）过程。

马尔可夫链实施

我们假设柯布-道格拉斯生产函数的资本存量为 k_t，总要素生产率为 a_t。我们将其写为：$y_t = exp\left(a_t\right)k_t^{\alpha}$。假定 TFP 遵循采用两个值 $\underline{a}$ 或 $\bar{a}$ 的马尔可夫链。转移矩阵如下：

$$\begin{bmatrix} p & 1-p \\ 1-p & p \end{bmatrix} \qquad (5-92)$$

假定资本存量遵循标准动态：

$$k_{t+1} = exp\left(a_t\right)k_t^{\alpha} - c_t + \left(1-\delta\right)k_t \qquad (5-93)$$

欧拉方程写为：

$$c_t^{-\sigma} - E_t \left[c_{t+1}^{-\sigma} \left(\alpha exp\left(a_{t+1} \right) k_{t+1}^{\alpha-1} + 1 - \delta \right) \right] = 0 \tag{5-94}$$

由于 TFP 过程可以采用两个值 $\underline{a}$ 和 $\bar{a}$，因此我们可以明确地将 Euler 方程编写如下（对于资本存量方程同样适用）：

$$c_t\left(\underline{a} \right)^{-\sigma} - \beta p \left[c_{t+1}(\underline{a})^{-\sigma} \left(\alpha exp\left(\left(\underline{a} \right) \right) k_{t+1}(\underline{a})^{\alpha-1} + 1 - \delta \right) \right]$$
$$-\beta \left(1 - p \right) \left[c_{t+1}(\underline{a})^{-\sigma} \left(\alpha exp\left(\left(\underline{a} \right) \right) k_{t+1}(\underline{a})^{\alpha-1} + 1 - \delta \right) \right] = 0 \tag{5-95}$$

$$c_t\left(\bar{a} \right)^{-\sigma} - \beta \left(1 - p \right) \left[c_{t+1}(\bar{a})^{-\sigma} \left(\alpha exp\left(\left(\bar{a} \right) \right) k_{t+1}(\bar{a})^{\alpha-1} + 1 - \delta \right) \right]$$
$$-\beta p \left[c_{t+1}(\bar{a})^{-\sigma} \left(\alpha exp\left(\left(\bar{a} \right) \right) k_{t+1}(\bar{a})^{\alpha-1} + 1 - \delta \right) \right] = 0 \tag{5-96}$$

因此，"投影法"将为两个相应的决策规则（为实现冲击 $\underline{a}$ 和 $\bar{a}$）提供近似值。它们可以编写如下：

$$c_t\left(\underline{a} \right) \simeq \Phi\left(k_t, \theta(\underline{a}) \right) = \sum_{j=0}^{n} \theta_j\left(\underline{a} \right) T_j\left(\varphi\left(log\left(k_t \right) \right) \right) \tag{5-97}$$

$$c_t\left(\bar{a} \right) \simeq \Phi\left(k_t, \theta(\bar{a}) \right) = \sum_{j=0}^{n} \theta_j\left(\bar{a} \right) T_j\left(\varphi\left(log\left(k_t \right) \right) \right) \tag{5-98}$$

使用这些表达式，我们可以重写如下算法：

（1）我们用 n 表示近似阶数，使用以下公式确定阶次 $n+1$ 的切比雪夫多项式的 $n+1$ 个根：

$$z_i = cos\frac{\left(2i - 1 \right)\pi}{2\left(n + 1 \right)} \tag{5-99}$$

我们还对 $\theta(\underline{a})$ 和 $\theta(\bar{a})$ 提出了初步猜测。

（2）基于根，我们使用以下公式计算值 k_i：

$$k_i = exp\left(log(\underline{k}) + \left(z_i + 1 \right)\frac{log\left(\bar{k} \right) - log\left(\underline{k} \right)}{2} \right) \tag{5-100}$$

其中，$i = 1, \cdots, n + 1$。这也确保 $k_i \in \left[\underline{k}, \bar{k} \right]$

（3）现在我们可以使用以下方法确定两个决策规则：

$$c_t\left(\underline{a} \right) \simeq \Phi\left(k_t, \theta(\underline{a}) \right) = \sum_{j=0}^{n} \theta_j\left(\underline{a} \right) T_j\left(\varphi\left(log\left(k_i \right) \right) \right) \tag{5-101}$$

$$c_t\left(\bar{a} \right) \simeq \Phi\left(k_t, \theta(\bar{a}) \right) = \sum_{j=0}^{n} \theta_j\left(\bar{a} \right) T_j\left(\varphi\left(log\left(k_i \right) \right) \right) \tag{5-102}$$

对于每个节点 k_i 和 $i = 1, \cdots, n + 1$，我们将随机过程两种实现的资本存量动态写为：

$$k_{t+1}\left(k_i, \underline{a} \right) = exp\left(\underline{a} \right) k_i^\alpha - \Phi\left(k_i, \theta(\underline{a}) \right) + \left(1 - \delta \right) k_i \tag{5-103}$$

$$k_{t+1}\left(k_i, \bar{a} \right) = exp\left(\bar{a} \right) k_i^\alpha - \Phi\left(k_i, \theta(\bar{a}) \right) + \left(1 - \delta \right) k_i \tag{5-104}$$

（4）我们还必须计算未来的消费水平。它们取决于随机过程的当前和将来可能实现的组合，即 a_t 和 a_{t+1}，它们有四个，即 $(\underline{a}, \underline{a})$，依此类推。例如，要估算 $a_t = \underline{a}$ 和 $a_{t+1} = \underline{a}$ 的未来消费水平，我们使用：

$$\Phi\left(k_{t+1}\left(k_i, \underline{a} \right), \theta(\underline{a}) \right) = \sum_{j=0}^{n} \theta_j\left(\underline{a} \right) T_j\left(\varphi\left(k_{t+1}\left(k_i, \underline{a} \right) \right) \right) \tag{5-105}$$

（5）现在，我们评估随机冲击的两种实现的残差：

$$R(k_i, \underline{a}; \theta) = \Phi(k_i, \theta(\underline{a}))^{-\sigma} - \beta p \Psi(k_i, \underline{a}, \underline{a}) - \beta(1-p)\psi(k_i, \underline{a}, \bar{a}) \qquad (5\text{-}106)$$

$$R(k_i, \bar{a}; \theta) = \Phi(k_i, \theta(\bar{a}))^{-\sigma} - \beta(1-p)\Psi(k_i, \bar{a}, \underline{a}) - \beta p \psi(k_i, \bar{a}, \bar{a}) \qquad (5\text{-}107)$$

此处的函数 Ψ 定义为：

$$\Psi(k_i, a_t, a_{t+1}) = \Phi(k_{t+1}(k_i, a_t), \theta(a_{t+1}))^{-\sigma}(\alpha exp(a_{t+1})k_{t+1}(k_i, a_t)^{\alpha-1} + 1 - \delta) \qquad (5\text{-}108)$$

其中，$i = 1, \cdots, n+1$

如果残差不近似为零，则使用牛顿类型算法更新 θ 的值，然后返回到步骤3。

下面在 Julia 中实现了该方法：

```
# The Optimal Growth Model
# Collocation method （Markov Chain case）
global kmin, ksup, XX, kt;
global nstate, nbk, ncoef, XX, XT, PI;
# Parameters
nbk = 4;  # Degree of polynomials （capital）
nodes = nbk + 1;  # Nodes
nstate= 2;
ncoef = nbk +1;  # of coefficients
# Structural Parameters
delta = 0.1;
beta = 0.95;
alpha = 0.3;
sigma = 1.5;
ysk = （1-beta*（1-delta）） / （alpha*beta）;
ksy = 1/ysk;
ys = ksy^（alpha/（1-alpha））;
ks = ys^（1/alpha）;
is = delta*ks;
cs = ys-is;
ab = 0;
function hernodes （nstate）
TOL = sqrt （2.2204e-16）;
MAXIT = 30;
PIM4 = pi^（-1/4）;
n = nstate;
m = （n+1）/2;
m = convert （Int64, floor （m））;
```

```
x = zeros (n, 1);
w = zeros (n, 1);
z = 0;
z1 = 0;
pp = 0;
for i= 1: m
# Initialize the first four roots
if i == 1;
z= sqrt (2*n+1) − 1.85575 * (2*n+1) ^ (−1/6);
elseif i== 2;
z= z − 1.14 * (n^.426) /z;
elseif i== 3;
z= 1.86 * z − .86 * x [1];
elseif i== 4;
z= 1.91 * z − .91 * x [2];
else;
z= 2 * z − x [i−2];
end;
for its= 1: MAXIT
p1 = PIM4;
p2 = 0;
for j = 1: n
p3 = p2;
p2 = p1;
p1 = z*sqrt (2/j) *p2 − sqrt ( (j−1) /j) *p3;
end;
pp = p2 * sqrt (2*n);
z1 = z;
z = z1 − p1/pp;
if abs (z−z1) < TOL; break; end;
end;
x [i] = z;
x [n+1−i] = −z;
w [i] = 2/ (pp*pp);
w [n+1−i] = w [i];
end;
return x, w
end;
```

```
function transprob (ym, wm, m, r, s)
# this function computes the transition matrix
# Variables:
# ym is the vector of quadrature points
# wm is the vector of weights
# m is the mean of the process
# r is the rho of the process
# s is the conditional std.dev. of the process
n, n0=size (ym); # get the number of quadrature points n
xx = ones (n, 1);
xx=round. (Int64, vec (xx) ); #make it integer: indices value in Julia must be
integer
x=ym [:, xx]; # get x, nxn matrix, whose ji element is consumption
# growth in state j − so x is the value of
# consumption growth at time t, if the state is
# j at time t and i at time t+1 (notice it's
# constant across i)
y=x'; # also an nxn matrix whose ji element is
# consumption growth in state i − so y is the
# value of consumption growth at time t+1, if
# the state is j at time t and i at time t+1
# (notice it's constant across j)
w=wm [:, xx] '; # converts the weight vector to a nxn matrix
# whose ji element is w (i) for all j
f= (y−m* (1−r) −x*r);
c1=exp. (− (f.*f) ./ (2.0*s*s) ) ./ (sqrt (2.0*pi) *s);
f= (y−m* (1−r) −m*r);
c2=exp. (− (f.*f) ./ (2.0*s*s) ) ./ (sqrt (2.0*pi) *s);
p= (c1.*w) ./c2; # builds the transition matrix with elements
# p (j, i) =f [y (i) |x (j) ] w (i) /f [y (i) |mu]
sm=sum (p', 1) '; # creates column vector with elements
# s (j) =sum (i) p (j, i)
p=p./sm [:, xx];
return p;
end;
# 马尔可夫 Chain technological process
rho = 0.8;
se = 0.2;
```

```
ma = 0;
agrid, wmat=hernodes (nstate);
agrid=agrid*sqrt (2) *se;
PI=transprob (agrid, wmat, 0, rho, se)
at=agrid+ma;
#define functions rcheb transfo itransfo
function rcheb (nn);
mod=nn−floor (nn/2) *2;
n1=floor (nn/2);
k=collect (1: n1) .';
r1=cos. ( (2*k−1) *pi/ (2*nn) );
r1= [r1 −r1];
if mod==1;
r1= [r1 0];
end;
r1=vec (r1);
rr=real (sort! (r1) );
return rr
end;
function transfo (x, xmin, xmax);
z= (2* (x−xmin) / (xmax−xmin) ) −1;
return z
end;
function itransfo (x, xmin, xmax);
z=0.5* (x+1) * (xmax−xmin) +xmin;
return z
end;
function cheb (xx, nn);
cc=real (cos. (kron (acos. (complex (xx) ), nn) ) )
return cc
end;
# grid for the capital stock
kmin = log (1.2);
ksup = log (6);
rk = rcheb (nodes); #roots
kt = exp. (itransfo (rk, kmin, ksup) ) #grid
vnbk = collect (0: nbk) .';
XX = cheb (rk, vnbk);
```

```
#initial conditions
a0=repmat（[-0.2 0.65 0.04 0 0]', nstate, 1）;
a0=vec（a0）;
param=[alpha beta delta sigma]';
# function makepoly
function makepoly（XA, XW）;
nba = size（XA, 2）;
nba1 = size（XA, 1）;
nbw = size（XW, 2）;
nmax = max（nba, nbw）;
XX = Float64 [];
for i=1: nbw
for j=1: nba
XX=[XX; kron（XW[:, i], XA[:, j]）];
end
end
return XX
end;
f = function（theta）;
RHS=Float64 [];
LHS=Float64 [];
resid=Float64 [];
ct = 0.0;
c1 = 0.0;
lt = length（theta）;
lt = round.（Int64, lt/nstate）;
theta = reshape（theta, lt, nstate）;
for i = 1: nstate
ct = exp.（XX*theta[:, i]）;
k1 = exp.（at[i]）*kt.^alpha+（1-delta）*kt-ct;
rk1 = transfo（log.（k1）, kmin, ksup）;
vnbk = collect（0: nbk）.';
xk1 = cheb（complex（rk1）, vnbk）;
aux = 0;
for j=1: nstate;
c1 = exp.（xk1*theta[:, j]）;
aux = aux+PI[i, j]*beta*（alpha*exp.（at[j]）*k1.^（alpha-1）+1-delta）.
*c1.^（-sigma）;
```

```
end;
RHS = [RHS; -sigma*log. (ct) ];
LHS = [LHS; log. (aux) ];
end;
resid = LHS-RHS;
return vec (resid);
end;
#solve for decision rules and print them
#using NLsolve;
sol = nlsolve (not_in_place (f), a0);
fsol = reshape (sol.zero, ncoef, nstate);
println ("Display final rule: ", fsol)
#simulate the variables
lt = length (sol.zero);
nb = 1000;
kt = collect (kmin: (ksup-kmin) / (nb-1): ksup);
rk = transfo (kt, kmin, ksup);
rk = vec (rk);
XX = cheb (rk, vnbk);
kt = exp. (kt);
ct= []; k1= []; ii= [];
for i=1: nstate
ct = cat (i, ct, exp. (XX*fsol [:, i] ) );
k1 = cat (i, k1, exp. (at [i] ) *kt.^alpha+ (1-delta) *kt-ct [:, i] );
ii = cat (i, ii, exp. (at [i] ) *kt.^alpha-ct [:, i] );
```

决策规则见表5-3。

表5-3 决策规则

θ_0	θ_1	θ_2	θ_3	θ_4
0.161955	0.343494	0.00949691	4.28E-05	$-1.06076e-5$
0.0163026	0.383178	0.0084339	$-7.84181e-5$	$-1.22279e-63$

我们可以使用消费与资本存量图来描述结果（见图5-3）：

```
using Plots
plotly ()
plot (kt, ct, linewidth=1, title= "Consumption vs Capital Stock", label=
"Consumption")
```

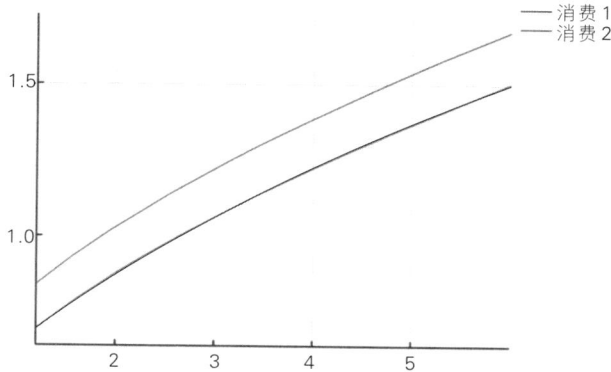

图 5-3　消费与资本存量

AR（1）实施

在本节中，我们将使用针对技术流程的 AR（1）过程的假设来介绍配置方法。编写为：

$$a_{t+1} = \rho * a_t + \epsilon_{t+1} \tag{5-109}$$

此处，ρ 是持续程度，假定冲击 ϵ 服从 $N(0,\sigma_\epsilon^2)$ 的正态分布。

在这种情况下，欧拉方程写为：

$$c_t^{-\sigma} - E_t\left[c_{t+1}^{-\sigma}\left(\alpha exp(a_{t+1})k_{t+1}^{\alpha-1} + 1 - \delta \right) \right] = 0 \tag{5-110}$$

资本存量如下：

$$k_{t+1} = exp(a_t)k_t^{\alpha} - c_t + (1-\delta)k_t \tag{5-111}$$

可以将 Euler 方程进一步写成以下形式（在考虑到 AR（1）过程的规范之后）：

$$c_t^{-\sigma} - \frac{1}{\sqrt{2\pi\sigma_\epsilon^2}} \int_\infty^{-\infty} \left[c_{t+1}^{-\sigma}\left(\alpha exp(\rho a_t + \epsilon_{t+1})k_{t+1}^{\alpha-1} + 1 - \delta \right) \right] exp\left(-\frac{\epsilon_{t+1}^2}{2\sigma_\epsilon^2} \right) d\epsilon_{t+1} = 0 \tag{5-112}$$

我们可以解释冲击的高斯性质，并在 Euler 积分方程 $z = \epsilon/\sqrt{2\sigma_\epsilon}$ 中使用变量的变形：

$$c_t^{-\sigma} - \frac{1}{\sqrt{\pi}} \int_\infty^{-\infty} \left[c_{t+1}^{-\sigma}\left(\alpha exp(\rho a_t + z\sqrt{2\sigma_\epsilon})k_{t+1}^{\alpha-1} + 1 - \delta \right) \right] exp(-z^2) dz = 0 \tag{5-113}$$

冲击的高斯性质允许使用高斯-赫尔姆特正交方法（请参阅第 2 章"基础数值计算法"中有关使用高斯正交方法进行逼近积分的章节）。假设权重为 ω_i，则欧拉方程的近似公式可以表示为：

$$c_t^{-\sigma} - \frac{1}{\sqrt{\pi}} \sum_{j=1}^{q} \omega_j \left[c_{t+1}^{-\sigma}\left(\alpha exp(\rho a_t + z_j\sqrt{2\sigma_\epsilon})k_{t+1}^{\alpha-1} + 1 - \delta \right) \right] = 0 \tag{5-114}$$

为了近似决定消费的决策规则，我们可以使用以下猜测值：

$$c_t \simeq \Phi(k_t, a_t, \theta)) = exp\left(\sum_{j_k=0}^{n_k} \sum_{j_a=0}^{n_a} \theta_{j_k j_a} T_{j_k}\left(\varphi(\log(k_t)) \right) T_{j_a}\left(\varphi(a_t) \right) \right) \tag{5-115}$$

决策规则考虑了技术冲击的价值。因为特定于排列方法，所以节点数等于系数数量。

该算法可以明确地归纳如下：

（1）我们将二维的近似阶数设置为 n_k 和 n_a。接下来我们确定两个切比雪夫多项式的 n_k+1 和 n_a+1 个根：

$$z_k^i = cos\left(\frac{(2i-1)\pi}{2(n+1)}\right) \tag{5-116}$$

对于 $i=1,\cdots,n_{k+1}$。

$$z_a^j = cos\left(\frac{(2j-1)\pi}{2(n+1)}\right) \tag{5-117}$$

对于 $j=1,\cdots,n_{a+1}$。我们还对 θ 作了初步猜测。

（2）基于根 z_i^k 和 a_i^k，我们使用以下公式计算值 k_i 和 a_i：

$$k_i = exp\left(log(\underline{k}) + (z_k^i+1)\frac{log(\bar{k})-log(\underline{k})}{2}\right) \tag{5-118}$$

$$a_j = log(\underline{a}) + (z_a^j+1)\frac{\bar{a}-\underline{a}}{2} \tag{5-119}$$

对于 $i=1,\cdots,n_{k+1}$ 和 $j=1,\cdots,n_{a+1}$。这表明 $k_i \in [\underline{k},\bar{k}]$，$a_j \in [\underline{a},\bar{a}]$。

（3）现在我们可以确定欧拉方程和资本存量的运行定律：

$$c_t \simeq \Phi(k_i,a_j,\theta) = exp\left(\sum_{j_k=0}^{n_k}\sum_{j_a=0}^{n_a}\theta_{j_kj_a}T_{jk}\big(\varphi(log(k_i))\big)T_{ja}\big(\varphi(a_j)\big)\right) \tag{5-120}$$

$$k_{t+1}(k_i,a_j) = exp(a_j)k_i^\alpha - \Phi(k_i,a_j,\theta) + (1-\delta)k_i \tag{5-121}$$

对于每个节点 $(k_i,\ a_j)$ 有 $i=1,\cdots,n_{k+1}$ 和 $j=1,\cdots,n_{a+1}$。

（4）对于每个节点 $(k_i,\ a_j)$，我们现在可以计算未来的消费水平：

$$c_{t+1} \simeq \Phi\big(k_{t+1}(k_i,a_j),\rho a_j+z_l\sqrt{2\sigma_\epsilon},\theta\big) \simeq$$

$$exp\left(\sum_{j_k=0}^{n_k}\sum_{j_a=0}^{n_a}\theta_{j_kj_a}T_{jk}\Big(\varphi\big(log(k_{t+1}(k_i,a_j))\big)\Big)T_{j_a}\Big(\varphi\big(\rho a_j+z_l\sqrt{2\sigma_\epsilon}\big)\Big)\right) \tag{5-122}$$

（5）现在，我们使用以下方法评估残差：

$$R(k_i,a_j;\theta) = \Phi(k_i,a_j,\theta)^{-\sigma} - \frac{\beta}{\sqrt{\pi}}\sum_{l=1}^q \omega_l\Psi(k_i,a_j,z_l;\theta) \tag{5-123}$$

此处的函数 Ψ 定义为：

$$\Psi(k_i,a_j,z_l;\theta) = \Phi\big(k_{t+1}(k_i,a_j),\rho a_j+z_l\sqrt{2\sigma\epsilon}\big)^{-\sigma}\big(\alpha exp(\rho a_j+z_l)k_{t+1}(k_i,a_j)^{\alpha-1}+1-\delta\big)$$

$$\tag{5-124}$$

其中，$i=1,\cdots,n_{k+1}$ 和 $j=1,\cdots,n_{a+1}$

同样，如果残差不近似为零，则使用牛顿法更新 θ 的值，我们返回步骤3。

Julia中的代码如下所示：

```
# The Optimal Growth Model
# Collocation method（AR（1）case)
```

```
global nbk, kmin, ksup, XK, kt;
global nba, amin, asup, XA, at;
global nstate, nodea, nodek, wmat, wgrid;
# Parameters
nbk = 4; # Degree of polynomials (capital)
nba = 2; # Degree of polynomials (technology shock)
ncoef = (nbk+1) * (nba+1); # of coefficients
nodek = nbk+1; # of Nodes
nodea = nba+1; # of Nodes
nstate= 12;
# Structural Parameters
delta = 0.1;
beta = 0.95;
alpha = 0.3;
sigma = 1.5;
ysk = (1-beta*(1-delta)) / (alpha*beta);
ksy = 1/ysk;
ys = ksy^(alpha/(1-alpha));
ks = ys^(1/alpha);
is = delta*ks;
cs = ys-is;
ab = 0;
# Technology shock process
rho = 0.8;
se = 0.2;
ma = 0;
function hernodes (nstate)
TOL = sqrt (2.2204e-16);
MAXIT = 30;
PIM4 = pi^(-1/4);
n = nstate;
m = (n+1)/2;
m = convert (Int64, floor (m));
x = zeros (n, 1);
w = zeros (n, 1);
z = 0;
z1 = 0;
pp = 0;
```

```
for i= 1: m
# Initialize the first four roots
if i == 1:
z= sqrt (2*n+1) - 1.85575 * (2*n+1) ^ (-1/6);
elseif i== 2:
z= z - 1.14 * (n^.426) /z;
elseif i== 3:
z= 1.86 * z - .86 * x [1];
elseif i== 4:
z= 1.91 * z - .91 * x [2];
else:
z= 2 * z - x [i-2];
end:
for its= 1: MAXIT
p1 = PIM4:
p2 = 0:
for j = 1: n
p3 = p2:
p2 = p1:
p1 = z*sqrt (2/j) *p2 - sqrt ( (j-1) /j) *p3;
end:
pp = p2 * sqrt (2*n);
z1 = z;
z = z1 - p1/pp;
if abs (z-z1) < TOL; break; end;
end:
x [i]   = z;
x [n+1-i] = -z;
w [i]   = 2/ (pp*pp);
w [n+1-i] = w [i];
end:
return x, w
end:
wgrid, wmat=hernodes (nstate);
wgrid=wgrid*sqrt (2) *se;
#define functions rcheb transfo itransfo
function rcheb (nn);
mod=nn-floor (nn/2) *2;
```

```
n1=floor（nn/2）；
k=collect（1：n1）.'；
r1=cos.（（2*k-1）*pi/（2*nn））；
r1=［r1 -r1］；
if mod==1；
r1=［r1 0］；
end；
r1=vec（r1）；
rr=real（sort!（r1））；
return rr
end；
function transfo（x，xmin，xmax）；
z=（2*（x-xmin）/（xmax-xmin））-1；
return z
end；
function itransfo（x，xmin，xmax）；
z=0.5*（x+1）*（xmax-xmin）+xmin；
return z
end；
function cheb（xx，nn）；
cc=real（cos.（kron（acos.（complex（xx）），nn）））
return cc
end；
# grid for the income
amin=（ma+wgrid［nstate］）；
asup=（ma+wgrid［1］）；
ra=rcheb（nodea）；#roots
at=itransfo（ra，amin，asup）；#grid
vnba = collect（0：nba）.'；
XA=cheb（ra，vnba）# Polynomials
# grid for the capital stock
kmin = log（1.2）；
ksup = log（6）；
rk = rcheb（nodek）；#roots
kt = exp.（itransfo（rk，kmin，ksup））#grid
vrbk = collect（0：nbk）.'；
XK = cheb（rk，vrbk）
#initial conditions
```

```julia
a0= [ -0.23759592487257;
0.60814488103911;
0.03677400318790;
0.69025680170443;
-0.21654209984197;
0.00551243342828;
0.03499834613714;
-0.00341171507904;
-0.00449139656933;
0.00085302605779;
0.00285737302122;
-0.00002348542016;
-0.00011606672164;
-0.00003323351559;
0.00018045618825];
param= [alpha beta delta sigma ma rho] ';
# function makepoly
function makepoly (XA, XW);
nba = size (XA, 2);
nba1 = size (XA, 1);
nbw = size (XW, 2);
nmax = max (nba, nbw);
XX = Float64 [];
for i=1: nbw
for j=1: nba
XX= [XX; kron (XW [:, i], XA [:, j] ) ];
end
end
return XX
end;
f =function (theta);
RHS=Float64 [];
LHS=Float64 [];
XX =Float64 [];
ct = 0.0;
c1 = 0.0;
for i = 1: nodek
for j=1: nodea
```

```
XX0 = makepoly (XA [j, :], XK [i, :] );
ct = exp. (dot (XX0, theta) );
XX = [XX; XX0];
k1 = exp. (at [j] ) *kt [i] .^alpha+ (1-delta) *kt [i] -ct;
rk1 = transfo (log. (k1), kmin, ksup);
#if abs (rk1) >1; disp (' problem k (t+1) '); end
vrbk = collect (0: nbk) .';
xk1 = cheb (complex (rk1), vrbk);
a1 = rho*at [j] + (1-rho) *ma+wgrid;
ra1 = transfo (a1, amin, asup); # grid
#if abs (ra1) >1; disp (' problem a (t+1) '); end
XA1 = cheb (complex (ra1), vnba); # Polynomials
XX1 = makepoly (XA1, xk1);
XX1 = reshape (XX1, size (XA1, 1), size (XA1, 2) *size (xk1, 2) )
c1 = exp. (XX1*theta);
aux = wmat' * (beta* (alpha*exp. (a1) *k1.^ (alpha-1) +1-delta) .*c1.^ (-
sigma) ) /sqrt (pi);
RHS = [RHS; log. (aux) ];
LHS = [LHS; log. (ct.^ (-sigma) ) ];
end;
end;
resid = LHS-RHS;
return vec (resid);
end;
#solve the model using NLsolve
#Pkg.add ("NLsolve");
using NLsolve;
sol = nlsolve (not_in_place (f), a0);
println ("Display final rule: ", sol.zero)
lt = length (sol.zero);
nk = 20;
na = 10;
kt = collect (kmin: (ksup-kmin) / (nk-1): ksup);
at = collect (amin: (asup-amin) / (na-1): asup);
rk = transfo (kt, kmin, ksup);
rk = vec (rk);
ra = transfo (at, kmin, asup);
ra = vec (ra);
```

```
vrbk= collect（0：nbk）.'；
XT = cheb（rk，vrbk）；
vnba= collect（0：nba）.'；
XA = cheb（ra，vnba）；
kt = exp.（kt）；
ct = zeros（nk，na）；
k1 = zeros（nk，na）；
ii=［］；
for i=1：nk
for j=1：na；
XX0 = makepoly（XA［j,：］，XT［i,：］）；
ct［i，j］= exp（dot（XX0，sol.zero））；
k1［i，j］= exp（at［j］）*kt［i］.^alpha+（1-delta）*kt［i］-ct［i，j］；
end；
end；
```

算法导出的决策规则参见表5-4。

表5-4　　　　　　　　　　　　　　　　决策规则

	θ_0	θ_1	θ_2	θ_3	θ_4
$T_0(a_t)$	0.117961	0.361884	0.00831576	3.46E-05	−4.07343e-6
$T_1(a_t)$	0.493804	−0.104603	0.00119796	0.00026351	−1.03949e-5
$T_2(a_t)$	0.0406254	−0.001996	−0.0009009	5.36E-05	3.20E-06

下期资本存量如图5-4所示：
```
import PlotlyJS
PlotlyJS.plot（［PlotlyJS.surface（x=at，y=kt，z=k1）］）
```
2.Galerkin法

在本节中，我们将重点介绍Galerkin法。同样，在介绍了通用算法之后，我们将转到最佳增长模型的算法实现上。与上一节一样，我们认为可以采用两种方式对冲击进行建模，即将其作为AR（1）流程或马尔可夫链。

我们专注于可以使用以下规范表示的模型：

$$E_t R\left(x_t, \epsilon_{t+1}; g, \theta\right) = 0 \tag{5-125}$$

同样，我们的目标是找到决策规则$g(x_t)$的近似值。对于近似函数，使用以下规范：

$$\Phi\left(x_t, \theta\right) = \sum_{i=0}^{n} \theta_i T_i\left(\varphi(x_t)\right) \tag{5-126}$$

决策规则在域$[\underline{x}, \bar{x}]$上近似。在上式中，$T_i(\cdot)$是切比雪夫多项式，其中$i = 0, \cdots, n$表示多项式的阶数。近似问题主要在于找到满足以下方程式的向量θ：

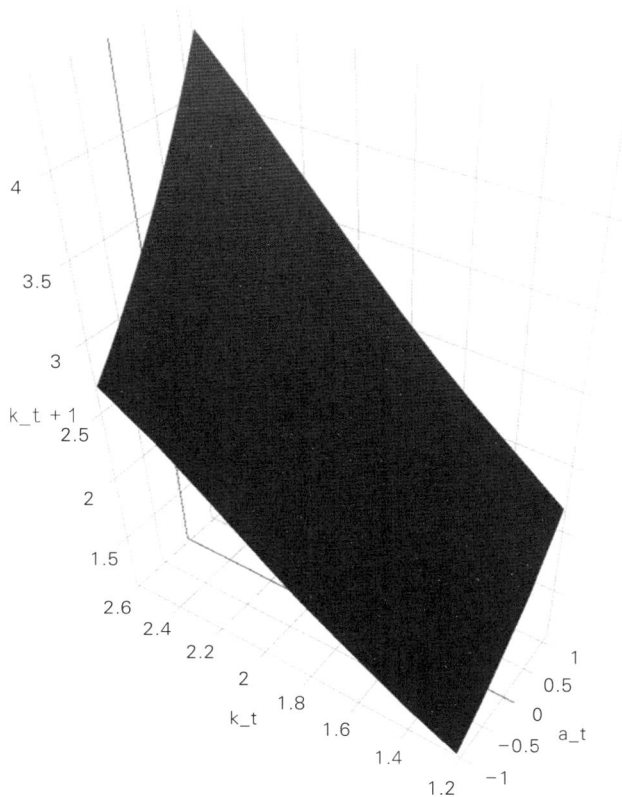

图 5-4　下期资本存量

$$\int_{1}^{-1} E_t R\left(x, \epsilon_{t+1}; \Phi, \{\theta_i\}_{i=0}^{n}\right) \omega_i\left(\varphi(x)\right) d\varphi(x) = 0 \qquad (5\text{-}127)$$

其中，$i = 0, \cdots, n$。权重 ω_i 由下式给出：

$$\omega_i(x) = \frac{T_i\left(\varphi(x)\right)}{\sqrt{1 - \varphi(x)^2}} \qquad (5\text{-}128)$$

可以使用权重相等的高斯-切比雪夫（Gauss-Chebychev）积分（请参阅基础数值计算法的第2章，第2.6.4节）来近似该积分。因此，我们可以这样写：

$$\sum_{j=1}^{m} E_t R\left(x_j, \epsilon_{t+1}; \Phi, \{\theta_i\}_{i=0}^{n}\right) T_i\left(\varphi(x_j)\right) = 0 \qquad (5\text{-}129)$$

可以等价地表示为：

$$\mathcal{T}\left(\varphi(x)\right) R\left(x, \epsilon_{t+1}; \Phi, \theta\right) = 0 \qquad (5\text{-}130)$$

$\mathcal{T}(x)$ 代表：

$$\mathcal{T} = \begin{bmatrix} T_0\left(\varphi(x_1)\right) & \cdots & T_0\left(\varphi(x_m)\right) \\ \cdots & \cdots & \cdots \\ T_n\left(\varphi(x_1)\right) & \cdots & T_n\left(\varphi(x_m)\right) \end{bmatrix} \qquad (5\text{-}131)$$

Galerkin法的一般形式可以写成（使用一维表示形式来简化）：

（1）我们首先设置一个近似阶数 n，计算切比雪夫多项式的 m 个根，其中 $m > n$ 使用：

$$z_i = cos\left(\frac{(2i-1)\pi}{2m}\right) \tag{5-132}$$

其中，$i = 0, \cdots, n$。我们还提出了 θ 的初始值。

（2）使用上面计算的节点，我们确定矩阵 $T(x)$ 表示为：

$$\mathcal{T} = \begin{bmatrix} T_0(z_1) & \cdots & T_0(z_m) \\ \cdots & \cdots & \cdots \\ T_n(z_1) & \cdots & T_n(z_m) \end{bmatrix} \tag{5-133}$$

（3）我们使用与排列方法相同的方法来计算 x_i 的值：

$$x_i = \underline{x} + (z_i + 1)\frac{\bar{x} - \underline{x}}{2} \tag{5-134}$$

其中，$i = 1, \cdots, m$。该方程式表明 $x_i \in [\underline{x}, \bar{x}]$。

（4）我们现在可以计算 $E_t R(x_i, \epsilon_{t+1}; g, \theta)$，以便检查 $T(\varphi(x))R(x, \epsilon_{t+1}; g, \theta)$ 在给定公差的情况下是否等于零。

如果上面的表达式近似为零，我们现在可以评估：

$$\Phi(x_t, \theta) = \sum_{i=0}^{n} \theta_i T_i(\varphi(x_t)) \tag{5-135}$$

如果不是这种情况，则使用牛顿法更新 θ，然后返回到步骤3。

现在，我们将算法应用于最佳增长模型的情况。对于排列方法的情况，有两种处理随机过程的方法。由于算法中的修改是次要的，并且紧密遵循配置方法，因此我们以简洁的方式介绍了它们。

我们首先从使用的模型开始，为最佳增长模型采用了相同的规范，即生产函数由下式给出：

$$y_t = exp(a_t)k_t^\alpha \tag{5-136}$$

其中，将全要素生产率 a_t 的过程指定为马尔可夫链或 AR（1）过程。欧拉方程由下式给出：

$$c_t^{-\sigma} - E_t\left[c_{t+1}^{-\sigma}\left(\alpha exp(a_{t+1})k_{t+1}^{\alpha-1} + 1 - \delta\right)\right] = 0 \tag{5-137}$$

我假设资本存量的过程相同：

$$k_{t+1} = exp(a_t)k_t^\alpha - c_t + (1-\delta)k_t \tag{5-138}$$

马尔可夫链

假设技术过程采用马尔可夫链过程，则 a_t 也可以取 $\underline{a}$ 或 $\bar{a}$ 值。转换矩阵写为：

$$\begin{bmatrix} p & 1-p \\ 1-p & p \end{bmatrix} \tag{5-139}$$

相对于基于马尔可夫链的排列实现，存在两个基本差异。首先，我们使用 $m > n$ 个节点代替 $n + 1$ 个节点。我们没有将残差设置为零（因为我们需要计算积分），而是设置以下两个方程式（取决于随机冲击的实现）：

$$\mathcal{T}(z)R(k,\underline{a};\theta)=0$$
$$\mathcal{T}(z)R(k,\bar{a};\theta)=0 \tag{5-140}$$

Julia 的实现中使用了更多的节点。

AR（1）过程

当假定该技术采用 AR（1）过程时，我们将这样写：

$$a_{t+1}=\rho*a_t+\epsilon_{t+1} \tag{5-141}$$

对于这种情况，Julia 的实现与排列方法的不同之处仅在于考虑了更多的节点，并且使用了完整基数而不是张量基数（有关后面的理论，请参见第 2 章）。

下面显示了 Julia 中 Galerkin 法的实现（假定对此冲击遵循 AR（1）过程）：

```
# The Optimal Growth Model
# Galerkin method（AR（1）case）
global nbk, kmin, ksup, XK, kt;
global nba, amin, asup, XA, at;
global nstate, nodea, nodek, wmat, wgrid;
# Parameters
nbk = 4; # Degree of polynomials（capital）
nba = 2; # Degree of polynomials（technology shock）
ncoef =（nbk+1）; # of coefficients
nodek = 20; # of Nodes
nodea = 10; # of Nodes
nstate= 12;
# Structural Parameters
delta = 0.1;
beta = 0.95;
alpha = 0.3;
sigma = 1.5;
ysk =（1−beta*（1−delta））/（alpha*beta）;
ksy = 1/ysk;
ys = ksy^（alpha/（1−alpha））;
ks = ys^（1/alpha）;
is = delta*ks;
cs = ys−is;
ab = 0;
function hernodes（nstate）
TOL = sqrt（2.2204e−16）;
MAXIT = 30;
PIM4 = pi^（−1/4）;
```

```
n = nstate;
m = (n+1) /2;
m = convert (Int64, floor (m) );
x = zeros (n, 1);
w = zeros (n, 1);
z = 0;
z1 = 0;
pp = 0;
for i= 1: m
# Initialize the first four roots
if i == 1;
z= sqrt (2*n+1) − 1.85575 * (2*n+1) ^ (−1/6);
elseif i== 2;
z= z − 1.14 * (n^.426) /z;
elseif i== 3;
z= 1.86 * z − .86 * x [1];
elseif i== 4;
z= 1.91 * z − .91 * x [2];
else;
z= 2 * z − x [i−2];
end;
for its= 1: MAXIT
p1 = PIM4;
p2 = 0;
for j = 1: n
p3 = p2;
p2 = p1;
p1 = z*sqrt (2/j) *p2 − sqrt ( (j−1) /j) *p3;
end;
pp = p2 * sqrt (2*n);
z1 = z;
z = z1 − p1/pp;
if abs (z−z1) < TOL; break; end;
end;
x [i]   = z;
x [n+1−i] = −z;
w [i]  = 2/ (pp*pp);
w [n+1−i] = w [i];
```

```
end;
return x, w
end;
# Technology shock process
rho = 0.8;
se = 0.2;
ma = 0;
wgrid, wmat=hernodes (nstate);
wgrid=wgrid*sqrt (2) *se;
# grid for the income
amin= (ma+wgrid [nstate]);
asup= (ma+wgrid [1]);
ra=rcheb (nodea); #roots
at=itransfo (ra, amin, asup); #grid
vnba = collect (0: nba) .';
XA=cheb (ra, vnba); # Polynomials
# grid for the capital stock
kmin = log (1.2);
ksup = log (6);
rk = rcheb (nodek); #roots
kt = exp. (itransfo (rk, kmin, ksup) ) #grid
vrbk = collect (0: nbk) .';
XK = cheb (rk, vrbk);
#initial conditions
a0=[
−0.23759592487257;
0.60814488103911;
0.03677400318790;
0.69025680170443;
−0.21654209984197;
0.00551243342828;
0.03499834613714;
−0.00341171507904;
−0.00449139656933;
0.00285737302122;
−0.00002348542016;
−0.00011606672164;
];
```

```julia
param= [alpha beta delta sigma ma rho] ';
f =function (theta);
RHS=Float64 [];
LHS=Float64 [];
XX =Float64 [];
XX0=Float64 [];
ct = 0.0;
c1 = 0.0;
for i = 1: nodek
for j=1: nodea
XX0 = makepoly (XA [j,:] ', XK [i,:] ' );
ct = exp. (dot (XX0, theta) );
XX = [XX; XX0];
k1 = exp. (at [j] ) *kt [i] .^alpha+ (1−delta) *kt [i] −ct;
rk1 = transfo (log. (k1), kmin, ksup);
#if abs (rk1) >1; disp (' problem k (t+1) ' ); end
vrbk = collect (0: nbk) .';
xk1 = cheb (complex (rk1), vrbk);
a1 = rho*at [j] + (1−rho) *ma+wgrid;
ra1 = transfo (a1, amin, asup); # grid
#if abs (ra1) >1; disp (' problem a (t+1) ' ); end
XA1 = cheb (complex (ra1), vnba); # Polynomials
XX1 = makepoly (XA1, xk1);
XX1 = reshape (XX1, size (XA1, 1), size (XA1, 2) *size (xk1, 2) −3)
c1 = exp. (XX1*theta);
aux = wmat' * (beta* (alpha*exp. (a1) *k1.^ (alpha−1) +1−delta) .*c1.^ ( −
sigma) ) /sqrt (pi);
RHS = [RHS; log. (aux) ];
LHS = [LHS; log. (ct.^ (−sigma) ) ];
end;
end;
XX = reshape (XX, size (XX0, 1), nodek*nodea)
resid = XX* (LHS−RHS);
return vec (resid);
end;
#Pkg.add ("NLsolve");
using NLsolve;
sol = nlsolve (not_in_place (f), a0);
```

```
println（"Display final rule: ", sol.zero）
#final
lt = length（sol.zero）;
nb = 100;
kt = collect（kmin:（ksup−kmin）/（nb−1）: ksup）;
rk = transfo（kt, kmin, ksup）;
rk = vec（rk）;
vnbk= collect（0: nbk）.';
XT = cheb（rk, vnbk）;
kt = exp.（kt）;
c= []; k1= []; ii= [];
XX0= [];
for i=1: nodea
XX0 = makepoly（XA [i,:] ', XT）
XX0 = reshape（XX0, size（XT, 1）, size（XA, 2）*size（XT, 2）−3）
c = [c; exp.（XX0*sol.zero）];
end;
c = reshape（c, 100, nodea）
for i=1: nodea
k1 = [k1; exp.（at [i]）*kt.^alpha+（1−delta）*kt.−c [:, i]];
ii = [ii; exp.（at [i]）*kt.^alpha−c [:, i]];
end;
k1 = reshape（k1, 100, nodea）;
ii = reshape（ii, 100, nodea）;
```

决策规则参见表5-5。

表5-5 决策规则

	θ_0	θ_1	θ_2	θ_3	θ_4
$T_0(a_i)$	0.117961	0.361884	0.00831576	3.46E−05	−4.07343e-6
$T_1(a_i)$	0.493804	−0.104603	0.00119796	0.00026351	−1.03949e-5
$T_2(a_i)$	0.0406254	−0.001996	−0.0009009	5.36E−05	3.20E−06

参考文献

[1] K. Judd, Numerical Methods in Economics, MIT Press, 1998.

[2] J. Miao, Economic Dynamics in Discrete Time, MIT Press, 2014.

[3] F. Collard, Notes on numerical methods, Mimeo, 2015.

[4] S. Schmitt-Grohe, M. Uribe, Solving dynamic general equilibrium models using a second-order approximation to the policy function, Journal of Economic Dynamics and Control 28(2004)755-775.

[5] F. Collard, M. Juillard, Accuracy of stochastic perturbation methods: the case of asset pricing models, Journal of Economic Dynamics and Control 25(2001)979-999.

[6] A. Marcet, Solving nonlinear stochastic models by parametrizing expectations, Mimeo, Carnegie-Mellon University, 1988.

[7] K. Judd, Projection methods for solving aggregate growth models, Journal of Economic Theory 58(1992)410-452.

[8] L. Christiano, J. Fisher, Algorithms for solving dynamic models with occasionally binding constraints, Journal of Economic Dynamics and Control 24(2000)1179-1232.

[9] E. McGrattan, Application of weighted residual method to dynamic economic models, Mimeo, Federal Reserve Bank of Minneapolis, 1998.

[10] J. Fernandez-Villaverde, J.F. Rubio-Ramirez, F. Schorfheide, Solution and estimation methods for DSGE models, in: J.B. Taylor, H. Uhlig(Eds.), Handbook of Macroeconomics, vol. 2, 2016, pp. 527-724, Supplement C.

[11] Craig Burnside, Solving asset pricing models with Gaussian shocks, Journal of Economic Dynamics and Control 22(1998)329-340.

[12] Rajnish Mehra, Edward Prescott, The equity premium: a puzzle, Journal of Monetary Economics 15(1985)145-161.

## 第 6 章

异质性代理人模型

6.1 导论

在本章，我们将进一步扩展当代宏观经济学的量化分析技术——异质性代理人模型。虽然典型代理人模型已经取得了很多进展，但是它确实忽略了个体之间（在技能、禀赋、教育、年龄等方面）存在很大差异这样一个事实。

虽然市面上有很多资料用来讲解如何应用基本或高级计算技术处理典型代理人模型，但是处理异质性代理人模型的资料则相对较少。本章的理论内容参考了一些宏观经济学课本的内容，例如参考文献［1］、［2］和［3］。此外，Den Haan 的讲义也是非常好的参考资料（详见参考资料［4］）。

6.2 计算静态分布

首先，我们来探讨一下异质性代理人模型中状态变量的静态分布计算问题。我们会先引入一个基准异质性代理人模型，并介绍一些计算其静态分布的算法。

6.2.1 基准模型

我们的基准模型来自参考文献［3］。该模型假设不存在总的不确定性。我们假设连续统的代理人，总量为1。一个代理人对应一个家庭。一个代理人会最大化其生命周期效用：

$$E_0 \sum_{t=0}^{\infty} \beta^t u(c_t) \tag{6-1}$$

其中，β 是贴现率，E_0 表示期望算子，意味着基于0期的可用信息计算的期望。单个代理人的瞬时效用函数为：

$$u(c_t) = \frac{c_t^{1-\eta}}{1-\eta} \tag{6-2}$$

其中，参数 η 是相对风险厌恶系数，且假设 $\eta > 1$。家庭在资产禀赋和就业状态方面存在差异，c_t 表示消费。需要注意的是，小写字母表示个体变量，而大写字母表示总体变量。

进一步假设每个代理人每一期都拥有一单位时间。代理人要么工作，赚取 w_t 的工资；要么失业，领取失业救济金 b_t。假设收入税率为 τ，且 $(1-\tau)w_t > b_t$，这就意味着税后收入超过失业救济金。在模型中，失业是外生的。而个体的就业状态则遵循一阶马尔可夫链，其转移概率矩阵为：

$$\pi(\epsilon'|\epsilon) = Prob\{\epsilon_{t+1} = \epsilon|\epsilon_t = \epsilon\} = \begin{bmatrix} p_{uu} & p_{ue} \\ p_{eu} & p_{ee} \end{bmatrix} \tag{6-3}$$

在上述矩阵中，元素 $p_{eu} = Prob\{\epsilon_{t+1} = u|\epsilon_t = e\}$ 表示在第 t 期处于就业状态时，第 $t+1$ 期失业的概率。

考虑到就业状态，家庭的预算约束为：

$$a_{t+1} = \begin{cases} (1+(1-\tau)r_t)a_t + (1-\tau)w_t - c_t, & \text{如果 } \epsilon = e \\ (1+(1-\tau)r_t)a_t + b_t - c_t, & \text{如果 } \epsilon = u \end{cases} \tag{6-4}$$

上述预算约束意味着工资收入和利息收入（r_t 表示 t 期的利率）都要缴纳税率为 τ 的税收。a_t 表示资产，当代理人失业时，其会坐吃山空。这也就导致了家庭持有资产存在异质性。

给定目标函数方程（6-1）和预算约束方程（6-4），家庭最优化问题的拉格朗日算式可以表达成：

$$\mathcal{L} = E_0 \sum_{t=0}^{\infty} \beta^t \Big[u(c_t) + \lambda_t \big(1_{\epsilon_t = u} b_t + (1+(1-\tau)r_t)a_t + 1_{\epsilon_t = e}(1-\tau)w_t - a_{t+1} - c_t \big) \Big] \tag{6-5}$$

其中，函数 $1_{\epsilon_t = e}$ 和 $1_{\epsilon_t = u}$ 表示指示函数。家庭会最优选择 c_t、a_{t+1}。给出最优决策，我们可以得到如下一阶条件：

$$\frac{u'(c_t)}{\beta} = E_t \Big[u'\big(c_{t+1}(1+(1-\tau)r_{t+1}) \big) \Big] \tag{6-6}$$

方程（6-6）意味着我们得到了一个政策函数，其依赖于就业状态和资产持有情况，如 $c(\epsilon_t, a_t)$。结合方程（6-4），上述政策函数也为我们提供了家庭下一期持有的资产情况 a_{t+1}。由此，我们可以得到 $a_{t+1} = a'(\epsilon_t, a_t)$。

在生产端，我们假设一个典型企业，其采用柯布–道格拉斯生产技术进行生产。我们用总体变量（大写字母）来写出生产函数：

$$F(K_t, N_t) = K_t^{\alpha} N_t^{1-\alpha} \tag{6-7}$$

其中，K_t 表示总的资本存量，N_t 表示劳动，而 α 表示资本份额，且 $\alpha \in (0,1)$。这个市场是完全竞争的，例如利率和实际工资都是给定的：

$$r_t = \alpha \left(\frac{N_t}{K_t} \right)^{1-\alpha} - \delta$$

$$w_t = (1-\alpha) \left(\frac{N_t}{K_t} \right)^{\alpha} \tag{6-8}$$

其中，r_t 为利率，w_t 为实际工资，而 δ 表示资本折旧率。

最后，总体政府支出，如失业救济金支出，用 B_t 表示，其等于总税收 T_t：$B_T = T_t$。

6.2.2 静态均衡

在这一节，我们来处理静态均衡，即总体变量和要素价格不随时间变化。资产分布也不随时间变化，且与就业状态无关。

我们计算两种就业状态（就业和失业）的资产持有分布，其分别用 $F(e,a)$ 和 $F(u,a)$ 来表示，对应的密度函数为 $f(e,a)$ 和 $f(u,a)$。状态空间由下列集合组成 $(\epsilon,a) \in \chi = e,u \times [a_{\min}, \infty)$。

为了表达静态均衡，我们参照参考文献［3］的概念和方法，用基于概率与统计学知识的更简洁的框架（并不涉及测度论）。模型的解依赖于家庭问题的递归表达式，但其与动态规划章节的内容非常相似（参见第 4 章）。我们定义 $V(\epsilon,a)$ 为值函数，对应于家庭的目标函数，且 ϵ 表示就业状态，a 表示资产持有。给定预算约束方程（6-4），政府政策表示 $\{b,\tau\}$，方程（6-3）描述就业状态，那么，我们可以写出：

$$V(\epsilon,a) = \max_{c,a'} [u(c) + \beta E\{V(\epsilon',a')\}|\epsilon] \tag{6-9}$$

在静态均衡中，给定一系列政策参数 $\{b,\tau\}$，值函数 $V(\epsilon,a)$，政策函数 $c(\epsilon,a)$，状态变量的静态密度 $x = (a,\epsilon) \in \chi$，密度函数 $f(e,a)$ 和 $f(u,a)$，静态要素回报 $\{w,r\}$ 和静态总体变量 K，N，C，T，B，以使得下列条件成立：

（1）我们加总每个家庭即可计算得到总的要素、消费、税收收入和失业救济金：

$$K = \sum_{\epsilon \in \{e,u\}} \int_{a_{\min}}^{\infty} af(\epsilon,a)\mathrm{d}a \tag{6-10}$$

$$N = \int_{a_{\min}}^{\infty} f(\epsilon,a)\mathrm{d}a \tag{6-11}$$

$$C = \sum_{\epsilon \in \{e,u\}} \int_{a_{\min}}^{\infty} c(\epsilon,a)f(\epsilon,a)\mathrm{d}a \tag{6-12}$$

$$T = \tau(wN + rK) \tag{6-13}$$

$$B = (1-N)b \tag{6-14}$$

（2）策略规则 $c(\epsilon,a)$ 和 $a(\epsilon',a')$ 对应于家庭决策问题的最优解；

（3）要素价格 r，w 由各自的边际产出方程（6-8）给出；

（4）均衡中的产品市场出清：

$$F(K,N) + (1-\delta)K = C + K' = C + K \tag{6-15}$$

（5）均衡政府预算为 $T = B$；

（6）单个家庭状态变量 (ϵ,a) 的分布是静态的：

$$F(\epsilon',a') = \sum_{\epsilon \in \{u,e\}} \pi(\epsilon'|\epsilon)F(\epsilon,a'^{-1}(a',\epsilon)) \tag{6-16}$$

6.2.3 算法概述

目前，已经有许多方法可以解出上述模型。本节就来讨论一下求出上述模型解的算法的一般步骤。一般来说，可以划分为两步。第一步，用第 4 章和第 5 章讲解的内容，我们可以解出家庭的最优条件，然后基于给定总体变量 K，N 和税率 τ 来确定政策函数 $c(\epsilon,a)$ 和 $a(\epsilon',a')$。第二步，我们计算个体状态变量的分布，然后基于总的约束条件来计算总的状态变量。

基于此，算法的一般步骤为：

（1）首先，我们确定静态就业水平 N。这很容易确定，因为它依赖于前期已知的就业水平。然后，我们就能利用下列方程计算出当期就业：

$$N_t = p_{ue}\left(1 - N_{t-1}\right) + p_{ee}N_{t-1} \qquad (6-17)$$

（2）给出总体水平的资本存量的初值，以及税率 τ；

（3）确定要素价格 w 和 r；

（4）解出家庭的最优条件；

（5）确定就业和失业状态下的资产分布；

（6）确定总的资本存量 K 和税率 τ 使得总的约束和政府预算成立；

（7）更新 K 和 τ 的值，重复步骤（2）～（6）。

在上述算法的第 5 步，我们必须推导出经济中资产的静态分布。当然，还存在其他方法来实现上述目标。下面，我们描述三种其他方法，参见参考文献［3］。

分布函数的离散化

状态空间由两个维度组成：就业状态 ϵ 和财富水平 a。幸运的是，就业状态仅仅由两个值组成，以至于我们只需要离散财富变量 a 即可。离散方法已经在动态规划内容中讲解过。我们在资产空间上定义 m 个栅格 $\{a_1, a_2, \cdots, a_m\}$。这样一来，状态变量 $\{\epsilon, a\}$ 就只有 $2 \times m$ 个值。分布函数用 $F(\epsilon, a)$ 表示。

我们将栅格上的分布函数划分为两段：$F_0(\epsilon = e, a)$、$F_0(\epsilon = u, a)$。我们也推导出决策规则 $a(\epsilon', a')$ 的逆。然后，我们利用下列迭代规则来升级 $F_{i+1}(\epsilon', a')$ 直到收敛：

$$F_{i+1}(\epsilon', a') = \sum_{\epsilon = e, u} \pi(\epsilon' | \epsilon) F(\epsilon, a'^{-1}(a', \epsilon)) \qquad (6-18)$$

蒙特卡洛模拟法

因为该方法基于模拟，因此，它要求有大量的家庭样本（数千家庭）。我们首先要设定一个很大的家庭数量 N——在模拟过程中需要追踪这些家庭。对于每个家庭，我们给出一个初始资产 a_0^i 和初始就业状态 ϵ_0^i。然后，我们迭代样本，确定每个家庭下一期的财富 $a'(\epsilon^i, a^i)$。我们可以为每个样本计算一些统计量（均值、标准差等）。上述迭代一直持续到这些统计量收敛为止。

函数近似

第 2 章已经介绍过函数近似的内容。因为分布本身就是一个函数，因此，我们可以用第 2 章的数值技术来近似它们。参见参考文献［8］，代理人持有的资产分布函数的 n 阶近似可以用指数函数来实现：

$$F(\epsilon, a)，如果 \quad a < a_{\min}$$

$$F(\epsilon, a) = \rho_0^\epsilon \int_{-\infty}^a e^{\rho_1^\epsilon x + \cdots + \rho_i^\epsilon x} dx，如果 \ a \geq a_{\min} \qquad (6-19)$$

6.2.4　Julia 应用

下面，我们将给出两个经典的异质性代理人模型的 Julia 应用案例，参见参考文献［6］和［7］。

1.Aiyagari 模型

Aiyagari 当年提出他的异质性代理人模型是因为：第一，个人消费和资产持有的数据与完全市场下典型代理人模型的结论不一致；第二，学界已经有人使用异质性代理人模型成功地讨论了从货币政策到经济周期的问题。因此，Aiyagari 就扩展了标准的增长模型来解释内生异质性和借贷约束。

他的文章有两个研究目标：开发一个模型来体现宏观行为源自面临异质性风险的代理人之间的相互影响，并用该模型来研究个人风险对总的储蓄是否存在关键性影响。

我们从个体收入波动问题入手来解释 Aiyagari 的异质性代理人框架，参见参考文献〔2〕和〔6〕。个体的最优化问题是最大化生命周期贴现效用函数：

$$E_0 \sum_{t=0}^{\infty} \beta^t U(c_t) \tag{6-20}$$

其中，$U(c_t)$ 表示效用函数，E_0 表示期望算子，β 表示贴现率，c_t 表示消费。个体面对的预算约束为：

$$c_t + a_{t+1} = wl_t + (1+r)a_t \tag{6-21}$$

变量 a_t 表示资产持有量，w、r 表示要素价格，例如，劳动工资和资产回报率，而 l_t 表示劳动禀赋。消费为非负数，即 $c_t \geq 0$。从消费的非负性质可以得到关于借贷的约束，参见参考文献〔6〕的讨论，也就是说当 $b > 0$ 时，$a_t \geq -b$ 几乎总是对借贷行为的限制。然而，当 $b > wl_{min}/r$ 时，借贷约束放松，借贷行为的限制就变成 wl_{min}/r。那么，我们可以写出：

$$a_t \geq -\phi \tag{6-22}$$
$$\phi = min\{b, wl_{min}/r\}，如果 r > 0 \tag{6-23}$$

下面，我们引入两个新的变量 $\hat{a}_t$ 和 z_t，并将它们定义为：

$$\hat{a}_t = a_t + \phi \tag{6-24}$$
$$z_t = wl_t + (1+r)\hat{a}_t - r\phi \tag{6-25}$$

其中，我们可以将 z_t 理解成 t 期代理人可以使用的总资源。那么，我们可以将方程（6-21）重写成：

$$c_t + \hat{a}_{t+1} = z_t，如果 c_t \geq 0, \hat{a} \geq 0 \tag{6-26}$$
$$z_{t+1} = wl_{t+1} + (1+r)\hat{a}_{t+1} - r\phi \tag{6-27}$$

这两个方程可以进一步写成递归形式。对于带有总资源 z_t 的代理人，我们定义最优值函数为 $V(z_t, b, w, r)$。它是下列动态规划问题的唯一解：

$$V(z_t, b, w, r) = max\left\{ U(z_t - \hat{a}_{t+1}) + \beta \int V(z_{t+1}, b, w, r) dF(l_{t+1}) \right\} \tag{6-28}$$

这个动态规划问题为在给定约束方程（6-26）—（6-27）下，选择 $\hat{a}_{t+1}$ 使得上述方程的 RHS 最大化。参考文献〔1〕显示，如果条件 $\beta(1+r) < 1$ 成立，那么，z_t 就有一个唯一不变的分布 λ^*。它也可以一般化为两种形态的马尔可夫链。

参见参考文献〔1〕，递归问题为：

$$V(a_t, l_t) = \max_{a_{t+1} \geq -\phi} \{U(c_t) + \beta \int V(a_{t+1}, l_{t+1}) Q(Dl_{t+1}, l_t)\} \qquad (6-29)$$

约束由方程（6-21）和（6-23）给出。最优化问题的结果是政策函数 $a' = g(a,l)$。(a,l) 的状态空间为 S。此时，马尔可夫过程的转移函数为：

$$P(A \times B, (a,l)) = 1_{g(a,l) \in A} Q(B,l) \qquad (6-30)$$

其中，$A \times B$ 表示空间 S 上的 Borel 集。上述转移函数得到的分布为：

$$\lambda_{t+1}(A \times B) = \int P(A \times B, (a,l)) d\lambda(a,l) \qquad (6-31)$$

如果在 $\lambda^*(a,l)$ 的不变分布上收敛，那么，我们就可以计算得到平均资产：$E[a(r,w)] = \int g(a,l) d\lambda^*(a,l)$。

Aiyagari 模型也刻画了标准的生产部门。代表性的企业用资本 K 和劳动 L 来生产最终产品。生产函数为：

$$Y_t = F(K_t, L_t) \qquad (6-32)$$

企业利润最大化得到下列一阶条件：

$$F_K(K,L) = r + \delta$$
$$F_L(K,L) = w \qquad (6-33)$$

正如参考文献［1］所示，静态递归均衡可以定义如下：

定义 6.1 上述模型所定义的静态递归均衡由一个值函数 $V: S \rightarrow \mathbb{R}$，家庭的政策函数 $g: S \rightarrow \mathbb{R}$ 和 $c: S \rightarrow \mathbb{R}+$，代表性企业选择的资本 K 和劳动 L，要素价格 w 和 r，以及一个 S 空间分布上的静态指标 λ^* 组成，且使得下列条件成立：

（1）对于给定的价格 (r,w)，政策函数 (g,c) 决定了家庭问题的最优解，V 是对应的值函数；

（2）对于给定的价格 (r,w)，代表性企业最优地选择投入 K 和 L；

（3）要素价格 r 和 w 等于其边际产出，如方程（6-33）所示；

（4）劳动市场处于均衡：$L = \int l d\lambda^*(a,l)$

（5）资产市场处于均衡：$K = \int g(a,l) d\lambda^*(a,l)$

（6）经济的资源约束为：

$$\int c(a,l) d\lambda^*(a,l) + \delta K = F(K,L) \qquad (6-34)$$

（7）对于所有的 Borel 集 $A \times B$，分布 λ^* 都是平稳的：

$$\lambda^*(A \times B) = \int 1g(a,l) Q(B,l) d\lambda^*(a,l) = 0 \qquad (6-35)$$

下面，我们给出 Huggett 模型的 Julia 代码（它基于参考文献［11］中的 Matlab 代码）：

```
# set parameter values
sigma = 1.50;  # risk aversion
beta = 0.98;  # subjective discount factor
prob = [.8 .2; .5 .5];  # prob (i, j) = probability (s (t+1) =sj | s (t) = si)
```

```
delta = 0.97；# 1 - depreciation
A =1.00；#productiontechnology
alpha = 0.25；# capital's share of income
theta = 0.05；# non-rental income if unemployed is theta*wage
Kstart = 10.0；# initial value for aggregate capital stock
g =0.20；#relaxationparameter
# form capital grid
maxkap = 20；# maximum value of capital grid
inckap = 0.025；# size of capital grid increments
nkap = trunc（Int，maxkap/inckap+1）；# number of grid points：make it integer -
Julia indexes must be integer
#global variables
decis = zeros（nkap，2）；
lambda = zeros（nkap，2）；
probk = zeros（nkap，1）；
# calculate aggregate labor supply
D = [0.0 0.0；0.0 0.0]；
ed，ev = eig（prob）；
# makea matrixfrom theeigenvalues
edm = diagm（ed）
（emax，inmax）= findmax（edm）
D [inmax，inmax] = emax；
pinf = ev*D*inv（ev）；
pempl = pinf [inmax，inmax]；
N = 1.0*pempl + theta*（1-pempl）；
liter = 1；
maxiter = 50；
toler = 0.001；
metric = 10.0；
K = Kstart；
Kold= K；
wage=1.0；
rent=1.0；
println（"ITERATING ON K"）；
println（""）；
println（"Iter metric meanK Kold"）；
# loopto findfixed point foragregate capital stock
while（metric [1] > toler）&（liter <= maxiter）；
```

```
# calculate rental rate of capital and wage
#
wage = (1−alpha) * A * Kˆ(alpha) * Nˆ(−alpha);
rent = (alpha) * A * Kˆ(alpha−1) * Nˆ(1−alpha);
#
# tabulate the utility function such that for zero or negative
# consumption utility remains a large negative number so that
# such values will never be chosen as utility maximizing
#
util1=−10000*ones(nkap, nkap); # utility when employed
util2=−10000*ones(nkap, nkap); # utility when unemployed
for i=1: nkap;
kap=(i−1)*inckap;
for j=1: nkap;
kapp = (j−1)*inckap;
cons1 = wage + (rent + delta)*kap − kapp;
if cons1 > .0;
util1[j, i] = (cons1)ˆ(1−sigma) / (1−sigma);
end;
cons2 = theta*wage + (rent + delta)*kap − kapp;
if cons2 > .0;
util2[j, i] = (cons2)ˆ(1−sigma) / (1−sigma);
end;
end;
end;
#
# initialize some variables
#
v =zeros(nkap, 2);
tdecis1 = zeros(nkap, 2);
tdecis2 = zeros(nkap, 2);
test = 10;
rs, cs = size(util1)
r1=zeros(cs, cs);
r2=zeros(cs, cs);
#
# iterate on Bellman's equation and get the decision
# rules and the value function at the optimum
```

```
while test! = 0;
for i=1: cs;
r1 [:, i] =util1 [:, i] +beta* (prob [1, 1] *v [:, 1] + prob [1, 2] *v [:, 2] );
r2 [:, i] =util2 [:, i] +beta* (prob [2, 1] *v [:, 1] + prob [2, 2] *v [:, 2] );
end;
(tv1, inds1) =findmax (r1, 1);
tdecis1 =map (x->ind2sub (r1, x) [1], inds1) #to find the relative position of
the max in a column
(tv2, inds2) =findmax (r2, 1);
tdecis2 =map (x->ind2sub (r2, x) [1], inds2)
tdecis= [tdecis1' tdecis2' ];
tv= [tv1' tv2' ];
test=maximum ( (tdecis-decis) );
copy! (v, tv);
copy! (decis, tdecis);
end;
decis= (decis-1) *inckap;
# formtransition matrix
# trans isthetransition matrix from stateat t (row)
# tothe stateat t+1 (column)
# Theeigenvector associated withthe uniteigenvalue
# oftrans' is the stationary distribution.
g2=spzeros (cs, cs);
g1=spzeros (cs, cs);
for i=1: cs
g1 [i, tdecis1 [i] ] =1;
g2 [i, tdecis2 [i] ] =1;
end
trans= [ prob [1, 1] *g1 prob [1, 2] *g1; prob [2, 1] *g2 prob [2, 2] *g2];
trans=trans';
probst = (1/ (2*nkap) ) *ones (2*nkap, 1);
test=1;
while test > 10.0^ (-8);
probst1 = trans*probst;
test = maximum (abs. (probst1-probst) );
copy! (probst, probst1);
end;
# vectorize thedecision rule tobeconformable withprobst
```

```
# calculate newaggregate capital stock meanK
kk=vec（decis）;
meanK=probst'*kk;
# calculate measure over（k，s）pairs
# lambda has same dimensions as decis
lambda=reshape（probst，cs，2）
r1=zeros（cs，cs）;
r2=zeros（cs，cs）;
#
# iterate on Bellman's equation and get the decision
# rules and the value function at the optimum
while test!＝0;
for i=1：cs;
r1［:，i］=util1［:，i］+beta*（prob［1，1］*v［:，1］+prob［1，2］*v［:，2］）;
r2［:，i］=util2［:，i］+beta*（prob［2，1］*v［:，1］+prob［2，2］*v［:，2］）;
end;
（tv1，inds1）=findmax（r1，1）;
tdecis1=map（x->ind2sub（r1，x）［1］，inds1）#to find the relative position of
the max in a column
（tv2，inds2）=findmax（r2，1）;
tdecis2=map（x->ind2sub（r2，x）［1］，inds2）
tdecis=［tdecis1'　tdecis2'］;
tv=［tv1'　tv2'］;
test=maximum（（tdecis-decis））;
copy!（v，tv）;
copy!（decis，tdecis）;
end;
decis=（decis-1）*inckap;
# formtransition matrix
# trans isthetransition matrix from stateat t（row）
# tothe stateat t+1（column）
# Theeigenvector associated withthe uniteigenvalue
# oftrans' is the stationary distribution.
g2=spzeros（cs，cs）;
g1=spzeros（cs，cs）;
for i=1：cs
g1［i，tdecis1［i］］=1;
g2［i，tdecis2［i］］=1;
```

```
end

trans= [ prob [1, 1] *g1 prob [1, 2] *g1; prob [2, 1] *g2 prob [2, 2] *g2];

trans=trans';

probst = (1/ (2*nkap)) *ones (2*nkap, 1);

test=1;

while test > 10.0^ (-8);

probst1 = trans*probst;

test = maximum (abs. (probst1-probst) );

copy! (probst, probst1);

end;

# vectorize thedecision rule tobeconformable withprobst

# calculate newaggregate capital stock meanK

kk=vec (decis);

meanK=probst' *kk;

# calculate measure over (k, s) pairs

# lambda has same dimensions as decis

lambda=reshape (probst, cs, 2)
```

模型的解显示如下：

```
#print results

println ("PARAMETER VALUES");

println ("");

println ("sigma beta delta A alpha theta");

println (sigma, " ", beta, " ", delta, " ", A, " ", alpha, " ", theta);

println ("");

println ("EQUILIBRIUM RESULTS ");

println ();

println ("K N wage rent");

println (round (Kold, 4), " ", round (N, 4), " ", round (wage, 4), " ", round (rent, 4) );

PARAMETER VALUES

sigma beta delta A alpha theta

1.5 0.98 0.97 1.0 0.25 0.05

EQUILIBRIUM RESULTS

K N wage rent

7.0115 0.7286 1.321 0.0458
```

我们也会执行模拟。首先，展示模拟代码之前，先给出模拟一个马尔可夫模型的函数：

```
function 马尔可夫 (T, n, s0, V);
```

```
r, c = size (T);
v1, v2 = size (V);
#rand (' uniform' );
#using Distributions
X=rand (Uniform (0, 1), n-1, 1)
state=zeros (2, 99);
chain= [];
s=zeros (r, 1);
s [s0] =1
cum=T*triu (ones (size (T) ) );
ppi = [];
state [:, 1] =s
for k=1: length (X);
#k=1
state [:, k] =s;
ppi = [0 s' *cum];
ss1= convert (Array{Float64}, ( (X [k] .<=ppi [2: r+1] ) ) )
ss2= convert (Array{Float64}, (X [k] .>ppi [1: r] ) )
s= (ss1.*ss2)
s=reshape (s, 2, 1)
end
chain=V*state
return state, chain
end
```

然后，模拟上述模型的代码如下：

```
using Distributions
println ("SIMULATING LIFE HISTORY");
k = Kold; # initial level of capital
n = 100; # number of periods to simulate
s0 = 1; # initial state
hist = zeros (n-1, 2);
cons = zeros (n-1, 1);
invest = zeros (n-1, 1);
grid = collect (0: inckap: maxkap);
r, c = size (prob);
T =prob;
V =collect (1: r) ';
state, chain= 马尔可夫 (prob, n, s0, V)
```

```
chain=convert（Array{Int64，2}，chain）；
state=convert（Array{Int64，2}，state）；
for i = 1：n-1；
hist［i,:］= ［k chain［i］］；
l1 = trunc（Int，k/inckap）；
l2 = trunc（Int，k/inckap）+ 1；
if l1 == 0；
l1=1；
println（"N.B. l1 = 0"）；
end；
if l2 > nkap；
l2 = nkap；
println（"N.B. l2 > nkap"）；
end；
weight =（grid［l2，1］- k）/inckap；
kprime = weight*（decis［l1，chain［i］］）+（1-weight）*（decis［l2，chain
［i］］）；
if chain［i］== 1；
cons［i］= wage +（rent + delta）*k - kprime；
elseif chain［i］== 2；
cons［i］= wage*theta +（rent + delta）*k - kprime；
else；
println（"something is wrong with chain"）；
chain
end；
k = kprime；
invest［i］= kprime；
end；}
```

　　使用上述模拟结果，我们也可以展示代理人的收入和资本分布，如图6-1所示。

　　2.Huggett 模型

　　我们建立一个没有生产的异质性代理人经济模型。该模型经济也称为禀赋经济模型，详见参考文献［5］，它可以用来解释较低的无风险利率。每一期，代理人都会收到经济中的唯一产品作为其禀赋。依赖于代理人的就业状态，禀赋有两个值，即禀赋 $\varepsilon = \{e_h, e_l\}$，其中，$e_h$ 表示较高禀赋，也就是代理人有工作时的收入；e_l 表示较低禀赋，即代理人失业时的收入。

（A）收入分布

（B）资本分布

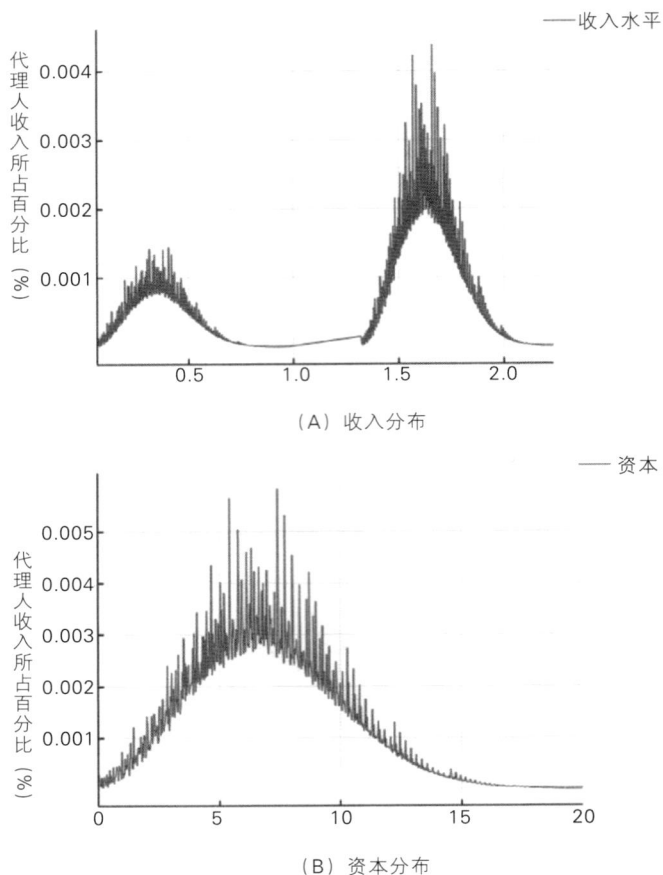

图6-1　代理人的收入和资本分布

我们再次将禀赋过程（隐含在就业过程中）建模成如下给定转移概率的一阶马尔可夫链：

$$\pi\left(\epsilon'|\epsilon\right) = Prob\left\{\epsilon_{t+1} = e'|\epsilon_t = e\right\} \tag{6-36}$$

其中，e'，$e \in \varepsilon$。

每个代理人预期最大化其生命周期贴现效用：

$$E_0 \sum_{t=0}^{\infty} \beta^t \frac{c_t^{1-\eta}}{1-\eta} \tag{6-37}$$

其中，参数 β 为贴现率，而 E_t 是标准期望算子。参数 $1-\eta$ 是相对风险厌恶系数。

该模型关注信贷供给和需求。每一个代理人都持有单一资产。用 q 表示下期 a' 单位产品的价格。如果一个代理人获得价值 a 的信贷，那么就可以在本期购买 a 单位的消费品，而要在下期获得 a' 单位产品的信贷，就需要在当期支付 $a'q$ 单位的产品。此外，模型还有一个信贷约束，即信贷余额不能低于 $\underline{a} < 0$。

给定这些假设和概念，我们就可以写出每个代理人的预算约束：

$$c + a'q \leqslant a + e \tag{6-38}$$

其中，假设为 $a \geqslant \underline{a}$，$c \geqslant 0$。

在参考文献［6］，我们介绍一些概念来得到递归表达式。我们用 $x \in X$ 来描述代理人在 t 时期的财务状态，且 $x = (a,e)$，其中，a 是信贷余额，e 是就业状态。个体状态空间为 $X = A \times \varepsilon$。我们定义 $A = [\underline{a}, \infty)$，$\varepsilon = \{e_h, e_l\}$，且 $e_h > e_l$。我们也用 $q > 0$ 来表示信贷余额的价格。

那么，单个代理人的问题就可以写成如下递归形式：

$$V(x,q) = \max_{x \in \Gamma(x;q)} \left[U(c) + \beta \sum_{e'} V(a',e';q) \pi(e'e) \right] \tag{6-39}$$

预算约束为方程（6-38）。其中，Γ 对应于分布（见第 4 章动态规划），且它为：

$$\Gamma(x;q) = \left\{ (c,a'): c + a'q \leqslant a + e; a' \geqslant \underline{a}, c \geqslant 0 \right\} \tag{6-40}$$

下一期信贷余额的价格与利率有关，即 $r = 1/q - 1$。

如果个体持有资产的分布 $f(e,a)$ 是不变的，给定下一期信贷余额 a' 价格 q 为常数，我们可以给出模型的静态均衡。

正如参考文献［1］所示，静态递归均衡可以定义如下：

定义 6.2 上述模型所定义的静态递归均衡由一个值函数 $V:S \to \mathbb{R}$，家庭资产积累的政策函数 $g:S \to \mathbb{R}$，一个无风险利率 r 和一个 S 空间分布上的静态指标 λ^* 组成，且使得下列条件成立：

（1）对于给定的无风险利率 r，政策函数 g 是家庭问题的最优解，V 是对应的值函数；

（2）资产市场实现均衡：$\int g(a,e) \mathrm{d}\lambda^*(a,e) = 0$；

（3）对于所有的 Borel 集 $A \times B$，分布 λ^* 都是平稳的：

$$\lambda_{t+1}(A \times B) = \int 1_A g(a,e) Q(B,e) \mathrm{d}\lambda^*(a,e) = 0 \tag{6-41}$$

下面，我们给出 Huggett 模型的 Julia 代码（它基于参考文献［11］中的 Matlab 代码）：

```
# set parameter values
sigma = 1.50; # risk aversion
beta = 0.98; # subjective discount factor
prob = ［.8 .2; .5 .5］; # prob (i, j) = probability (s (t+1) =sj | s (t) = si)
theta = 0.05; # non-interest income if unemployed
wage = 1.00; # non-interest income if employed
Rstart = 1.021; # initial gross interest rate
F =-2.0; # borrowing constraint parameter
g =0.60; # relaxation parameter
#initialize variables
A =1.0;
Aold = 1.0;
Anew = 1.0;
```

```
meanA = 1.0;
#form asset grid
maxast = 8;  # maximum value of asset grid
minast = −5;  # minimum value of asset grid
incast = 0.5;  # size of asset grid increments
nasset = trunc (Int, ((maxast−minast) /incast+1));  # number of grid points
assetp = 1.0;
#global variables
decis = zeros (nasset, 2);
tdecis = zeros (nasset, 2);
lambda = zeros (nasset, 2);
# loop to find R such that sum (lambda*
A) = 0
liter = 1;
maxiter = 50;
toler = 0.0001;
step = 0.05;
R = Rstart;
flag = 1;
println ("ITERATING ON R");
println ("");
println ("Iter R A newstep");
while (flag! = 0) && (liter <= maxiter);
#tabulate the utility function such that for zero or negative
#consumption utility remains a large negative number so that
#such values will never be chosen as utility maximizing
util1=−10000*ones (nasset, nasset);  # utility when employed
util2=−10000*ones (nasset, nasset);  # utility when unemployed
for i=1: nasset
asset= (i−1) *incast + minast;
for j=1: nasset
assetp = (j−1) *incast + minast;
cons = wage + R*asset − assetp;
if assetp >= F && cons > 0;
util1 [j, i] = (cons) ^ (1−sigma) / (1−sigma);
end;
end;
for j=1: nasset
```

```
assetp = (j-1) *incast + minast;
cons = theta*wage + R*asset - assetp;
if assetp>= F && cons > 0;
util2 [j, i] = (cons) ^ (1-sigma) / (1-sigma);
end;
end;
end;
# initialize some variables
v =zeros (nasset, 2);
tdecis1 = zeros (nasset, 2);
tdecis2 = zeros (nasset, 2);
decis = zeros (nasset, 2);
tdecis = zeros (nasset, 2);
test1 = 10;
test2 = 10;
rs, cs = size (util1);
r1=zeros (nasset, nasset);
r2=zeros (nasset, nasset);
# iterate on Bellman's equation and get the decision
# rules and the value function at the optimum
while (test1! = 0) || (test2 > .1);
for i=1: cs;
r1 [:, i] =util1 [:, i] +beta* (prob [1, 1] *v [:, 1] + prob [1, 2] *v [:, 2] );
r2 [:, i] =util2 [:, i] +beta* (prob [2, 1] *v [:, 1] + prob [2, 2] *v [:, 2] );
end;
(tv1, inds1) =findmax (r1, 1);
tdecis1 =map (x->ind2sub (r1, x) [1], inds1) #to find the relative position of
the max in a column
(tv2, inds2) =findmax (r2, 1);
tdecis2 =map (x->ind2sub (r2, x) [1], inds2)
tdecis= [tdecis1' tdecis2' ];
tv= [tv1' tv2' ];
test1=maximum ( (tdecis-decis) );
test2=maximum (abs. (tv-v) );
copy! (v, tv);
copy! (decis, tdecis);
end;
decis= (decis-1) *incast + minast;
```

```
# formtransition matrix
# trans isthetransition matrix from stateat t （row）
# tothe stateat t+1 （column）
g2=spzeros （cs，cs）;
g1=spzeros （cs，cs）;
for i=1: cs
g1 [i，tdecis1 [i] ] =1;
g2 [i，tdecis2 [i] ] =1;
end
trans= [ prob [1，1] *g1 prob [1，2] *g1; prob [2，1] *g2 prob [2，2] *g2];
trans=trans';
probst = （1/ （2*nasset） ） *ones （2*nasset，1）;
test = 1;
while test > 10.0^ （-8）;
probst1 = trans*probst;
test = maximum （abs. （probst1-probst） ）;
copy! （probst，probst1）;
end;
# vectorize thedecision rule tobeconformable withprobst
# calculate newaggregate asset meanA
aa=vec （decis）;
meanA= （probst' *aa） [1];
# calculate measure over （k，s） pairs
# lambda has same dimensions as decis
lambda=reshape （probst，cs，2）
# calculate stationary distribution of k
lambda=reshape （probst，cs，2）
probk=sum （lambda'，1）; # stationary distribution of capital - sum by each column
probk=probk'
if liter == 1;
A=copy （meanA）;;
if meanA > 0.0;
step=copy （-step）;
end;
end;
Aold = copy （A）;
Anew = copy （meanA）;
if sign （Aold）! = sign （Anew）
```

```
step = copy (-.5*step);
end;
println (liter, "", R, "", meanA, "", step);
if abs. (step) >= toler;
R=copy (R+step);
else;
flag = 0;
end;
A=copy (Anew);
liter = liter+1;
end;
```

模型的解如下所示：

```
display solution
# calculate consumption andexpected utility
grid = collect (minast: incast: maxast);
congood = wage* (ones (nasset, 1) ) + R*grid - grid [tdecis [:, 1] ];
conbad = theta*wage* (ones (nasset, 1) ) + R*grid - grid [tdecis [:, 2] ];
consum = [congood conbad];
cons2 = [congood.^2 conbad.^2];
meancon = sum (diag (lambda' *consum) );
meancon2 = sum (diag (lambda' *cons2) );
varcon = (meancon2 - meancon^2);
UTILITY = ( (complex (consum) ) .^ (1-sigma) ) ./ (1-sigma);
UCEU2 = sum (diag (lambda' *UTILITY) );
# print out results
println ("PARAMETER VALUES");
println ("");
println ("sigma beta F theta");
println (sigma, "", beta, "", F, "", theta);
println ("");
println ("EQUILIBRIUM RESULTS");
println ("");
println ("R A UCEU meancon varcon");
println (round (R, 4), "", round (meanA, 4), "", real (round (UCEU2, 4) ),
"", round (meancon, 4), "", round (varcon, 4) );
PARAMETER VALUES
sigma beta F theta
1.5 0.98 -2.0 0.05
```

EQUILIBRIUM RESULTS

R A UCEU meancon varcon

0.9788 −0.4287 −2.5003 0.7377 0.0634

|6.3| 分布函数的动态

本节内容将扩展上一节的方法，即关注于计算异质性代理人模型动态的方法。本节内容详见参考文献［3］和［7］。首先，我们会扩展 6.2.1 节中计算基准模型静态分布的算法。然后，引入总的不确定性，并呈现解该类模型的算法。

6.3.1 将动态引入异质性代理人模型

在本节，我们考虑扩展 6.2.1 节中呈现的基准模型。目前，有许多参考文献已经给出如何解带有总的不确定性异质性代理人模型的方法，详见参考文献［8］对这些方法的综述。下面，我关注于参考文献［3］中的基准模型。再次考虑家庭最大化其生命周期效用，即

$$E_0 \sum_{t=0}^{\infty} \beta^t u(c_t) \tag{6-42}$$

上述符号与前面相同。家庭的瞬时效用函数为：

$$u(c_t) = \frac{c_t^{1-\eta}}{1-\eta} \tag{6-43}$$

其中，c_t 为第 t 期消费。参数 η 表示相对风险厌恶系数（且假设 $\eta > 1$）。家庭在资产持有和就业状态方面存在差异。

在给定就业状态的情况下，家庭的预算约束为：

$$a_{t+1} = \begin{cases} (1+(1-\tau)r_t)a_t + (1-\tau)w_t - c_t, & 如果 \quad \epsilon = e \\ (1+(1-\tau)r_t)a_t + b_t - c_t, & 如果 \quad \epsilon = u \end{cases} \tag{6-44}$$

就业状态的转移矩阵为：

$$\pi(\epsilon'|\epsilon) = Prob\{\epsilon_{t+1} = \epsilon'|\epsilon_t = \epsilon\} = \begin{bmatrix} p_{uu} & p_{ue} \\ p_{eu} & p_{ee} \end{bmatrix} \tag{6-45}$$

矩阵中元素的含义与 6.2.1 节内容相同。同理，我们继续区分个体变量（小写字母）和总体变量（大写字母）。然后，可以写出总的资本存量：

$$K = \sum_{\epsilon \in \{e,u\}} \int_{a_{min}}^{\infty} a_t f(\epsilon_t, a_t) da_t \tag{6-46}$$

在动态模型中新出现的一个方程就是分布函数的动态方程：

$$F_{t+1}(\epsilon_{t+1}, a_{t+1}) = \sum_{\epsilon_t = e_t, u_t} \pi(\epsilon_{t+1}|\epsilon_t) F_t(\epsilon_t, a_{t+1}^{-1}(\epsilon_t, a_{t+1})) = G(F_t) \tag{6-47}$$

其中，$a_{t+1}^{-1}(\epsilon_t, a_{t+1})$ 仍被解释成相对于当前资产持有 a_t 的政策函数 $a_{t+1}(\epsilon_t, a_t)$ 的逆。因为模型是动态的，总的资本存量 K_t，总的消费 C_t 和要素价格是变化的。它们分别为：

$$r_t = r(K_t, N_t)$$
$$w_t = w(K_t, N_t) \tag{6-48}$$

在确定性模型中，N_t 为常数。

消费的一阶条件与6.2节中的基准模型相同：

$$\frac{u'(c_t)}{\beta} = E_t\Big[u'\big(c_{t+1}\big(1+\big(1+\tau_{t+1}\big)r_{t+1}\big)\big)\Big] \tag{6-49}$$

在静态模型中，政策函数仅仅依赖于 ϵ_t, a_t，因此我们可以将其写成 $a'(\epsilon_t, a_t)$，但在动态模型中，政策函数还依赖于资产分布，因此，最优政策函数应该写成 $a'_t(\epsilon_t, a_t, F_t)$。为了解释为什么我们需要包含分布函数，首先，我们要注意上述方程意味着模型解依赖于时变 r_t，而资本利率又随总资本存量 K_t 变化，正如方程（6-48）所示。然而，我们并不能直接在最优政策函数 $a'_t(\epsilon_t, a_t, F_t)$ 中包含总资本存量 K_t，这是因为单个代理人并不知道下一期总资本存量（为了计算下一期利率，必须要知道总资本存量）。因此，对于想要找到下一期总资本存量，并通过解方程（6-48）得到利率的家庭来说，我们就需要假设他们知道个体状态分布函数 $F_t(\epsilon_t, a_t)$。

我们再次用递归表达式来表示该模型，并消除时间符号。家庭最大化其值函数，我们可以将其写成：

$$V(\epsilon, a, F) = \max_{c, a'}\big[u(c) + \beta E\{V(\epsilon', a', F')|\epsilon, F\}\big] \tag{6-50}$$

其中，预算约束为方程（6-44），政府政策为 $\{b, \tau\}$，就业状态为方程（6-45），分布动态为方程（6-47）。可能我们还需要注意，值函数依赖于资产 a 和就业状态 ϵ，但是它也依赖于分布 $F(\cdot)$。那么，模型可以表示如下（尽管我们放弃了时间下标，但是从经济含义来看，要素价格 r, w 和税率 τ 都是时变的）：

（1）家庭最大化值函数

$$V(\epsilon, a, F) = \max_{c, a'}\big[u(c) + \beta E\{V(\epsilon', a', F')|\epsilon, F\}\big] \tag{6-51}$$

在方程（6-44）的预算约束下，政府函数 $\{b, \tau\}$，就业状态为方程（6-45），分布动态为方程（6-47）和条件 $a \geq a_{\min}$；

（2）从企业最优化问题方程（6-48）中可以得到要素价格 r, w

$$r = r(K, N)$$
$$w = w(K, N) \tag{6-52}$$

（3）分布函数的动态

$$F'(\epsilon', a') = \sum_{\epsilon = e, u} \pi(\epsilon'|\epsilon) f_t\big(\epsilon, a'^{-1}(\epsilon_t, a', F)\big) \tag{6-53}$$

（4）我们加总家庭得到资本存量、就业、消费、税收、失业救济

$$K = \sum_{\epsilon \in \{e, u\}} \int_{a_{\min}}^{\infty} a f(\epsilon, a) da \tag{6-54}$$

$$N = \int_{a_{\min}}^{\infty} f(\epsilon, a) da \tag{6-55}$$

$$C = \sum_{\epsilon \in \{e, u\}} \int_{a_{\min}}^{\infty} c(\epsilon, a) f(\epsilon, a) da \tag{6-56}$$

$$T = \tau(wN + rK) \tag{6-57}$$

$$B = \int_{a_{min}}^{\infty} bf\left(u,a\right)da \tag{6-58}$$

对该模拟进行模拟的关键部分是近似分布方程（6-53）的动态。下面，我们介绍两种基本方法：局部信息法和打靶法。

局部信息法

该方法来自参考文献［7］和［9］。该方法的关键假设是代理人并不依赖于函数 F 的整体信息（例如，整个分布），而是依赖于有限统计量。这就将估计 F 动态的无限维问题简化为有限维问题。

还有许多其他方法来近似分布函数。大家可以使用指数函数，或者依赖于分布的矩。例如，参考文献［3］和［7］，我使用分布函数的矩来简化分布函数的特征。让我们假设代理人用 I 个统计量来刻画 $F' = G\left(f\right)$。我们将 I 个统计量集合写成 $m = \left(m_1, m_2, \cdots, m_I\right)$。为了进一步使问题得到简化，我们假设代理人近几年使用一阶矩来近似分布函数（例如，Krussel 和 Smith 说明并不需要用高阶矩）。在这种情形下，m 的运动法则为：

$$m' = H_I\left(m\right) \tag{6-59}$$

只要我们知道当前和下一期的 m，我们就可以利用递归表达式解出家庭最优化问题。为了简化，放弃时间下标：

$$V\left(\epsilon, a, m\right) = \max_{c, a'}\left[u\left(c\right) + \beta E\left\{V\left(\epsilon', a', m'\right)|\epsilon, m\right\}\right] \tag{6-60}$$

给定家庭约束方程（6-44）、政府函数 $\{b, \tau\}$，就业状态方程（6-45），分布动态为方程（6-47）。

我们可以用上述分布函数的近似来计算当前资本存量，例如，分布函数的一阶矩：

$$K = m_1 \tag{6-61}$$

当前的资本存量 K 是已知的，我们可以计算得到要素价格，用 $w = w\left(K, N\right)$，$r = r\left(K, N\right)$，我们可以计算收入税 τ 和失业救济 b：

$$T = \tau K^{\alpha} N^{1-\alpha} = \left(1-N\right)b$$

$$b = \zeta\left(1-\tau\right)w = \zeta\left(1-\tau\right)\left(1-\alpha\right)\left(\frac{K}{N}\right)^{-\alpha} \tag{6-62}$$

最后，我们利用 Krussel 和 Smith（1998）的参数化设定来近似下一期资本存量：

$$\ln K' = \gamma_0 + \gamma_1 \ln K \tag{6-63}$$

参考文献［3］建议用下列的算法（仅仅只用一阶矩来近似分布函数）：

（1）在初始资本存量 K_0 下，从一个初始资产分布 F_0 开始；

（2）对 H_I 提出一种函数形式和参数化，猜测参数的初值；

（3）解决消费者的问题，计算值函数 $V\left(\epsilon, a, m\right)$；

（4）模拟分布的动态；

（5）估计矩 m 的运动法则；

（6）根据 H_I 的参数，检查是否收敛，如果没有收敛，回到第 2 步，改变 H_I 的函数形式/参数。

打靶法

尽管局部信息法有一些优点，但是当考虑其他内生变量时，它的计算成本较高。另一种方法——打靶法则提出基于个体变量来计算值函数，而不依赖于总的资本存量。该算法来自参考文献［10］，它建议用打靶法来计算解。但是，该方法应用确定性模型。

（1）设定 T，转移期数。

（2）计算静态分布 $\overline{F}$，并分布函数的第一期值 F_1。

（3）从第一期值开始计算要素价格 r，w，税收 τ 和失业救济金 b。计算这些变量的猜测路径。在最后一期 $t=T$，r，w，τ 和 b 值就是从静态分布 F 中获得的。

（4）向后迭代，即 $t=T-1$，……，1，用猜测的 r，w，τ 和 b 来计算最优决策函数。

（5）用得到的最优政策函数和分布函数的初值来模拟 $t=1$，……，T 期的分布函数。

（6）返回步骤三推导得到要素价格 r，w，税收 τ 和失业救济金 b。

（7）检查模拟分布 F_T 是否足够接近静态分布 $\overline{F}$；如果不是，增加模拟期 T。

6.3.2　将总的不确定性引入动态异质性代理人模型

本节进一步扩展前面讲过的异质性代理人模型。虽然前面的内容仅仅基于个体（异质性）的当前风险，本节将引入总的不确定性风险。这并不是什么新事物，因为基准 DSGE 模型就是通过随机过程来为技术水平引入不确定性。本节也通过这种方式来引入。

为了更具体地考虑模型设定，假设技术过程是一个马尔可夫过程。其转移矩阵为 $\Gamma_z(Z'|Z)$，其中 Z' 是下一期生产率水平。我们现在写出生产函数：

$$F(K_t, N_t) = Z_t K_t^{\alpha-1} N_t^{1-\alpha} \tag{6-64}$$

要素价格也依赖于随机技术，即：

$$r_t = Z_t \alpha K_t^{\alpha-1} N_t^{1-\alpha} - \delta$$
$$w_t = Z_t(1-\alpha)K_t^{\alpha} N_t^{-\alpha} \tag{6-65}$$

模型经济的不确定性来源于两个方面：总体层面的生产率 Z_t，其在经济繁荣时期的高生产率 Z_g 和衰退时期的低生产率 Z_b 之间转换。我们可以将冲击的过程用一个马尔可夫过程来表示 $\Gamma(Z', \epsilon'|Z, \epsilon)$。我们仅仅假设技术水平有两种状态 Z_g，Z_b，就业水平两种状态 e，u，以得到一个四种状态的马尔可夫过程 (Z, ϵ)。转移概率矩阵的元素为 $PZ\epsilon Z'\epsilon'$，它们可以解释为转移概率从 (Z, ϵ) 到 (Z', ϵ')。

下面，我们可以描述家庭异质性和总的不确定性的模型了。

（1）家庭最大化值函数：

$$V(\epsilon, a, Z, F) = \max_{c, a'}[u(c) + \beta E\{V(\epsilon', a', Z', F')|\epsilon, Z, F\}] \tag{6-66}$$

（2）家庭约束与前面类似：

$$a' = \begin{cases} (1+(1-\tau)r_t)a_t + (1-\tau)w_t - c_t, & \text{如果} \epsilon = e \\ (1+(1-\tau)r_t)a_t + b_t - c_t, & \text{如果} \epsilon = u \end{cases} \tag{6-67}$$

联合随机过程为：

$$\Gamma\left(Z',\epsilon'|Z,\epsilon\right) = Prob\left\{Z_{t+1} = Z', \epsilon_{t+1} = \epsilon'|Z_t = Z, \epsilon_t = \epsilon\right\} = \begin{bmatrix} p_{z_gez_ge} & p_{z_gez_gu} & p_{z_gez_be} & p_{z_gez_bu} \\ p_{z_guz_ge} & p_{z_guz_gu} & p_{z_guz_be} & p_{z_guz_bu} \\ p_{z_bez_ge} & p_{z_bez_gu} & p_{z_bez_be} & p_{z_bez_bu} \\ p_{z_buz_ge} & p_{z_buz_gu} & p_{z_buz_be} & p_{z_buz_bu} \end{bmatrix}$$

$$(6-68)$$

方程 $a \geqslant a_{\min}$ 成立，政府政策条件由下式给定：

$$\zeta = \frac{b}{1-\tau}w$$

$$T = B \tag{6-69}$$

（3）分布的动态用 $F(\epsilon, a; Z, K)$ 表示：

$$F'(\epsilon', a'; Z, K') = \sum_\epsilon \Gamma(Z', \epsilon'|Z, \epsilon)(\epsilon, a; Z, K) \tag{6-70}$$

（4）要素价格 r, w 由最优条件方程（6-65）确定：

$$r = \alpha Z\left(\frac{N}{K}\right)^{1-\alpha} - \delta$$

$$w = (1-\alpha)Z\left(\frac{K}{N}\right)^\alpha \tag{6-71}$$

（5）我们加总家庭得到资本存量、就业、消费、税收、失业救济：

$$K = \sum_\varepsilon \int_a^\infty af(\epsilon, a; Z, K)da \tag{6-72}$$

$$N = \sum_\varepsilon \int_a^\infty f(\epsilon, a; Z, K)da \tag{6-73}$$

$$C = N = \sum_\varepsilon \int_a^\infty c(\epsilon, a)f(\epsilon, a; Z, K)da \tag{6-74}$$

$$T = \tau(wN + rK) \tag{6-75}$$

$$B = \int_a^\infty bf(\epsilon, a; Z, K)da \tag{6-76}$$

按照参考文献［3］建议的这些步骤，我们下面来看一个更简化的版本，详见参考文献［7］。

就业

在这类模型中，状态变量由$\{\epsilon, a; Z, K, N\}$组成。这是因为当前的个体就业概率依赖于当前的生产率和就业状态。因此，总的就业本身就变成一个状态变量。

假设失业率仅有两个值：经济繁荣时期为u_g，经济衰退时期为u_b，且$u_b > u_g$。那么，转移矩阵有下列约束条件：

$$u_Z\frac{PZ_uZ_u'}{PZZ'} + (1-u_Z)\frac{PZ_uZ_u'}{PZZ'} = u_{Z'} \tag{6-77}$$

对于$Z, Z' \in \{Z_g, Z_b\}$。这意味着只要$Z' = Z_g$，失业就是u_g，且只要$Z' = Z_b$，失业就变成u_b。上式也意味着就业不再是一个状态变量，因为Z'提前决定了N'。

资本的分布函数

在该模型中，由于存在总的不确定性，因此，资本存量的分布不是静态的。主要是因为单个家庭的收入和储蓄随时间变化，导致了资本存量分布的时变性。

总的资本存量的感知运动法则（PLM）现在由生产率来解释，因此，可以表达成：

$$m' = H_I(m, Z) \tag{6-78}$$

因为 Z 取两个值 $\{Z_g, Z_b\}$，我们可以用一阶矩写出下一期的资本存量：

$$\ln K' = \begin{cases} \gamma_0 g + \gamma_1 g \ln K, & if Z = Z_g \\ \gamma_0 b + \gamma_1 b \ln K, & if Z = Z_b \end{cases} \tag{6-79}$$

参照参考文献［3］，下面给出模拟家庭异质性和总的不确定性的模型的方法：

（1）设定 T，转移期数；

（2）给定生产率的当前值 Z，计算总的就业 $N = N(Z)$；

（3）设定近似矩 m 的阶数；

（4）给定 H_I 的参数化形式，并设定初始参数；

（5）获得消费者最优化问题的解，确定值函数 $V(\epsilon, a, Z, m)$；

（6）模拟分布函数的动态；

（7）给定获得的分布时间路径，估计矩 m 的运动法则；

（8）迭代以使得 H_I 的参数收敛；

（9）用相关统计量检查 H_I 的拟合度，如果拟合得足够好，就停止迭代，如果拟合得不好，返回步骤4，改变 H_I 的函数形式（或者增加统计量的数量 I）。

参考文献

[1] J. Miao, Economic Dynamics in Discrete Time, MIT Press, 2014.

[2] L. Ljungqvist, Th. Sargent, Recursive Macroeconomic Theory, 3rd edition, MIT Press, 2012.

[3] B. Heer, A. Maussner, Dynamic General Equilibrium Modelling, Computational Methods and Applications, 2nd edition, Springer, 2008.

[4] W. Den Haan, Teaching notes, Mimeo, London School of Economics, 2015.

[5] M. Huggett, The risk-free rate in heterogeneous-agent incomplete-insurance economies, Journal of Economic Dynamics and Control 17(1993)953-969.

[6] S. R. Aiyagari, Uninsured idiosyncratic risk and aggregate saving, The Quarterly Journal of Economics 24(1994)659-684.

[7] P. Krussel, A. Smith, Income and wealth heterogeneity in the macroeconomy, Journal of Political Economy 106(1998)867-896.

[8] W. Den Haan, K. Judd, M. Juillard, Computational suite of models with heterogeneous agents: incomplete markets and aggregate uncertainty, Journal of Economic Dynamics and Control 34 (2010)1-3.

[9] W. Den Haan, Solving dynamic models with aggregate shocks and heterogeneous agents, Macroeconomic Dynamics 1(1997)335-386.

[10] J.V. Rios-Rull, Computation of equilibria in heterogeneous-agent models, in: R. Marimon, A. Scott(Eds.), Computational Methods for the Study of Dynamic Economies, 2001, pp. 238-264.

[11] G. Hall, Lecture notes on advanced macroeconomics, Mimeo, Brandeis University, 2006.

后 记

最近，动态随机一般均衡（DSGE）模型的估计问题又被推到了"风口浪尖"，许多统计学家和经济学家都在讨论过去几十年中宏观经济学研究最重要的分析框架存在的参数估计问题。但毫无疑问，动态随机一般均衡仍然是政策制定机构和宏观经济学研究中最流行的宏观经济机制与政策的定量分析框架。

《量化宏观经济学导论及 Julia 应用：从基础计算方法到前沿领域》这本书既呈现了 DSGE 模型的建模、解和估计的基础，也呈现了异质性代理人模型这类 DSGE 领域最前沿的模型结构、解与估计的高级算法。除此之外，本书还结合目前最有前景的编程语言 Julia 来呈现手册式的 DSGE 模型解和模拟的 Julia 编程。这对于 DSGE 模型的多样化发展有极大的好处。目前，中国式现代化宏观经济理论的现实条件已经成熟，这需要大量真正懂得现代宏观经济学理论与工具的学者和学生们潜心研究中国宏观经济的实践，创新宏观经济理论。这也是我们翻译这本书的初衷。

在这本书的翻译与校对过程中，中国人民大学的王芝清博士和浙江工商大学的古昕老师花费了大量的时间、精力，"三人行必有我师焉"，与他们的讨论交流也让我学到了很多新的东西。本书的作者彼得·卡瑞亚尼也为中文版出版付出了很多的时间和精力，尤其是在更新 Julia 程序的过程中给予了我非常大的帮助。感谢东北财经大学出版社李季老师和其他编辑老师的辛勤工作，没有她们的引进与校对修改，也不会有本书中文版的出版发行。最后，感谢我的爱人和家人对我热爱的研究事业的全力支持，"教书匠"这份职业确实让家人们陪我一起过了很多"苦"日子，真的非常感谢家人们的理解与支持。

许文立

2022 年 12 月 5 日

于翡翠湖畔